Wolf-Dieter Storl

Feuer und Asche – Dunkel und Licht
Shiva – Urbild des Menschen

ॐ श्री गणेशाय नमः

Om Shrī Ganeshāya Namaḥ

Wolf-Dieter Storl

Feuer und Asche –
Dunkel und Licht

Shiva – Urbild des Menschen

Verlag Hermann Bauer
Freiburg im Breisgau

CIP-Titelaufnahme der Deutschen Bibliothek

Storl, Wolf-Dieter:
Feuer und Asche – Dunkel und Licht : Shiva – Urbild
d. Menschen / Wolf-Dieter Storl. –
Freiburg im Breisgau : Bauer, 1988
ISBN 3-7626-0351-0

Mit 16 s/w-Abbildungen, davon 8 Fotos von Eugen Jung
und 2 Fotos von Dr. Günter Unbescheid.

1988
ISBN 3-7626-0351-0
© 1988 by Verlag Hermann Bauer KG, Freiburg im Breisgau.
Alle Rechte vorbehalten.
Schutzumschlag: Atelier Tiefenthaler, Wien.
Satz: IBV Satz- und Datentechnik GmbH, Berlin.
Druck und Bindung: May + Co, Darmstadt.
Printed in Germany.

Inhalt

Vorwort

In den Augen seiner Anhänger, der *Shaivas*, ist Shiva das Universum und das Selbst, das in allen Dingen west. Über Shiva schreiben zu wollen, bedeutet über alles und über das Selbst aller Wesen schreiben zu wollen, auch über das eigene Selbst, das ja identisch mit dem Selbst aller Wesen ist. Nur ein Narr würde so etwas versuchen wollen! Heißt es doch in einer indischen Legende, daß die Göttin der Gelehrsamkeit mit den Bergen als Tintenpulver, dem Meer als Tintenfaß, dem Weltenbaum als Schreibfeder und der ganzen Welt als Papier es nicht zustande brachte, den großen Gott zu beschreiben. Aber doch offenbart sich der alles Überragende, der Unfaßbare, denn er ist der Liebhaber seiner Liebhaber, der Verehrer seiner Verehrer und der Anbeter seiner Anbeter.

Wenn man in Südindien Gott anbeten will, reinigt man sich zuerst mit Wasser, dann begibt man sich zum Tempel oder zu dem Ort, wo er sich offenbart, opfert ihm Blumen, Weihrauch und andere schöne Dinge, die Herz und Sinne darstellen, und weiht sie ihm vor der Götterstatue oder seinem Symbol, dem *Linga*. Man opfert dabei auch eine Kokosnuß, die der Priester entgegennimmt und vor dem Götterbild zerschlägt, so daß die Kokosmilch über die Steine rinnt. Die hartschalige Nuß stellt unseren Schädel dar, die Burg unseres harten, kleinen Egos. Wir opfern dieses kümmerliche Ego dem allumfassenden Selbst. Durch diesen Akt werden wir aus unserem mikrokosmischen Gefängnis befreit, und die ängstliche Egosucht zerrinnt in der Wonne und dem Wunder des Universums. Der Egozwerg mit seinem spitzen Intellekt kann das große Mysterium nämlich nicht erfassen, aber das Mysterium Shivas erfaßt das beschränkte Ego, zertrümmert es, trinkt es aus und läßt uns eins werden mit unserem wahren Selbst. Wundert es da, daß der Egomensch diesen Zerstörer fürchtet und meint, er habe es mit dem Teufel zu tun?

Als Ethnologe ging ich nach Indien, wurde erfaßt und meinem Selbst geopfert. Meine Kokosnuß zersprang. Mir wurde die Gnade Seines Anblicks *(Darshana)* zuteil. Dann verließ ich den heiligen Ort wieder, dieses *Bharata* (indischer Name für Indien), wo das Göttliche dem Menschen so nahe tritt. Ich ging ohne Fotos, ohne Tonbandaufnahmen und fast ohne Aufzeichnungen – ich selbst wurde das Blatt, auf das Er seinen Namen schrieb. Nun bin ich in die »Welt« zurückgekehrt und versuche, etwas über *Mahadev* (über dein Selbst, lieber Leser) anzudeuten, dessen Heiligtum das Innerste deines Wesens ist.

I. Wanderung zur Quelle der Zeit

Es ist nicht mein Anliegen, hier über einen weiteren der unzähligen, vielgestaltigen Götter Indiens zu berichten. Indem wir uns mit Shiva befassen, wollen wir die Tiefen der menschlichen Seele ausloten und ein verborgenes Urbild ein wenig mit dem fahlen Licht unseres Geistes beleuchten. Es handelt sich um ein Urbild, das auch bei uns immer noch wirksam ist, das uns zu schaffen macht und das uns von jenseits unseres rationalen Bewußtseins Impulse schickt, die wir oft nur mit Schrecken und Grauen wahrnehmen und die uns oft verwirren.

Wir haben es, um mit Carl Jung zu sprechen, mit einem der ursprünglichsten Archetypen des kollektiven Unbewußten in seiner besonderen, eurasiatischen Ausprägung zu tun. Es ist aber nicht nur eine tiefenpsychologische Entität, die uns hier beschäftigt, sondern eine Wirklichkeit, die ebenso die »äußere« Natur durchpulst und gestaltet wie die »innere« unserer Seele und unseres Geistes. Das Urbild wirkt innen, außen und jenseits von beiden. Es ist das Urbild des Menschen selber, das einst, in fernster Vergangenheit, im Blitzschein vor ihm aufflackerte, ihn sich seiner selbst gewahr werden ließ und ihn für immer dem Traumdasein des Tieres enthob. Dieses Bild, das einst die Seele erleuchtete, blieb dem Menschen und seinen Nachfahren in die Seele eingraviert. Es wurde mit zahllosen Namen belegt, mit vielen Merkmalen geschmückt und ständig verehrt. Diese Erscheinung wurde als Fürst aller Urbilder, Kräfte und Mächte anerkannt, als Herr der Götter. Sie enthält den Hinweis auf das unaussprechliche Geheimnis des Menschen.

»Den aller Welt Kreis nie beschloß, der liegt in Marien Schoß, das ewig Licht geht da herein und gibt der Welt ein neuen Schein[1]*. So haben wir dieses Mysterium in unserem Kulturkreis lange gefeiert. Wir leben jedoch in einem Zeitalter, das die Inder mit Recht das Dunkle

---

* Die hochstehenden Ziffern beziehen sich auf die Anmerkungen ab Seite 231 ff, die dort kapitelweise zusammengefaßt sind.

Zeitalter nennen. Es ist ein Zeitalter, in dem wir die Symbole, Namen und Merkmale des Heiligen nicht mehr so recht verstehen, sogar mißverstehen. Angst, Verzweiflung und Verdrängung haben dem Wunder, das aus diesem Urbild strahlt, den Platz streitig gemacht.

In Indien hat sich das Urbild auf besondere Weise erhalten. Sorgfältig wurde es in Kultur gepflegt, mit tiefsinnigen und lustigen Geschichten, Legenden und Sagen umrankt und bis in unser Jahrhundert überliefert. An diesem wohlgehüteten Feuer der indischen Gottesschau wollen wir unsere Fackel neu anzünden, um damit in die eigenen Tiefen zu steigen, an dem schnaubenden, giftspeienden Drachen vorbei, durch die Reiche der Zwerge, Elfen, der Ahnen- und Totengeister, bis wir in der Schatzkammer unserer Seele das Kleinod des Selbst entdecken, das die Hindus Shiva, den Gnädigen, nennen.

Das Geschenk der Inder an die Menschheit ist ihre zähe Fähigkeit, Erinnerungen wachzuhalten und alle Zustände der Vergangenheit zu bewahren. Das Urbild, von dem wir hier sprechen, haben sie in der jede Definition sprengenden Gestalt des Rudra/Shankar/Shiva über viele Jahrtausende bewahrt und im lebendigen Kult verehrt. Die indische Kultur und Seele gleichen dem Himalaja, in dessen Ablagerungsschichten die Versteinerungen der Lebewesen aus vergangenen Urmeeren zu erkennen sind. In der Komplexität und Vielschichtigkeit der südasiatischen Gesellschaft lassen sich alle Stadien der menschlichen Entwicklung erkennen.

Zwischen dreißig und sechzig Millionen Jäger und Sammler *(Adavasi)* gehen in den Bergen und Dschungeln Indiens noch immer den ältesten Menschheitsgeschäften nach und betreiben Schamanismus und Geisterbeschwörung. Daneben stößt man auf den kulturgeschichtlich etwas jüngeren Kult der Großen Mutter, der Göttin der Fruchtbarkeit und des Ackerbaus, den man auch in den jungsteinzeitlichen Hackbaukulturen (beispielsweise auch in den Megalithkulturen Europas) fand. Der Kult der Göttin war mit Kopfjägerei und blutigen Opfern verbunden, mit denen man der Erde für die Gaben ihres Schoßes dankte. Kriegsgefangene, Jünglinge oder Opfertiere wurden rituell zerstückelt und vergraben. Noch heute kann man gelegentlich auf den hinteren Seiten indischer Provinzzeitungen lesen, daß beispielsweise irgendwo in einem abgelegenen Dorf in Madhya Pradesh die Polizei Bauern verhaftete, die ein Kind geopfert, zerstückelt und in die Felder vergraben hatten, um die Ernte zu verbessern.

10

Der vorherrschende kulturelle Einfluß geht auf die indogermanischen Stämme zurück, die vor vier- bis fünftausend Jahren mit ihren Viehherden in den Subkontinent einfielen. Diese Siedler, kriegerische, patriarchalische Hirten, die sich selber als Arier (*Arya* = Edler) bezeichneten, brachten Pferde, heilige Kühe, das Pferdeopfer und den Sonnen- und Feuerkult mit und prägten die indische Kultur bis heute entscheidend. Die arischen Priester, die Brahmanen, lernten wie ihre Vettern, die keltischen Druiden und römischen Flaminen, lange Zaubersprüche und heilige Gedichte auswendig, die lange Zeit wortgetreu mündlich überliefert wurden, bevor man sie in den Veden, den heiligen Büchern des Hinduismus, schriftlich niederlegte.

Damit die Sprache der uralten magischen Gesänge rein erhalten bliebe, legte der weise Panini im vierten Jahrhundert vor unserer Zeitrechnung Lautgesetze und Grammatik des *Sanskrit*, der Sprache der Arier, fest. Ohne ganz genaue Überlieferung nicht nur des Wortschatzes, sondern auch der Aussprache, befürchteten die Brahmanen, würde die Wirksamkeit der Worte verlorengehen.

Im zwölften Jahrhundert kamen mohammedanische Einwanderer nach Indien und brachten die Kultur des mittelalterlichen Islam mit, deren Einfluß sich noch heute in den Düften und Klängen moslemischer Viertel in indischen Städten bemerkbar macht. Als Flüchtlinge kamen kurz davor zarathustrische »Feueranbeter« (Parsen) aus Persien und Juden, die sich vor allem in Cochina niederließen. Es kamen die Portugiesen, deren barockes Christentum, fettige Schweinswurst, süßer Wein und mediterrane Lebensweise immer noch Teile Goas prägen. Schließlich kamen die Engländer. In den korrekten Bahnschaffnern, schnurrbärtigen Postmeistern und schneidigen Armeeoffizieren Indiens steht einem das ganze bornierte britische Beamtentum der Viktorianischen Epoche leibhaftig vor Augen.

So hat jede Invasion, jede Epoche ihre Spuren hinterlassen, wurde Teil der indischen Fülle, ohne bis zur Unkenntlichkeit absorbiert zu werden. Die verschiedenen kulturellen Ablagerungen erhielten sich innerhalb des weitverzweigten Systems der Kasten, Unterkasten und Berufsgruppen. Welch eine Schatzkammer für den Völkerkundler und Kulturgeschichtler! Alte Steinzeit, Neolithikum, matriarchale Pflanzer, patriarchale Bauern (die Mehrheit), mittelalterliches Städte- und Zünftewesen, Aufklärung, Gründerzeitkapitalismus und die ultramoderne Welt des Show-Bizz und High-Tech, in Indien kann man alles finden. Dabei hat jeder Zeitabschnitt und jede Kultur dazu beigetragen, das heutige Bild des Shiva mitzugestalten. Die schamanistischen Wildbeuter legten den Kern dazu mit der Gestalt des gehörnten, tanzenden, in Trance fallenden Schamanengottes, der zugleich Herr der Tiere und Herr der Seelen ist. Die mutterrechtliche Pflanzerepoche gesellte die große Göttin als Ausdruck der magischen Kraft *(Shakti)* des Urgottes hinzu und assoziierte ihn mit Pflanzen, dem befruchtenden Phallus *(Linga)*, Schlangen und wahrscheinlich mit Stieren. Die Arier besangen ihn als Feuer *(Agni)*, Rauschtrank *(Soma)* und vor allem als *Rudra*, den heulenden Sturm- und Totengott mit seiner Schar von Geistern und Dämonen.

Allmählich entwickelte sich, wahrscheinlich unter dem Einfluß des persischen (von Zarathustra formulierten) Glaubens an nur einen Gott, das Gottesbild in Richtung des *Mahadev*, des überragenden Gottes der Götter.[2] Dabei wurden die anderen Götter immer mehr zu bloßen Nebengöttern, zu Abspaltungen seines Wesens, zu seinen Masken. Er absorbierte alle ihre Eigenschaften. Der arische Himmelsgott und Hüter des Rechts *Varuna* (der Uranos der Griechen), wird zum Herrscher des Wassers und Nebels degradiert. Seine Eigenschaften als Hüter des Rechts *(Ritam* oder *Dharma)* und als Herr des Zaubers werden auf Shiva übertragen. *Agni*, der Gott des Feuers und des Opfers, wird zum Flammenrad, in dem Shiva tanzt. *Surya*, der Sonnengott, der mit seinem Vierspänner wie ein arischer Krieger täglich siegreich den Himmel durchmißt, wird zwar noch täglich im heiligen Weihespruch *(Gayatri Mantra)* angerufen, hat aber an Bedeutung verloren. Selbst die Macht der Brahmanen, der Priester der vedischen und nachvedischen Zeit, die einst allmächtig waren, weil man glaubte, aus ihrem Geist würden die Götter und die Unsterblichkeit geboren, wurde von Shiva auf ein erträgliches Maß zurechtgestutzt.

Wir werden sehen, wie die mächtigen Brahmanen, repräsentiert durch den überheblichen Nebenschöpfer und Oberpriester *Daksha*, durch Shiva eine zerschmetternde Niederlage erfahren. Die anmutige Tochter dieses Daksha, das Sinnbild der Seele, verläßt ihren Vater und begibt sich an Shivas Seite.

Mit den wilden Reiterstämmen, den Skythen *(Sakas)*, Hunnen *(Hunas)* und mongolischen Nomaden *(Kushanas)*, die von den asiatischen Steppen aus immer wieder Nordindien überrannten, kamen etliche Merkmale des nord- und zentralasiatischen Schamanentums hinzu, die von Shiva aufgesogen und Teil seiner Erscheinung wurden. Benennungen wie *Ishvara* (Herr), *Maheshvara* (großer Herr) oder *Parameshvara* (höchster Herr), mit denen sich die Fürsten und Könige dieser Reitervölker schmückten, wurden bald auf Shiva übertragen. Viele Charakterzüge deuten darauf hin, daß Odin, der zaubermächtige Herr der Winde und Schutzherr der nordischen Krieger, sehr nahe mit dem Schamanen-Shiva verwandt ist. Auch Odin scheint seinen Ursprung in den asiatischen Steppen und Wäldern gehabt zu haben.[3]

Seine ihm nachgesagte Hanfsucht hat Shiva vermutlich dem skythischen Einfluß zu verdanken. Diese berüchtigt wilden reitenden Krieger streuten bei Totenfesten in abgeschlossenen Schwitzzelten Hanf auf glühend heiße Steine und atmeten die berauschenden Dämpfe ein. Der Rausch ermöglichte es den Angehörigen der Toten, »abzuheben« und die Totengeister über die Schwelle zu begleiten.[4] Heute benutzen die Anhänger Shivas, die *Sadhus* (Heilige) und *Babus* (Väterchen), die oft schamanische Funktionen übernehmen, zwar Tontrichter *(Chilams)*, um den Hanfrauch einzuatmen und so in die Geister- und Totenwelt zu gelangen, aber das Prinzip ist das gleiche.

Auch die alten Griechen, die nach den Eroberungszügen Alexanders des Großen das Seleukidenreich und dann das Baktrische Reich (ab 239 v. Chr.) hinterließen, haben den indischen Brei gewürzt. »Die Eroberer setzten Indra mit ihrem Zeus, Shiva mit Dionysos, Krishna mit Herakles und die Göttin Padma (Lotos) mit Artemis gleich.«[5] Mit den baktrischen Griechen kam auch die bis heute bestehende Tempelarchitektur auf. Die alten Indogermanen verehrten ihre Gottheiten in der freien Natur und schlachteten ihre Opfertiere auf besonders angelegten Grasflächen. Nun aber wurden nach griechischen Vorbildern erstmals rechteckige Steintempel gebaut.

Herzstück des Tempels ist ein kleiner Schrein *(Garbhagrha)*, der in den Shivatempeln den Linga als Zeichen der Anwesenheit des Gottes enthält. Darüber erhebt sich der oft reichlich mit Göttergestalten verzierte Turm *(Shikhara)*, der den alle Seinsebenen durchdringenden Weltenberg *Meru* darstellt. Vor dem Heiligtum ist die Versammlungshalle *(Mandapa)* mit einem von Säulen getragenen Dach, davor der Eingangsraum.[6] Der Tempel ist der sakrale Leib Gottes, wobei das Eingangstor *(Gopuram)* die Füße darstellt, der Schrein das Herz und der Turm Hals und Kopf, der im Haarzipfel *(Sikha)* endet. Das ganze Universum mit allen Geschöpfen ist in diesem Leib enthalten.

Da unsere Kirchen ebenfalls ihren Ursprung in der griechischen Baukunst haben, ist es nicht verwunderlich, daß wir an ihnen den gleichen Grundriß entdecken mit entsprechender Anordnung von Eingang, Versammlungshalle, Turm und *sanctum sanctorum*. Im Schrein offenbart sich Gott zwar nicht als Linga, wohl aber in der Monstranz, im Kelch und in der Hostie (lateinisch *hostia* = Opfertier).

Unter dem Einfluß griechischer Bildhauer entstanden auch die ersten lebensnahen Darstellungen der im Lotossitz meditierenden Buddhas und Bodhisattvas, wie man sie überall in Ostasien noch findet. Es dauerte nicht lange, bis auch Shiva als der friedfertige Shankar, in tiefster Versenkung auf seinem Tigerfell sitzend, auf ganz ähnliche Art und Weise abgebildet wurde.

Vielleicht war es der Kontakt zu den Thomaschristen in Südindien, der dem Shivaismus im 6. Jahrhundert eine ganz neue Wendung gab. Die *Bhakti*-Bewegung tamilischer Heiliger predigte die völlige Hingabe des Menschen an Shiva, der nun als Gott der Liebe aufgefaßt wurde. Die Liebe Gottes ist nicht irgendwo draußen, sondern weilt im Herzen der Menschen. Nicht der Tempel ist der Körper Gottes, sondern der Körper des Menschen wird zu Gottes Tempel:[7]

Die Reichen bauen Shiva Tempel.
Was soll ich armer Mann tun?
Meine Beine sind die Säulen,
mein Herz ist sein Lotossitz,
der Schädel die Goldkuppel.
Höre, o Herr der zusammenströmenden Flüsse,
das Erbaute zerfällt,
aber das Lebende bleibt (Basavanna).

Das Innewohnen Shivas wird nicht durch Werke erworben, sondern fließt dem Menschen aus unermeßlicher Gnade zu. Die Menschenseele verhält sich zu Gott nicht wie ein junges Äffchen, das sich an seine Mutter klammern muß, sondern wie ein Kätzchen, das von der Mutter sicher getragen wird, ohne etwas dazu tun zu müssen. Shiva, der Retter, packt den Menschen »wie der Bauer die Kuh an den Hörnern (packt), die im Sumpf zu versinken droht«, schreibt der heilige Basavanna, der Gründer der *Lingayat*-Sekte. (Die Lingayats vergegenwärtigen sich das göttliche Mysterium, indem sie ein kleines, in ein

Silberbüchslein eingeschlossenes Shiva-Linga als Amulett am Hals tragen, ähnlich wie die Katholiken ein kleines Kreuz.)

So hat Shiva jede Strömung aufgesogen. Er kann alles vertragen, alles auf sich nehmen, auch das Gift der Welt, das Götter und Dämonen gemeinsam aus den Tiefen des Urozeans herausgequirlt haben und das die Schöpfung zu zerstören drohte. Er trank es und rettete somit die Welt, ebenso wie Christus den Kelch der Verderbnis bis zum letzten Zug leerte.

Auch was im 20. Jahrhundert auf dieses Urbild zuströmte, wurde absorbiert: Unter Bhagwan Shree Rajneesh wurde die gesamte Palette westlicher Psychotherapie (Human Potential, Transactional Analysis, Wilhelm Reich usw.) shivaitisch umgedeutet. Swamis aller Schattierungen pochen ständig darauf, daß ihre Lehren und Methoden zur Erlangung des Shiva-Bewußtseins völlig »scientific« sind, das heißt, daß sie den Anforderungen der modernen Wissenschaft entsprechen. Einige *Pandits* (Gelehrte), die die Macht der historischen Weltinterpretation erkannt haben, versuchen, Shiva als historische Persönlichkeit zu präsentieren, die vor 5000 Jahren alles Wesentliche der menschlichen Zivilisation erfunden hat. Sogar mit der Kernkraft arrangiert man sich: Im Sinne des Ausspruchs Nehrus: »Laßt eure Fabriken Tempel werden und eure Tempel Fabriken«, sieht der einfache Inder in der runden Betonhülle des Atommeilers und der darin enthaltenen ungeheuren Ballung von Energie ein weiteres Shiva-Linga.

Aber lassen wir uns nicht täuschen! Auch für uns Europäer ist der zottelhaarige Gott mit dem Dreizack nicht bloß ein historisch-religionswissenschaftliches Kuriosum. Er wandert wieder durch die Gassen und Hirne der Wohlstandsgemeinschaft. Erblickt man seine Erscheinung, beginnen verborgene Saiten tief in der Seele zu vibrieren. Die Wurzeln der indogermanischen und vorindogermanischen schamanistischen Vergangenheit werden freigelegt. Kein ängstliches Kreuzschlagen, kein Sachverständigengutachten kann ihn bannen. Was der aufklärerische Rationalismus höchstens noch einigen Dichtern als absterbenden Aberglauben zubilligte, fängt an, den Boden, auf dem wir stehen, zu erschüttern. Das Messer der objektiven Rationalität ist so lange gewetzt worden, daß seine Klinge zu verschwinden droht. Weltkriege, Umweltkriege, Sternenkriege folgen aufeinander. Die gekachelte Wand des Labors zeigt Risse. Der wilde Gott winkt hindurch und läßt uns Dimensionen schauen, die uns schwindlig machen, uns den Atem rauben.

In den sechziger Jahren fing es richtig an: Billige Düsenflüge, »blown minds« (durch Psychodelika weggeblasene Vorstellungsmuster) und Karma-Cola[8] für jeden, der sich dem bunten Zug der Blumenkinder ins Morgenland anschloß. Wieder einmal wurde eine neue Welt entdeckt, deren König Shiva hieß. Wieder einmal gab es einen Kulturschock auf beiden Seiten. Bis die Ernüchterung kam, wurden die seelenhungrigen Pilgerpärchen aus der Konsumgesellschaft von den indischen Bauern zum Teil wie Götter empfangen – es hätten ja Shiva und Parvati sein können, die so herumziehen. Einige der neuen Morgenlandfahrer vergammelten, verkamen, verreckten. Die meisten kamen jedoch in afghanischen Samtkleidern und Seidengewändern, mit Ketten, Nasen- und Ohrringen geschmückt, exotisch riechend, glücklich strahlend und bekifft zurück und erzählen fabelhafte Geschichten. Shiva und auch Krishna hielten mit ihnen Einzug in den materialistischen Westen und schlugen Wurzeln im »wasteland«.

Inzwischen ist die erste Welle von Aussteigern, Umdenkern, Flippis und Gurugläubigen vorbeigeschwappt. Alles wurde aufgeboten, um diesem Narrentreiben Einhalt zu gebieten. Die äußere Indienwelle verebbte, aber die innere flutet weiter. In den achtziger Jahren betreibt man überall Yoga, um fit zu bleiben, mit dem Streß fertig zu werden oder um sich selbst zu finden. Muß da hervorgehoben werden, daß Shiva auch *Mahayogi*, der Herr des Yoga ist? Ganjakonsum ist ein fester Bestandteil der Jugendszene und Subkultur. *Shiva-Aushadhishvara*, der Herr der Drogen und Kräuter, zwinkert dem Hippie und ganjarauchenden Rasta (der mit seinen Zottelhaaren (Dreadlocks) und seiner ungezwungenen Lebensweise den Shiva-Sadhu in afrikanischer Aufmachung verkörpert) verständnisvoll zu. In einer Gesellschaft, wo sich Mann und Frau nicht mehr verstehen und Sex zum Problem geworden ist, erscheint Shiva als Meister des *Tantra* und lehrt, wie man auf ewig verliebt sein kann und daß die geschlechtliche Liebe der Weg zur Erleuchtung sein kann. Der als Herr der Tiere *(Pashupati)* in der Wildnis umherstreifende Shiva und seine liebliche Gefährtin Parvati fragen uns: »Was habt ihr mit der Umwelt, mit den Tieren und den Pflanzen gemacht?«

II. Feuer und Eis

Tiere sind zwar bewußt, aber nicht »selbst-bewußt« wie der Mensch. Irgendwann, in den nebulösen Anfängen der Zeit, muß dieses Wissen um sich selbst wie ein Blitz aus heiterem Himmel in eines der Menschentiere, die futtersuchend die afrikanischen Savannen durchzogen, eingefahren sein. In diesem Moment war der Mensch geboren, und die Götter offenbarten sich.

Exakt arbeitende Urgeschichtler, die nur konkrete, objektiv erfaßbare und sorgfältig analysierbare Tatsachen (Knochenreste, Holzkohle, Steinsplitter) gelten lassen, versuchen daraus Rückschlüsse auf die Entwicklung des Menschen zu ziehen. Okkultisten und »Geisterforscher«, die meditierend die Ablagerungen der Vergangenheit in ihren Seelen mit »geistigen Organen« abtasten und dabei in der »Akasha-Chronik« lesen,[9] versuchen dasselbe. Obwohl die Wissenschaftler und die Geistesforscher einander nicht sonderlich mögen, werden wir uns frei ihrer Ergebnisse bedienen, um etwas mehr über die Erscheinung des Shiva-Urbildes zu erfahren. Die einen betrachten das Rätsel eben von außen, die anderen von innen.

Im griechischen Mythos ist es *Prometheus* (der »Vordenker«), der den Menschentieren das Feuer und damit die Kultur schenkte. Das Feuer war im Besitz der Götter, und sein Diebstahl erzürnte diese gewaltig! Welcher Bösewicht hatte es gewagt, die kosmische Ordnung zu stören? Der Göttervater Zeus, dem der Blitz einzig und allein zusteht, ließ den problematischen Feuerbringer an einen Felsen im Kaukasus anketten, wo ein Adler ihm die Leber täglich zerfleischt, bis ihn eines fernen Tages Herkules von seinen Qualen befreien wird.

Solche Bilder sind den Urgeschichtlern fremd. Sie berichten dagegen von der frühesten Feuerstelle in L'Escale (Südfrankreich), wo das Feuer vor fast 800 000 Jahren wahrscheinlich von noch recht äffisch aussehenden Frühmenschen *(Homini erecti)* angezündet wurde. Auch von den ebenfalls primitiven Pekingmenschen weiß man, daß sie ihre Jagdbeute und andere Pekingmenschen vor einer halben Million Jah-

17

ren über den Feuern in den Höhlen von Chou Kou Tien rösteten. Irgendwann muß einmal einer ihrer Vorfahren den Mut gehabt haben, einen brennenden Scheit, den ein Lauffeuer oder ein Blitz entzündet hatte, aufzuheben. Solch ein Blitzschlag zeugte nicht nur das Feuer, sondern auch den Menschen! Im Augenblick der Heldentat, in dem er seine tierische Furcht überwand (denn kein Tier faßt Feuer an), stand der erste Mensch auf Erden – ein König!

Alles änderte sich schlagartig. Die Welt konnte nie wieder die gleiche sein. Auch wenn das Anfachen des Feuers zunächst noch ein Geheimnis blieb, stand das göttliche Element beim nächsten Blitzeinschlag wieder zur Verfügung. Die Kultur, das Wesensmerkmal des Menschen und seiner Freiheit gegenüber der zwingenden Obhut der alten Götter, begann: Die Flamme bot Schutz gegen wilde Raubtiere; man konnte zähes Fleisch und Wurzeln auf ihr rösten; in der Glut konnten Speer- und Stockspitzen gehärtet werden; der Frühmensch konnte, Eis und Schnee zum Trotz, in kalte Einöden vordringen.

Nicht nur ergriff das Menschentier das Feuer, sondern das Feuer ergriff auch den Menschen. Der Geist, der in vielen Kulturen mit Feuer oder der feuerschwangeren Luft gleichgesetzt wird, inkarnierte sich im Menschen. Er verließ den Makrokosmos der Natur und fand Wohnung im Mikrokosmos Mensch. Das innere, göttliche Licht dieses ersten Feuerfängers war so stark geworden, daß er das brennende äußere Licht nicht mehr fürchtete.

Die Urmythen erzählen vom Lichtbringer (griechisch *Phosphorus*; lateinisch *Lucifer* von *lux* = Licht und *ferre* = bringen), dem vom Himmel gestürzten Engel, der das unschuldige Menschentier verführte, der als Schlange am Baum des Lebens der Seele (dem Weib) erschien und ihr »Gut und Böse« offenbarte. Damit hatte er die Ur-Einheit geteilt. Von nun an gab es Innen und Außen, Mikrokosmos und Makrokosmos, Mann und Weib und die *Geschlecht*lichkeit. Adam verlor seine Rippe und verließ das Paradies der ursprünglichen Einheit.

Im Augenblick der Entzweiung entstand wohl auch die Sprache. (Wer, wie der indische *Muni*, wieder zur Einheit zurückgefunden und die Spaltung überwunden hat, wird schweigsam!) Nun fing das Benennen, das Bezeichnen, das Objektivieren an! Das grelle Licht des sich inkarnierenden Geistes warf seinen Schein auf die nun »äußere« Natur. Die Welt entstand, Göttergestalten und Dämonen erschienen.

Der Zaubertanz der *Maya*, den die indischen Entsager als Täuschung, trügerischen Schein und Schleier des Wahns auffassen, nahm seinen Anfang. Zugleich entstand die Religion, als Sehnsucht der Seelen, zurück zur ursprünglichen, harmonischen Ganzheit zu gelangen. Mit den Göttern und Dämonen galt es sich zu arrangieren. Ihr Zorn mußte beruhigt werden. Man zollte ihnen Anerkennung, Tribut und Blut.

Der erste verwegene Griff nach der Flamme hat sich tief in die Menschenseele eingegraben. Die Urtat schlug sich in Sagen, Mythen, Träumen und Riten aller Völker nieder. Überall wurde das Feuer Mittelpunkt. *Focus* (Brennpunkt) nannten die Römer die öffentlichen und privaten sakralen Feuerstellen. Überall war die Herdstelle der heiligste Ort. Sie war das Herz des Hauses, ebenso wie die Sonne, das kosmische Feuer, das Herz des Himmels ist. Im Opferkult finden die rote Glut und das rote, warme Blut zueinander. Das Feuer, ebenso wie das Blut, ist dabei die Brücke zur »anderen Welt«. In die Flammenmünder Agnis (*Agni*, der Feuergott, verwandt mit lateinisch *ignis* und slawisch *ognji*) werfen die indischen Hausfrauen noch immer kleine Happen Butter oder Mehl, wobei sie die Götter aufrufen, das Opfer anzunehmen. Das Feuer ist in Indien das Tor, durch das die Toten gehen. Einige gehen über den Lichtschein in das ewige, unteilbare *Brahman*[10] ein, andere, ungeläuterte Seelen, steigen mit dem Rauch auf, gehen über die Wolken in den Regen, in die Ackerkrume, in die Nahrungspflanzen und dann über Sperma und Ei einer neuen Wiedergeburt entgegen.

Ins Feuer werden zauberkräftige *Mantras*[11] und bindende Schwüre gesprochen, sei es, um Mann und Frau in der Ehe zu vereinen oder um Rache zu schwören.[12] Ob es ein Blitz war, der am Anfang der Selbstentdeckung des Menschen steht, wissen wir natürlich nicht mit Sicherheit, aber es gibt viele Sagen und Überlieferungen, die dies andeuten. Auch heute noch hat diese Vorstellung bindende Kraft. Der wahnsinnige Wissenschaftler Baron von Frankenstein aus dem klassischen Roman von Mary W. Shelley (*Frankenstein oder der moderne Prometheus*; 1818) läßt seinen aus Leichenteilen zusammengeflickten neuen Übermenschen durch die elektrische Energie, die sich während eines Gewitters entlädt, zum Leben erwecken. Dasselbe Urbild geistert auch in den Hirnen seriöser moderner Lebensforscher herum. Man geht von der These aus, daß sich im Urmeer des Archäozoikums, vor über zwei Milliarden Jahren, unter Einwirkung kosmischer Strahlungen und elektrischer Entladungen (Blitze) komplizierte Moleküle gebildet haben, die sich schließlich über Aminosäure, Proteine und weitere hochpolymere Stoffe zu den ersten reproduktionsfähigen Urorganismen entwickelten.[13]

Der Feuergott der germanischen Sage ist der listige, redebegabte, verwandlungsfähige Loki (germanisch *Logi* = Lohe), der die anderen Götter mit Schmähreden überhäuft und dessen Ausgeburten – die Hölle (Hel), der Drache (Midgard-Schlange) und der Fenriswolf – die Schöpfung erschüttern und schließlich vernichten. Sein Vater ist der Blitzgott Farbauti, seine Mutter Laufey, die Laubeiche! Nachdem er den Sonnengott Baldur getötet hatte, versucht er, sich der Rache der Götter zu entziehen, indem er als Lachs im Wasser davonschwimmen will. Er wird jedoch von Thor gefangen und wie Prometheus an einen Felsen geschmiedet, wo eine Schlange ihm ätzendes Gift ins Gesicht tröpfelt. Seine Frau Sign fängt das Gift in einer Schale auf. Aber immer wenn sie diese ausleert, beißen ihn die Gifttropfen so sehr, daß er sich windet und die Erde dabei bebt.

Die Slaven kennen den Blitz-, Himmels- und Fruchtbarkeitsgott *Perun*. Er ist verwandt mit dem donnerkeiltragenden Himmelsgott *Perkun* der Balten. Der Name dieses Gottes hängt ebenfalls mit der Eiche (lateinisch *quercus* von altlateinisch *perquos*) zusammen.[14]

Beispiele dieser Art können auch aus anderen Kulturen herangetragen werden. Es muß schon ein in einen hohen Laubbaum eingeschlagener Blitz gewesen sein, der bei irgendwelchen *homini erecti* das Urerlebnis auslöste. Noch immer werden Feuer-Blitz, Himmelsgott-Trickster (Schlange) und der Baum im Urbild vereint. In späteren Zeiten saß der Stammesfürst als Stellvertreter Gottes unter der Eiche und hielt Gericht. Unter dem Schutz des Donnerkeilträgers hielten die Edlen und Freien das Thing ab und entschieden, was sein sollte und was nicht, was Recht war und was Unrecht. Unter dem Baum wurden Feueropfer abgehalten. Der Baum ist der Weltenbaum, der in der Unterwelt (wo die Schlange haust) wurzelt und dessen Krone in die höchsten Himmel reicht. Dieser Baum ist die Leiter, auf der der Schamane, wo immer man ihn trifft, in die »anderen Welten« steigt. Unter diesem Baum, dem Bodhi-Baum (Pipal), meditierte Siddharta, erlangte die »Erleuchtung« und wurde Buddha.

Der Stein

Affen benutzen Steine, um damit Raubtiere zu bewerfen oder die harten Schalen schmackhafter Nüsse zu knacken. In der Morgendämmerung der Menschheit jedoch hob der Mensch den Stein auf und formte ihn nach seiner inneren Vorstellung zu Waffe und Werkzeug. Der splitternde, harte Feuerstein eignete sich dazu am besten. Beim Zurechthauen von Faustkeilen und rasiermesserscharfen Klingen sprangen Funken, und es stank nach Schwefel – Eigenschaften, die bis heute dem Dämonischen, Promethischen anhaften.

Aus dem Stein konnte Feuer gezeugt werden, wie aus dem männlichen Glied, wenn es steinhart war, im weiblichen Schoß der Funke des Lebens gezeugt werden konnte. Die Verwandtschaft schlägt sich auch in der Sprache nieder. Das *Kind* (germanisch *kenda* = gezeugt) ist mit dem englischen *kindle* (zünden) verwandt und geht auf die indogermanische Wurzel *gen* (gebären, zeugen) zurück, aus der auch Begriffe wie das lateinische *generare* (zeugen, anfachen) entstanden.

Der feuerschwangere Faustkeil als Zeichen der Zeugung des elementarischen Feuers, das auf der Herdstelle brennt, als Zeichen der Zeugung des Lebensfeuers, das durch die Generationen weitergegeben wird und als Zeichen der Zeugungskraft des geistigen Feuers, das »überzeugt« und »erleuchtet«, ist das Zepter der fruchtbarkeit- und todbringenden Blitz- und Donnergötter, die überall in der Kulturgeschichte auftreten. In unserem Kulturkreis ist es der Hammergott, der schon vor sechstausend Jahren in den skandinavischen Felszeichnungen seine Spuren hinterließ. Der Steinhammer[15] *Mjölnir* (der Zermalmer) spielte in allen Weihehandlungen (Kriegs-, Opfer-, Fruchtbarkeitsritualen) eine bedeutende Rolle. Bei der Vermählung wurde er der Braut segnend in den Schoß gelegt. Mit dem Hammerschlag wurde - und wird noch – der Richtspruch bekräftigt. Als Amulett wurde sein Abbild, wie das Linga der südindischen Lingayats, um den Hals getragen. Im vedischen Indien trug Indra (dessen Merkmale später Shiva teilweise übernahm) den Donnerkeil *(Vajra)*, mit dem er Dämonen erschlug und die Erde mit Regen und Mehrung der Feldfrüchte segnete. Der *Vajra* (Blitz, Donnerkeil, Juwele, Phallus) wurde auch im esoterischen Vajrayana-Buddhismus (Diamantfahrzeug) zum Mittelpunkt: Er ruht als Kleinod im Lotos *(Padma)*, als Phallus *(Linga)* in der Scheide und als Buddha im Herzen.

Dieser wunderbare Stein bringt Leben und Tod. Mit ihm wird der Schädel des Feindes zertrümmert und Frieden hergestellt. Als Jagdwaffe bringt er der Beute den Tod und somit dem Menschen das Leben. Er ist der Phallus, der die Jungfrau »verwundet« und somit die Generationen ermöglicht. Er ist der Mahlstein, der die Samen, Körner und Nüsse zu genießbarer Nahrung zermalmt. Das Mahlen ist ein Zerstörungs-, aber auch gleichzeitig ein Schöpfungsvorgang. Die Kerne werden vernichtet, aber gleichzeitig werden sie zerteilt und vermehrt. Wie in der ursprünglichen Schöpfung, bei der Opferung und Zerstücklung des kosmischen Urriesen (germanisch: *Ymir*, indisch: *Purusha*), entsteht die Vielfalt aus der Einheit. Die Schöpfung und Mehrung ist ebenfalls ein geschlechtlicher Vorgang. Der Mörser, die Schale, auf der die Zerstücklung stattfindet, ist das weibliche Geschlecht *(Yoni)*, der Faustkeil das männliche, ebenso wie der Altar der weibliche Behälter ist, auf dem das männliche Feuer brennt.

Die Hitze der geschlechtlichen Erregung sowie die der Jagd, des Rausches, des Tanzes und der asketischen Anstrengung gehören zusammen. Wegen seiner angesammelten und aufgestauten Hitzekraft *(Tapas)* ist, nach indischer Ansicht, der Asket heilig. In der Hitze seiner Askese brütet er neue Wirklichkeiten aus oder verbrennt sie zu Asche. Wegen der inneren Hitze kann er wie der Schamane[16] über heiße Kohlen gehen, die Hand in siedendes Wasser halten, nackt im Schnee sitzen und auch geistige Überzeugungskraft ausstrahlen. Durch die Hitze seiner Askese entfacht Shiva den Weltenbrand.

Überall in den archaischen Kulturen stellte man ins riesenhaft vergrößerte Steinphallen (Menhire, Dolmen, Megalithe) auf und verehrte sie. Wie es noch heute bei einigen Naturvölkern vorkommt, bestrich man sie mit Blut und später mit blutrotem Ocker oder Zinnober (unser Wort »Zauber« bezog sich einst auf diese blutrote Farbe). In Indien sind es die zylindrischen *Bir-* oder *Bhairon*-Steine, in denen sich einfache Volksgottheiten offenbaren, die mit Zinnoberrot *(Sindur)* frisch bemalt werden. Das Shiva-Linga wird zwar nicht mehr mit Blut oder Sindur bestrichen, sondern mit Milch, Gangeswasser und dergleichen. Die Anbeter bekommen jedoch vom Pujapriester einen roten Farbtupfer mit dem Daumen auf die Stirn gedrückt. (In ähnlicher Weise wurde angeblich auch bei den Germanen zum Segen die Stirn mit Opferblut betupft.)

Wasser

Die Flammenglut erzeugt auch ihr Gegenteil: Sie schmilzt Eis und löst Metalle aus dem Gestein. Das Wasser löscht die Feuersbrunst. Im Samenerguß entflieht die sexuelle Hitze. Im Blutsturz endet die Jagd. Im Makrokosmos werden die Stiche der sengenden Sonne durch das labende, feuchte Kühl des Mondes *(Soma)* ausgeglichen. Aus dem Gegensatz der beiden Elemente entsteht das Leben. Im germanischen Schöpfungsmythos, der dem der vedischen Inder ähnelt, entsteht der Urriese (Makroanthropos) Ymir aus dem Zusammenwirken von Eis und Feuer. Gleichzeitig mit ihm entsteht das erste Tier, die Urkuh, deren Milch den Riesen nährt. Seine Enkel, die Götterdreiheit Odin, Willi und We (Loki) erschaffen die Welt, indem sie den Urriesen opfern und zerstückeln. Aus seiner Haut entsteht die Erde, aus den Haaren die Bäume, aus dem Blut die Flüsse und Seen, aus dem Schädel das Himmelsgewölbe und aus der grauen Hirnmasse die Wolken. Auch bei den Kelten entsteht der Kosmos aus Wasser und Feuer, und der Römer Strabo berichtet, daß nach dem keltischen Glauben zuletzt die geschaffene Welt wieder in Wasser und Feuer zerfällt.[17]

Wasser reinigt und heilt. Übersinnliche Wesen, meist weiblicher Natur, offenbaren sich an Quellen, Flüssen und Seen. Flußgöttinnen, wie die große weiße Muttergöttin Dana, die vielen europäischen Flüssen ihren Namen geschenkt hat (zum Beispiel Donau und Don), Nymphen und weissagende Schwanenjungfrauen haben in Indien ihre Entsprechung in der Göttin Ganga, die aus Shivas Haaren fließt oder in der göttlichen Muse *Saraswati*, die als Flußgöttin mit einem Schwan erscheint.

Heilige Handlungen verbinden die getrennten Urelemente wieder zur ursprünglichen Einheit. Wer vom Feuer des Geistes erfaßt ist, begibt sich zur Taufe in das geheiligte Wasser. In Indien wird die aufgehende Sonne mit einem Bad im Fluß begrüßt, wobei man der aufsteigenden Feuerkugel in den zur Schale zusammengehaltenen Händen Wasser reicht. Auch im Sexualakt wird die Hitze mit der Feuchtigkeit im schöpferischen Geschehen vereinigt.

Das Fieber, das den Menschen in Schweiß badet und zwischen Hitze und Kälte hin- und herschüttelt, ist das Zusammenstoßen der beiden Urelemente im mikrokosmischen Leib. Dieses Fieber, das die normale alltägliche Wirklichkeit ausschaltet und den Betroffenen in den Fiebertraum stürzt, gehört zur »Einweihungskrankheit« des Schamanen. Im fiebernden Zustand dringt er in die Welten der Geister und Toten ein, und wenn es ihm an Zauberkraft mangelt, bleibt er dort – er stirbt! Zu den ältesten schamanistischen Techniken gehört das Erzeugen des künstlichen Fiebers durch das Schwitzbad. Der Schamane schwitzt abwechselnd und stürzt sich in eiskaltes Wasser. So säubert er Leib, Seele und Geist, um heilen oder die Geister befragen zu können.[18]

Nackte Sadhus, Abkömmlinge einer uralten Schamanentradition, üben ähnliche Askese, um ihre magische Macht *(Siddhi)* zu steigern. Hitze und Kälte sind dabei zeitlich weiter auseinandergerückt. Im Sommer sitzen sie zwischen »fünf Feuern« (ein Feuer hinter ihnen, eins vor ihnen, jeweils eines an beiden Seiten, darüber die sengende Sonne). Im Winter halten sie sich tagelang in eiskalten Gebirgsflüssen auf oder wandern gar in die Schneeberge, um dann, zur Verwunderung der gewöhnlichen Sterblichen, im Frühling wieder zu erscheinen.

Kashi

Was hat diese lange Abschweifung in die Uranfänge menschlicher Kultur mit unserem Thema, dem indischen Gott Shiva, zu tun? Shiva hat zwar nicht seinen Namen in die Felsenhöhlen gekritzelt, aber die Merkmale, die ihn kennzeichnen, sind schon überall vorhanden: Alle Eigenschaften der Urgötter, die wir hier betrachtet haben, sind in ihm vereint. Er muß selber der Blitz gewesen sein, der sich im ersten und in jedem Menschen inkarniert hat.

Shiva ist der Herr des Feuers. Im Mythos erscheint er am Anfang der Zeit als riesiger Feuerphallus, aus dem das Universum entstand und in dem es noch immer geborgen ist. Wo heute die heilige Stadt Benares (Varanasi) steht, die die Einheimischen ehrfürchtig, liebevoll *Kashi* – die Leuchtende – nennen, da ist, nach Ansicht der Hindus, der Urblitz *(Iyotirlinga)* niedergefahren, den die Augen der Erlösten immer noch sehen können. Kashi ist *Mahashmashana*, der »große Leichenverbrennungsplatz«, wo die Seelen in der Feuersbrunst Erlösung von ihren weltlichen Verstrickungen finden. In der mythischen Geographie ist es das feurige »dritte Auge« Shivas, aus dem einst der Weltenbrand der Götterdämmerung entfacht wird.

Die Leichenfeuer der Verbrennungsplätze am Gangesufer am Manikarnika Ghat und Harichandra Ghat, lodern Tag und Nacht. Das Feuer soll dem Urfeuer entnommen und seither nie wieder erloschen oder neu entfacht worden sein. Der älteste Sohn eines Verstorbenen, dessen Pflicht es ist, die mit Blumen, Butter und roter Seite geschmückte Leiche anzuzünden, nimmt dazu nicht etwa Streichhölzer, sondern ein Büschel heiliges *Kusha*-Gras, das er sich von den *Doms*, den Leichenverbrennern aus der Kaste der Unberührbaren, anzünden läßt.

Dann umwandelt er den Scheiterhaufen nicht rechtsläufig wie die Heiligtümer, sondern linksläufig, also gegen den Uhrzeigersinn, denn bei den Toten läuft alles in entgegengesetzter Richtung. Die fünffache Umwandlung entspricht den fünf leiblichen Hüllen des Körpers (Erde, Wasser, Feuer, Luft, Äther), die sich nun auflösen und wieder in die Natur eingehen. Wenn der Schädel im Feuer nicht von alleine platzt, zertrümmert ihn der älteste Sohn oder ein Dom mit einer starken Bambusstange, damit der Geist die Leiche *(Shava)* als kleiner *Shiva* verlassen kann. Dreiäugig, mit zerzausten Haaren, in denen die Mondsichel leuchtet, und mit dem Dreizack in der Hand verläßt der Tote seinen Leib. Die Asche wird schließlich von den Doms zusammengerecht und ins heilige Wasser des Ganges gestreut. So wird das »letzte Opfer« begangen.

Einst, als fanatische Moslems alle heidnischen Heiligtümer der Stadt vernichteten, hatten diese unberührbaren Doms das Feuer gerettet und es viele Jahre versteckt gehalten. Wegen dieser Tat steht ihnen allein das Recht zu, einige Rupies für jede Einäscherung zu verlangen. Heute allerdings, unter der Regierung Rajiv Gandhi, wird dieses Recht geschmälert. Bei einem Besuch in der heiligen Stadt im Frühling 1985 legte der fortschrittsgläubige Staatschef den Grundstein für ein modernes, »sauberes«, elektrisches Krematorium, das zusammen mit der Asphaltierung der Straßen und greller Neonbeleuchtung der Stadt Shivas ein passendes Gesicht für das 20. Jahrhundert geben soll.

In der Volkserzählung *Brahmanda Purana* sagt Shiva über sich selbst: »Ich bin Agni, und ich bin Soma!« Er ist ebenso das Feuer wie die kühlende, belebende, labende Flut, das Wasser und der Rauschtrank. Das reinigende, heilende Wasser strömt als Flußgöttin Ganga von seinem Haupt. Shiva ist ebenfalls das Fieber, das einst als Schweißtropfen von seiner Stirn auf die Erde tropfte. Sein Zeichen

(Linga) ist Faustkeil, Mahlstein und Phallus, der in der *Yoni* (Schale, Vagina) sein entsprechendes Gegenstück findet.

Die ursprünglichste Gottesvorstellung der Menschheit läßt sich also in der mysteriösen Gestalt Shivas umreißen. Fragmente davon lassen sich in allen Kulturkreisen finden, aber nirgends ist die Gestalt so gut erhalten wie in Indien.

Unzählige Geschichten umranken Shivas Gestalt und geben einzelne Aspekte des Urbildes wieder. Wir wollen uns nun von der Geburt Karttikeyas, des aus der Liebe zwischen dem Gott und der Göttin geborenen Weltenretters, erzählen lassen, um dabei noch einmal das Motiv des Feuers und Wassers hervorzuheben.

Die Geburt Karttikeyas

Zehntausend Jahre lang liebten sich Shiva und Parvati in wildester Ausgelassenheit, so daß den Göttern bange wurde. Wie würde so der ersehnte Retter der Welt, der Töter des Dämonen Taraka, geboren werden können? Die besorgten Himmlischen schickten den Feuergott Agni, um die beiden daran zu erinnern, daß Sex nicht nur der Wonne dient, sondern auch der Zeugung von Nachkommenschaft. Als Taube getarnt, schlich sich Agni gerade in dem Augenblick heran, in dem ihre Lust den Höhepunkt erreicht hatte. Der heiße Samen spritzte in die Luft und traf den neugierigen Vogel (Agni) in den Schnabel. Parvati war über diese Unterbrechung selbstverständlich arg verärgert: »Möge der Schoß der anderen Göttinnen ebenso fruchtlos sein wie der meinige!« fluchte sie.

Shivas Samen war so heiß, daß es den Feuergott fast verbrannte. Ihm schwanden beinahe die Sinne, als er zurück nach *Brahmloka*, der Götterburg Brahmas, eilte. Unterwegs traf er Kutila (die Flußgöttin Ganga): »O weh«, jammerte er, »dieser Samen ist so schwer zu tragen, aber wenn ich ihn fallen lasse, wird er die drei Welten, Himmel, Erde und Unterwelt, verbrennen!« Ganga glaubte, daß sie mit ihren kühlenden Fluten damit fertig werden könne. Sie antwortete dem Feuergott, dessen Haare, Haut und Augen durch das Tragen des Samens wie flüssiges Gold glänzten: »Gib her, ich werde dir die Last abnehmen!«

Auch Ganga hatte schwer zu schaffen. Nach zehntausend Jahren erreichte sie völlig erschöpft den Saal des Schöpfergottes Brahma. Der auf dem Lotos thronende Vater der Götter fragte: »Du liebliche Maid mit den runden Hüften, was hat dich so ermattet?« Nachdem sie erzählt hatte, was ihr zugestoßen war, riet ihr Brahma: »Laß Mahadevs (Shivas) Samen im Uferschilf liegen. Nach zehntausend Jahren wird daraus ein Kindlein geboren werden, das so hell wie die Morgensonne leuchtet!«

So geschah es. Während dieser Zeit verwandelten sich die Schilfblätter in reines Gold, ebenso die Pflanzen, Tiere und Menschen, die in dieser Gegend wohnten. Dann lag plötzlich ein Säugling im Ried und schrie mit der Stimme des Donners. Zufällig spielten die sechs Schwestern, die Plejaden (Krittika) am Ufer, wo sie den hübschen Knaben fanden. Alle sechs wollten den Kleinen liebkosen und ihm die Brust reichen. Da ließ sich der Knabe sechs Köpfe wachsen, um an jeder gleichzeitig saugen zu können. So wurde Shivas Sohn, der Dämonentöter, geboren. Seine Mütter waren Parvati (die Erde), Agni (das Feuer), Ganga (das Wasser) und die Plejaden (Luft und Raum).

III. Der Schamanengott
mit seinem schwarzen Hund

Nachdem sie irgendwann einmal von den Bäumen der afrikanischen Urwälder gestiegen waren, verbrachten die Menschen, mit Feuer und Faustkeil in der Hand, einige Millionen Jahre als frei umherstreifende Jäger und Sammler. Die höchstens zehntausend Jahre ackerbäuerlicher Seßhaftigkeit verhalten sich zeitlich gesehen dagegen wie eine dünne Glasur, nicht zu sprechen von der flüchtigen Seifenblase unserer dreihundertjährigen Industrie- und Massengesellschaft.

Diese Abermillionen Jahre engster Naturverbundenheit haben Leib, Seele und Geist des Menschen entscheidend geprägt und tiefe Spuren hinterlassen, die immer noch in Kult, Glauben, Sprache, in Traumbildern und Kinderspielen zum Ausdruck kommen. Jedes Kind durchläuft beim Pfeil- und Bogenspiel, Fangen, Verstecken, Baumbudenbauen und beim Herumstreifen in Jugendbanden noch einmal die Stufen der Kulturentwicklung, ebenso wie der Embryo die biologische Entwicklungsgeschichte keimhaft nachvollzieht. Unter der hauchdünnen Schale der Zivilisation, hinter den Masken der dressierten Persönlichkeit, sitzt immer noch der alte Wildbeuter mit seinen Genossen am Lagerfeuer.

Ein hörnertragender, von Tiergeistern besessener, in Raubtierfelle gekleideter, mit Glitzersteinen behangener und mit Geisterflügeln zum Götterberg fliegender Schamane lädt dabei zum Tanz ein und eröffnet mit Zaubergesängen, begleitet von Handtrommeln, Flöte oder Saiteninstrument, die Pforte zur »anderen Welt«. Androgyn ist er, weil er männliche und weibliche Fähigkeiten besitzt. Seine Zauberkraft erlaubt es ihm, übermäßigen Schmerz, große Hitze oder Kälte zu ertragen und Giftschlangen aufzuheben, ohne daß er sich vor ihnen fürchten muß. Mit seinem magischen Auge kann er in die Zukunft und in weite Ferne blicken. Mit dem Strahl aus diesem Auge kann er seine Feinde bannen.

Der alte Jäger

In den frühen Jägerkulturen beherrschten Tiere die Vorstellungswelt. Noch immer geben die Wildbeuter ihren Kindern Tiernamen. Mit den Fellen, Fängen und Federn starker Raubtiere (Wölfe, Raubkatzen, Bären, Adler, Kolkraben) schmücken sich Jäger, Krieger oder Schamanen. Tiere erscheinen ihnen in Träumen und Visionen, führen sie als Hilfs- und Schutzgeister und schenken ihnen Kraft, Ausdauer und Sinnesschärfe. (Die »Familiare«, die Eulen, Katzen und Kröten mittelalterlicher Hexen sind Überreste dieser alten Vorstellungswelt). Sippen leiten ihren Ursprung in der mystischen Traumzeit auf eine Tiergattung zurück, mit der sie brüderlich-schwesterlich verbunden bleiben. Ein solches Totemtier wird in jahreszeitlichen »Vermehrungsriten« gefeiert.

Im ekstatischen Tanz, mit übergestülpten Tierpelzen und Hörnern auf dem Kopf, verwandeln sich die Jäger selber in Tiere. Sie tanzen ihr Leben – die Brunft, das Begatten, das Kalben, das Suchen nach frischen Weidegründen und schließlich den Tod durch den Jäger. Dabei ist alles Sympathie, Miterleben. Die Jagdbeute wird schon im Geist getötet. Sie wird vom »Herrn der Tiere« oder von der »Tiermutter« freigegeben, dem Tod ausgeliefert. Diese Hüter der Tierseelen leben tief im Bauch der Berge, dessen Eingang Höhlen sind, oder unter der Oberfläche der Seen. Dahin muß man mit Geistesflügeln gelangen, um das Weidmannsglück zu erkunden, um zu erfahren, welche Gegenleistungen die Tierhüter verlangen, welche Gebote und Gesetze bei der Jagd zu beachten sind.

Durch Tanzen, Trommeln, Fasten, selbst auferlegte Schmerzen (Askese) sowie durch die Anwendung von Pflanzendrogen, wie Pilze, Nachtschattengewächse oder Hanfkraut, versetzten sich die alten Jäger in den Zustand, der sie mit den Tiergeistern verband. Indem sie das Nervensystem mit Reizen überfluteten oder die Sinne durch absolute Konzentration auf einen Punkt (oder einen Ton) aushungerten, konnten sie »abheben« und Seelenflüge unternehmen. Wer diese Technik am besten beherrschte, wurde natürlich für die Gruppe sehr wichtig. Er wurde zum Schamanen, der die Gruppenrituale leitete und mit den Geistern und magischen Tieren verkehrte.

Bei den wenigen verbliebenen Wildbeuterstämmen Amerikas, Asiens, Afrikas und Australiens leben bis heute noch Vorstellungen fort, von denen die altsteinzeitlichen Felsen- und Höhlenzeichnungen erste Zeugnisse abgeben. Beispielsweise wurde vor etwa 15 000 Jahren ein tanzender, geweihtragender, in Felle gekleideter »großer Zauberer« neben zahlreichen Tiergestalten auf die Wand der Höhle von Trois-Fréres (französische Pyrenäen), tief im »Bauch« der Erde gemalt. Ein wahrscheinlich noch älteres Höhlengemälde ist der sogenannte Jagdunfall in der Höhle von Lascaux (Dordogne). Ein Mann mit steifem Penis und einem Stab mit einem Vöglein darauf wird vor einem Büffelstier liegend abgebildet. Es handelt sich hier sicher nicht um einen Jagdunfall, sondern um eine schamanistische Trance, die ja bekanntlich oft mit einer Erektion verbunden ist. Dabei erscheint dem Schamanen der Büffelgeist, während sein »Astralleib« Vogelgestalt annimmt.

In der Gestalt Shivas sieht der Ethnologe zuallererst einen Super-Schamanen. Er ist *Nataraja*, der »König der Tänzer« mit der Trommel in der einen und dem Feuer in der anderen Hand. Nach seinem Rhythmus bewegen sich die Geister. Die Trommel in der Hand des fähigen Schamanen kann zum rasenden, ekstatischen Tanz anpeitschen oder anderseits den Herzschlag so verlangsamen, daß Trance (Hypnose) zustande kommt. In beiden Fällen findet ein Austritt aus dem alltäglichen Bewußtsein statt. Die Trommel wird dabei als Reittier des Schamanen bezeichnet. Shiva ist ebenfalls Herr der Einkehr und Askese. Ohne sich zu rühren und unberührt von der Kälte sitzt er im Schnee und durchwandert die inneren Welten. Wie andere Schamanen übersteigt *Rudra* – so wird er in den Veden genannt – die Logik des Alltags und erscheint seinen Anhängern daher als unberechenbar. Er ist zauberhaft, wild, ein Wanderer in der Einsamkeit. Als *Ardhanari* (»Halb-Frau«) ist er männlich und weiblich.

Im *Yajur Veda Shri Rudram*[19], in dem die nach Indien eingewanderten Arier ihre Überlieferungen festhielten, wird Rudra-Shiva unter anderm als Herr des Feuers, des Wassers, der Bäume und Kräuter, der Wachenden und Schlafenden, der Hohen und Niederen gepriesen. Er wird als Wanderer, Schmied, Jäger, Heiliger, Heiler, Höhlenbewohner und Herr der Diebe angerufen. Immer wieder schillert das Schamanische durch die Benennungen.

Die erste Strophe (Anuvaka I, Rik 1) des *Yagur Veda Shri Rudram* beginnt mit folgenden Worten: »O Shri Rudra, gegrüßt sei deine Wut, gegrüßt deine Pfeile, gegrüßt dein Bogen!« Rudra wird angerufen als

Heiler, der Macht über Skorpione, Schlangen, Tiger und unsichtbare Feinde, wie Dämonen *(Rakshasas)* und Geister hat (I,6). Er wird als Tausendäugiger beschrieben (I,11). (Oft nähen sich sibirische Schamanen Hunderte von Spiegelstückchen, die als »tausend Augen« gelten, in die Tracht.) Weitere Verse bezeichnen ihn als Wanderer in der Wildnis. Er wird als Herr der Tiere (II,2) angerufen, als Träger der Axt (Fautkeil) (II,6), als Herr der Wälder und Bäume (II,8,9) und als Schwindler (III,4), denn Schamanen sind ja berüchtigt als Geschichtenerzähler und Meister im Gaukelspiel und in der Verstellung.

Er ist Herr der Hunde und nimmt selbst manchmal das Aussehen eines Hundes an (IV,17). In einem weiteren Vers (IX,3) wird er als derjenige begrüßt, der sich seine verfilzten Haare nach oben bindet und sie wie eine Krone trägt. Viele Schamanen dürfen ihre Haare weder schneiden noch kämmen; oft tragen sie einen besonderen Kopfschmuck, Fellmützen oder spitze Hüte. Bei Shiva ist das Haar selbst zum Zauberhut geworden. Es ist hoch aufgetürmt und mit Schlangen, Blumen, Nüssen (Rudraksha-Perlen) und der Mondsichel geschmückt. Der Mond ist ein beliebtes Motiv in der Schamanentracht, denn der Schamane ist Herr der Gezeiten und lebt in Einklang mit den Mondrhythmen und Mondkräften, die seine Phantasie anregen. Wie der typische Schamane ist Shiva, wenn er nicht in heiliger Nacktheit erscheint, mit den Fellen der Tiere bekleidet, die er erlegt hat (Tiger, Elefant, Gazelle).

Der Herr der Tiere

Unter den zahlreichen Namen Shivas ist *Pashupati* (*Pash* = Tier, *Pati* = Herr) einer der bekanntesten. In späteren Zeiten wurde er unter diesem Namen zum Schutzpatron des bäuerlichen Viehs und zum Gebieter der Menschenseelen. Sie stehen alle unter seiner Obhut. Er gibt sie frei zum Leben und zum Tod. Pashupati ist ihr Heger und Pfleger und gleichzeitig ihr Jäger, der Lust daran hat, sie in den Tod zu hetzen.

Einer seiner Beinamen ist *Sharva*, der Jäger. In einer Geschichte erscheint er dem im Wald verirrten arischen Helden Arjuna (den wir aus der *Bhagavat Gita* kennen) in der Gestalt eines *Kiratas*. Kiratas sind wilde Bewohner der Urwälder und unzugänglichen Berge, die (im Ramayana-Epos) als Tiger beschrieben werden. Es muß sich, wie bei den germanischen Werwölfen oder den kannibalistischen *Windigo* der kanadischen Indianer, um wilde Menschen handeln, die sich außerhalb der Grenzen der normalen, gesitteten Gesellschaft bewegen.

Shiva trägt als Zepter die allererste Jagdwaffe, den Speer, dessen Spitze auf die magische Zahl drei zum Dreizack vervielfältigt ist. Dieser Dreizack wurde in der Ikonographie zu seinem Hauptzeichen. In seinen zwei, vier, acht, zehn oder dreiundzwanzig Händen – je nach Darstellung – trägt er die ältesten Waffen und Werkzeuge der Menschheit: das Beil *(Parashu)*, den Stab *(Danda)*, Pfeil und Bogen *(Pinaka* oder *Ajagava)*, den einfachen Speer, den Dreizack *(Trishula)*, die Lassoschlinge *(Pasha)*, die Keule aus einem Knochen und einem Totenschädel *(Khatvanga)*, das Schwert, den Schild, das Feuer und so weiter.

In seiner vedischen Erscheinung als Rudra ist er der Bogenschütze, der, wie der Apollo der Griechen, Pfeile der Krankheit, des Fiebers und des Todes sowie Pfeile der Heilung und Genesung auf Mensch und Tier abschießt. Im *Yajur Veda* fleht man ihn an, seine Geschosse gegen Feinde und wilde Tiere zu schießen, aber die eigene Sippe und den Viehbestand zu schonen. Wie sich der unheimliche Jäger an dem Opferpriester, der ihn wegen seiner ungestümen Art vom Opfer ausschließt, rächt, werden wir später erfahren. Dabei nimmt das Opfer die Gestalt eines flinkfüßigen Rehs an, das in den Himmel entfliehen will. Es wird aber von Rudra zur Strecke gebracht. In anderen Legenden, mit denen wir uns später befassen werden, erscheint Shiva als Fischer.

Wenn die Hindus im Hochsommer den Südhimmel betrachten, sehen sie im Sternbild Orion Shiva als Jäger, der mit seinem Jagdhund (Sirius) das Opfertier durch die Lüfte jagt. Interessanterweise sahen die alten Griechen in demselben Sternbild einen wilden, ruchlosen Jäger, den Riesen Orion, der mit seinem Hund (Sirius) einer Schar Tauben (den Plejaden) nachstellt. Wie alt derartige Vorstellungen sind, erraten wir erst, wenn wir die Mythen und Rituale der Prärieindianer kennen, die die Neue Welt noch in der Altsteinzeit als Großwildjäger betraten. Um von den Geistern die Jagderlaubnis zu erhalten, feierten die Cheyenne bis vor kurzem noch den Tanz der Tiere (Massaum). Nach der Sommersonnenwende, wenn die Sternbilder Sirius und Orion aufgehen, wird er mit viel Spaß, Gelächter und Possenreißerei begangen. Die Teilnehmer verkleiden sich als wilde Tiere und werden von der Bogensaiten-Gesellschaft (Contraries), die alles verkehrt und entgegengesetzt macht, gejagt.

Das lustige Ritual stellt die Wiederholung der Urzeit dar, als der erste Medizinmann und sein Gehilfe zur Großmutter Erde und ihrem Mann, dem Donnergeist, gingen und die Tiere aus dem Schoß des Weltenberges (bear butte) entlassen wurden. Der Schamane führte die Tochter der beiden, die Büffelfrau und Herrin der Tiere, heim ins Menschenlager. Im Drama erscheint die Großmutter Erde als hörnertragender weißer Wolf (der Hundsstern Sirius), der Donnergeist als roter Wolf (Aldebaran, das »Auge« im Sternzeichen Stier) und die Tierherrin als Orion.

Die Schlinge

Der Strick ist wesentlicher Bestandteil der Jagdausrüstung. Mit der Schlinge werden Tiere gefangen und die Beute gefesselt. Bei den alten Göttern, wie dem vedischen Himmelsgott *Varuna* (der Uranos der Griechen), dem Hüter des ewigen Gesetzes (*Ritam* oder *Rita*), gilt sie als Zeichen der Macht. Wer gegen das für alle Geschöpfe geltende Recht verstößt, wird von Krankheit, Wahn oder Unglück gefesselt – das sind die Schlingen Varunas. Auch der Totengott Yama bindet seine Opfer mit einer Schlinge. Der germanische Schamanen- und Totengott Odin (Wotan) hat ebenfalls die Schlinge in Form des Galgenstricks als Merkmal. Opfer, die ihm geweiht waren, wurden gehängt. Da Odin, wie Shiva, auch Gott der Diebe, Gauner und Gaukler ist, wurden Gesetzesbrecher dieser Art mit dem Strick an den Baum geknüpft. Odin bindet und löst die Fesseln des Rausches, der Leidenschaft und Kampfeswut seiner Gefolgsleute. Er bindet durch seine Zaubermacht. Auch Shiva trägt die Schlinge *(Pasha)*. Er ist der Meisteryogi, der seine Anhänger in das Joch *(Yoga)* der Selbstbeherrschung bindet.

Der schwarze Hund

In seiner furchteinflößenden Erscheinung als *Bhairava* wird Shiva als derjenige bezeichnet, »dessen Reittier der Hund ist«. Der schwarze Hund, der ihn in dieser Gestalt begleitet, paßt gut zum Motiv des Schamanen-, Jäger- und Totengottes.

Hunde waren die ersten Genossen des Menschen. Sie folgten den Horden der Frühmenschen in der Hoffnung auf freßbare Kadaverreste und Knochen rund um unsere Erde. Mit den altsteinzeitlichen Wildbeutern kamen sie über die Landbrücke von Sibirien bis nach Amerika. Auf Einbaumbooten gelangten sie noch in der Altsteinzeit mit den Uraustraliern auf den fünften Erdteil. Da sie intelligente, soziale Tiere sind, haben sie sich den Menschengemeinschaften mühelos angepaßt. Die Jäger fanden natürlich Gefallen an den vierbeinigen Genossen: Sie spürten Wild auf, verfolgten Fährten, warnten mit ihrem Kläffen vor drohenden Gefahren. Im Notfall, wenn sich das jagdbare Wild in die Berge, zum Herrn der Tiere zurückzog, konnten die hungrigen Jäger einen ihrer Hunde verspeisen. Noch heute gilt bei den Prärieindianern, den Enkeln der Großwildjäger, der noch an der Hündin säugende Welpe als Delikatesse.[20]

Hunde und die ihnen verwandten Schakale, Wölfe und Steppenwölfe sind Leichenfresser und Jäger. Es ist verständlich, daß sie Begleiter der Totengötter werden. Wildhunde lauern neben Raben und Geiern noch immer an den Leichenfeuern Indiens, um verkohlte Reste für sich zu ergattern. Die an die Flußufer angetriebenen Leichen verschlingen sie mit einem entrückten Genuß, der, wenn man es unvoreingenommen meditativ betrachtet, wie liebevolle Hingabe, wie ein Liebesdienst an den Toten anmutet. Es ist Shiva in Hundegestalt, der so die Seelen von den leiblichen Hüllen befreit.

In vielen Kulturen ist der Hund Totenführer – man denke an *Anubis*, den schwarzen, hundsköpfigen Totengott der Ägypter. Im Totenritual der zarathustrischen Parsen müssen die Leichen erst von einem Hund beschnüffelt werden, damit die bösen Geister fliehen, bevor sie in die »Türme des Schweigens« gelegt werden. Oft sind Hunde Schwellenhüter des Totenreiches, wie der Höllenhund Cerberus oder Garm. Selbst hinter dem heiligen Christopherus, der die Seelen von einer Seite des Stroms zur anderen trägt, verbirgt sich ein uralter Schwellenhüter, der in vorchristlicher Zeit als hundsköpfiger Riese und Totengott erschien. Auch Odin hatte Raben und Wölfe als Begleiter. Die ihm geweihten Krieger waren entweder Bärenhäuter (Berserker) oder Wolfsgestalten (Ulfhednir). Auf jeden Fall sind diese Kaniden die einzigen »Haustiere« der archaischen Jäger. Rinder, Schweine, Hühner, Ziegen, Schafe, Pferde und die übrigen domestizierten Tiere gehören einer späteren Kulturstufe an. Mit der Gestalt seines Mephisto, des Erzzauberers, Hexenmeisters und Flammenherrn, der sich in einen schwarzen Pudel verwandelt, hat Goethe tief in die verborgene Schatztruhe der frühmenschlichen Bilderwelt gegriffen. Auch die Volksimagination greift in dieselbe Truhe uralter Archetypen, wenn sie berühmten Zauberern wie Cornelius Agrippa von Nettesheim einen schwarzen Hund andichtet, der ihm auf Schritt und Tritt folgt.

Der Totengott

Dem Schamanen obliegt es, die guten Beziehungen zum Herrn der Tiere, der tief im Wald, in den Bergen oder unter der Erde wohnt, aufrechtzuerhalten. Um das zu tun, muß er die Fähigkeit haben, sich in Rausch, Wut, Ekstase und »Be-geisterung« zu steigern, also das alltägliche Bewußtsein zu übersteigen. Dadurch begegnet er allen übersinnlichen Wesen, den Elementarwesen, Naturgeistern, Dämonen, Kobolden und natürlich auch den Totengeistern und Gespenstern. Jeder echte Schamane wird, ebenso wie früher die Hexen und heute noch die spiritistischen Medien,[21] ständig von einer Truppe solcher phantastischer Geschöpfe begleitet. Auch da ist Shiva keine Ausnahme: Trunkene, tanzende Ghule, *Bhutas* (plötzlich Gestorbene, die nun Tiergestalt annehmen), *Pisachas* (fleischfressende Geister), *Pretas* (Gespenster), *Vetalas* (Vampire), mürrische Zwerge, Alben, Schrate und alles, was sonst noch zu einer Walpurgisnacht fleuchen und kreuchen würde, begleitet ihn, den *Bhuteswara* (Herrn der Geister) auf allen Wegen.

Die Techniken der Verzückung und der damit verbundenen Trance (lateinisch *transire* = hinübergehen) werden in qualvollen Einweihungen erworben, beispielsweise durch tagelanges Hängen an Bäumen, Martern an Pfählen, Fesselungen, durch die Einwirkung von Giften und Entbehrungen aller Art. Tod und Wiedergeburt werden nachvollzogen. In Südasien ist es Shiva, der Herr solch strenger Askese *(Mahayogi)*, der diese Ausflüge und Übertritte ermöglicht. Bei Odin begegnen uns ähnliche selbstauferlegte Leiden und eine ähnliche Todessymbolik. Drei mal drei Tage lang hing er am Baum, um die Weisheitsrunen aufzulesen. Sein achtbeiniger Schimmel *Sleipnir* ist die Totenbahre, die von vier Trägern getragen wird, denn in der Todesstarre der Trance findet der »Übertritt« statt. Achtbeinige Schamanenpferde sind in ganz Sibirien bekannt.[22] Die Gonds in Indien kennen ebenfalls das achtbeinige Totenpferd.[23]

In der indischen Legende ist es Shiva selbst, der als achtbeiniges, sphinxhaftes Fabelwesen mit langer Nase, Klauen, Mähne, Schweif und Flügel erscheint. In der Gestalt dieses schrecklichen *Sarabha* tötet er den Mannlöwen *Narasimha*, der kein Geringerer ist als die vierte Inkarnation *(Avatara)* Vishnus. Immer wenn auf Erden das Übel überhand nimmt und die Dämonen die Geschöpfe knechten, verkörpert sich Vishnu, um sie zu töten. Als Mannlöwe rettet er zwar auch diesmal die Welt, vergißt aber dabei seine göttliche Herkunft und wird selber ein dämonischer Unterdrücker. Da befreit ihn Shiva von seinem Wahn, indem er als achtbeiniger Sarabha erscheint und ihn tötet.

Zur Überwindung der Todesfurcht finden die schamanischen Einweihungen häufig nachts auf Friedhöfen und Leichenverbrennungsstätten statt. Bei einigen australischen Stämmen werden junge Schamanenschüler mehrere Nächte lang gefesselt auf einem Friedhof gelassen, wo viele Tiere kommen, die sie beschnüffeln und belecken, bis schließlich ein übernatürlicher Mann erscheint, der ihnen mit einem spitzen Stock ein Loch in den Kopf bohrt, magische Kieselsteine einlegt und sie in Zauberei und Heilkunst unterrichtet.[24] Ähnlichen uralten Überlieferungen folgend werden auch die *Sannyasins* (Entsager) und die shivaitischen *Sadhus* (Heilige) auf Leichenverbrennungsplätzen eingeweiht. An diesem unheimlichen Ort tanzt Mahadev mit seinem gespenstischen Gefolge seine wilden Tänze. Der Geweihte legt seine weltlichen Kleider ab und trägt von nun an das rote Tuch des Leichenfeuers, denn für die Welt ist er ebenso vom Feuer vertilgt worden wie eine Leiche. Als lebendiger Toter beschmiert er sich mit Leichenasche. Der Friedhof ist dabei Gleichnis für die illusionäre Welt des Alltags, die er durch die Hitze *(Tapas)* seiner Askese zu Asche verbrannt hat.

Die Leichenverbrennungsstätte Manikarnika in Shivas Lieblingsstadt Benares ist der bevorzugte Ort der Einweihung. Erschrockenen,
aber gleichzeitig sensationslüsternen Touristen, deren geläufige Be-
griffsstrukturen beim Anblick brennender Toter und zankender
Geier, Raben und Schakale in die Brüche zu gehen drohen, wird gerne
gesagt: »Betrachten Sie ruhig. Kremation ist Meditation!« oder »Bur-
ning is learning!« Wer darin den Wahn und die Vergänglichkeit des
Daseins erkennt, dem schenkt Shiva übernatürliche Fähigkeiten
(Siddhis), wenn nicht gar Erlösung *(Moksha)*. Fotografieren ist jedoch strengstens verboten, denn der Schnappschuß würde einen winzigen Teil der sich auflösenden Gestalt in der Erscheinungswelt fest-
halten.

Es gibt eine verruchte Sekte shivaistischer Asketen, die sich die
»Unerschrockenen« *(Aghori)* nennen. Sie tragen nicht nur Totenschädel als Bettelschalen und beschmieren sich gelegentlich mit ihrem Kot,
sondern sie »vernaschen« auch ab und zu Leichenreste. Während des
Sepoy-Aufstandes (1857) sollen sie den Truppen nachgewandert sein,
um die Gefallenen zu vertilgen.[25] Damit demonstrierten sie, daß alles
Shiva ist und daß es weder Böses noch Scheußliches für den gibt, der
die Täuschung überwunden und seine Siddhi-Fähigkeiten entwickelt
hat.[26]

Wir sehen, daß der Gang in die »andere Welt« ein Gang zu den Toten ist. Demnach trägt der Schamane oft eine Tracht, die ihn als Kno-
chenmann erscheinen läßt. Während seiner Einweihung erlebt sich
der eurasische Schamane als von Dämonen gejagt, getötet, gehäutet
und bis auf die Knochen aufgefressen – wie die Tiere, die der Jäger zur
Strecke bringt. Nach dem Mahl legen die Dämonen seine Gebeine in
der richtigen Reihenfolge wieder zusammen, bevor der Eingeweihte
nun als Bürger beider Welten wieder zu neuem Leben erwacht.

Bhairava

Die wilden Aghori huldigen Shiva in seiner schrecklichsten Erscheinung, in der Gestalt des furchterregenden, bluttriefenden *Bhairava*
(oder *Bhairab*), von dem Aldous Huxley schrieb: »Sein Spielzeug sind
Milchstraßen, sein Spielplatz ist der unendliche Weltraum, und jede
Spanne zwischen einem Finger und dem anderen bedeutet tausend

Millionen Lichtjahre.« In der Ikonographie wird Bhairava mit drei zornig glotzenden Dämonenaugen und sechs Armen dargestellt. Auf seiner schwarzen, nackten Haut trägt er nichts als ein Lendentuch aus Totenschädeln. In seinen Händen hält er einen abgerissenen Arm, einen am Schopf gepackten abgeschlagenen Kopf, ein Schwert und einen Dreizack. Eine fünfte Hand hält eine Schale (Schädeldecke) in Höhe des Herzens, als ob er sagen wollte: »Auch wenn das ganze All in Raserei verfällt, hier in der Herzensmitte findest du Ruhe!« Die sechste Hand bekräftigt diesen Gedanken mit der Fürchte-dich-nicht-Geste *(Abhaya Mudra)*.

Vierundsechzig Erscheinungsformen soll Bhairava haben, die sich mit ebenfalls vierundsechzig *Yoginis* (Zauberinnen) paaren. Die acht bekanntesten Erscheinungsformen des Bhairava sind:

1. *Kapali*, der Schädelträger (in dieser Gestalt hatte Shiva einst dem Schöpfergott Brahma sein fünftes Haupt abgeschlagen und mußte als Ausgestoßener durch die Welt wandern);
2. *Asitanga*, der mit den schwarzen Gliedern;
3. *Samhara*, die Zerstörung;
4. *Ruru*, der Hund;
5. *Chanda*, der Wilde;
6. *Krodhana*, der Zornige;
7. *Unmatta*, der Verrückte;
8. *Kala*, der Schwarze.

Im wilden Bergland von Nepal, wo es während des Monsunregens vorkommt, daß ganze Berghänge samt Dörfern und Feldern in die Schluchten gespült werden, wo einst kriegerische Auseinandersetzungen und wilde Dschungeltiere das Leben verunsicherten, da ist die Gestalt des Bhairava in der Volksimagination besonders lebendig und findet ihren Niederschlag in Erzählungen wie der folgenden:[27]

»Es war einmal ein reicher Kaufmannssohn, der sich auf Wanderschaft begab, um die Welt kennenzulernen. Sein Weg führte an einem Gebirgsfluß entlang. Mit der gleichen Geschwindigkeit wie seine Schritte trieb ein Ast flußabwärts. Zufällig sah er, wie der Ast sich plötzlich in eine Riesenschlange verwandelte, die auf eine badende Frau zuschwamm, sie totbiß und sich dann gleich wieder in einen Ast verwandelte. Ungläubig rieb er sich die Augen und schaute dem Ast nach. Es dauerte nicht lange, da verwandelte dieser sich abermals. An einer fetten Weide, auf der sich Wasserbüffel widerkäuend sonnten, nahm er die Gestalt eines Riesen an, ergriff vier der Büffel und verschlang sie, bevor er wieder ins Wasser stieg und als Ast weitertrieb. Der junge Mann war entsetzt, aber gleichzeitig auch neugierig, was es mit diesem Ast auf sich habe. Dieser verwandelte sich wieder in einen fleischfressenden Geist, der vier Schafe verschlang, ohne daß die Hirten es bemerkten.

Bald erreichte der Fluß eine Schlucht, durch die er als Wasserfall ins Tal brauste. Diesmal nahm der Ast die Gestalt eines wandernden Sadhus an, um das Hindernis zu umgehen. Da faßte der junge Kaufmann Mut und sprach den Bettelmönch an: ›Ich bitte gnädig um Verzeihung, aber ich habe schier Unmögliches gesehen! Wer sind Sie eigentlich‹

›Nun gut‹, brummte der Sadhu, ›schließ’ deine Augen einen Augenblick, und du wirst es erfahren!‹

Als er die Lider wieder aufschlug, stand der schreckliche Bhairava vor ihm. Der Kaufmann wäre vor Schreck fast gestorben, faßte aber neuen Mut und fragte: ›Vergib meine Neugierde, großer Herr, aber ich reise in ferne Länder. Bitte sage mir voraus, wie meine Reise enden wird?‹ — ›Man wird dir eine Schlinge um den Hals ziehen und dich aufhängen!‹, kam als Antwort. Dann war der Spuk verschwunden. Der Kaufmann war wie benommen, aber nach einer Weile meinte er, daß Ganze sei wohl nichts weiter als eine Ermüdungserscheinung gewesen. ›Ich habe ja nichts verbrochen und war immer fromm. Warum soll ich da mein Leben am Galgen beenden!‹

Viele Jahre vergingen. Er hatte genug von fremden Ländern gesehen und war schon auf dem Heimweg, als er durch einen finsteren Wald kam. Da hörte er die klagende Stimme einer Frau, die an einer Quelle saß. ›Was fehlt Ihnen denn?‹ fragte er die Fremde.

›Ich bin ganz allein auf der Welt! Ich habe weder ein Zuhause noch etwas zu essen, noch Geld. Ich habe nur noch diesen einzigen Edelstein. Ich bin zu schwach, um mich zu bewegen. Würdest du mir helfen? Würdest du diesen Diamanten in der nächsten Stadt gegen etwas zu essen eintauschen?‹

Der junge Mann hatte Mitleid und machte sich auf in die Stadt. Nur wußte er nicht, daß der Diamant einige Tage vorher aus der Schatzkammer des Königs gestohlen worden war. Er wurde sofort von den

Schergen gefaßt, vor den Richter geschleppt und zum Tode verurteilt. Niemand wollte ihm seine Unschuld abnehmen, denn die Frau, die ihm den Edelstein gegeben hatte, war spurlos verschwunden. Nachdem er zum Richtplatz geführt worden war und man ihm die Schlinge um den Hals legte, flüsterte der Galgenstrick ihm ins Ohr: ›Wahrscheinlich hast du die Weissagung vergessen, aber nun findet sie ihre Erfüllung!‹ Da wußte der junge Mann, daß sein Schicksal besiegelt war. Er lehnte sich nicht weiter dagegen auf und ging friedlich in den Tod.«

Rudra und Odin

Wenn wir Rudra, den Heuler, und Wotan, den Wütenden, vergleichen, stoßen wir auf genügend Ähnlichkeiten, um annehmen zu können, daß es sich entweder um Ausprägungen desselben Urbildes oder um eine zentralasiatische Schamanengottheit handelt, die einerseits nach Nordwesten und andererseits ins Industal wanderte. Als Rudra ist Shiva der wilde Jäger, der mit seinem gespenstischen Gefolge von Wind- und Sturmgeistern, den *Maruts*, ähnlich wie Wotan mit seinem Totenheer durch die Lüfte fegt. Auch in unserem Jahrhundert kannte das Landvolk noch die wilde Jagd (das Woutisheer in Bern) und hat das Treiben in Maskenfesten, Fasen- und Fastennächten und Karnevalen nachempfunden. Diese Volksfeste haben ihre Entsprechung in dem tollen Treiben zu *Shivratri*, Shivas Nacht, die im Februar in Indien gefeiert wird.

Wenn das wütende Heer, bestehend aus Gehenkten, Hexen, Zauberern und ungetauft Verstorbenen, während der Rauhnächte übers Land stürmt, verschließt der niederdeutsche Hausvater alle Fenster und Türen, daß ja kein Lichtschein einen Hund aus der Meute, die die Jagd begleitet, ins Haus lockt. »Der wilde Jäger will kein Wagenrad knarren und keine Schiebkarre kreischen hören, kein Spinnrad und keine Garnhaspel drehen sehen. Wehe dem Haus, wo dieses Gebot nicht befolgt wird! Da läßt sich ein Hund von der wilden Meute für ein Jahr am Herdfeuer nieder, oder man muß zur Sühne die beste Kuh oder wenigstens ein Kalb als Futter für die gierigen Hunde hergeben!«[28]

Daß kein Rad sich drehen darf, hat seine Parallelen im Kathmandu-

Tal (Nepal), wo man aus Respekt vor Shiva, der hier hauptsächlich als *Pashupati* (Herr der Tiere) und als *Bhairava* verehrt wird, alle Lasten auf dem Rücken trägt. Was auf Rädern durch die Straßen rollt, gehört zu den Fremden, die nicht im Tal einheimisch sind.[29]

In der nordeuropäischen Sagenwelt steht zur Wintersonnenwende das Jahresrad still. In der »Mutter Nacht«, wie sie die alten Angelsachsen nannten, wird die Erde vom Sternenkosmos befruchtet, ehe Freyr, zu dessen Ehren man das Jul-Schwein schlachtete und dessen Symbol der Phallus ist, das Jahresrad wieder in Schwung setzt. Das Stillstehen des Rades in diesen Weihenächten ist ein Zurückerinnern an den heiligen Urzustand, wo es weder Mühlen, Spinnräder noch Wagen gab, wo die Schamanengötter und ihre tierisch-gespenstischen Begleiter noch allein herrschten.

Der verschneite *Kailash*gipfel, Shivas Bergthron, ist ebenfalls der Ur-Weihezustand, der vor aller Geschäftigkeit war (und ist), ehe sich die Schöpfung im Rad der Zeit, im Kreislauf des Lebens und des Todes zu drehen begann. Noch heute versuchen die nackten oder in flammendes Rot gekleideten Sadhus ihren Herrn nachzuahmen und das Rad des ewigen Kreislaufs *(Samsara)* von Geburt und Tod durch ihre Askese und Versenkungen zum Stillstand zu bringen.

Der Unberechenbare

In den ältesten Schriften gilt Rudra als gefährlich, wild und unberechenbar. Er ist weder mit der Vernunft zu erfassen noch durch priesterlichen Machtspruch zu bannen oder zu kontrollieren. Deswegen wird er später auch *Shiva* (der Gnädige), *Shambhu* (der Wohlwollende) oder *Shankar* (der Ruhige) genannt, in der demütigen Hoffnung, daß er sich auch dementsprechend verhalten möge. Auch diese Unberechenbarkeit hat er mit anderen archaischen Göttern gemeinsam, sei es nun der listenreiche Loki, der Zauberer Odin oder einer der vielen göttlichen Schelme, wie der Coyote-Trixter der Indianer.

Oft wurde Odin, dem Feueräugigen, Übeltäter, Verkleideten, Aufhetzer, Verflechter, Zwiespältigen, Schrecklichen vorgeworfen,[30] er verrate seine Getreuen und locke sie in den Tod. Dieselbe Bezichtigung gilt auch für Rudra. Sogar seine Gattin Parvati findet ihn des Treuebruchs schuldig. Im *Ramayana* wird die Geschichte des zehnköpfigen Dämonenfürsten Ravanna, des Königs von Sri Lanka (Ceylon) erzählt, der die göttliche Königin Sita raubt und sie zu seiner Frau machen will. Ihr Mann, König Rama, ist kein Geringerer als ein Avatar Vishnus. Mit seinem Bruder und einem verbündeten Affenheer macht er sich auf, um die geraubte Königin von ihrer Schmach zu befreien. Zu Beginn des Feldzuges gibt es jedoch nichts als Schwierigkeiten und Hindernisse. Der Dämon ist nämlich ein treuer Anhänger Shivas. Durch strengste Bußübungen und tägliche Verehrung hat er Mahadevs (Shivas) Gunst erworben.

Jahrelang hatte er im Hochsommer zwischen vier Feuern gesessen, im Winter im kalten Wasser gestanden und im strömenden Monsunregen Tag und Nacht Kopfstand geübt. Als aber König Rama und die anderen Götter Shiva bitten, seinen Günstling fallenzulassen, gewährt er ihnen diesen Wunsch: »Am siebenten Tag der großen Schlacht soll der Tod ihn fällen!«

Als Shivas Gefährtin Parvati dies erfährt, wird sie wütend und beschimpft ihn. Wie er einfach so seinen treuen Anbeter fallenlassen kann, will sie wissen. Aber natürlich sei er ja sowieso nur ein vergammelter Kiffer, der sich mit Asche besulht und auf Friedhöfen herumstreicht. Daraufhin packt es auch Shiva. Sie sei ja nur ein blödes, unwissendes Weib, und überhaupt solle sie nicht so tun, als ob. Schließlich gezieme es sich auch für keine anständige Frau, in Schlachten zu ziehen, Riesen zu töten, sich an ihrem Blut zu berauschen und sich mit ihren Schädeln zu behängen.

Sie zankten sich so heftig, daß den Göttern angst und bange wurde. Sie versuchten, das göttliche Paar durch Gesänge und Weihrauchgaben zu besänftigen. Alles traf ein wie vorausgesagt: Am siebenten Tag fiel der zehnköpfige Ravana einem magischen Pfeil, den Rama abgeschossen hatte, zum Opfer. Aber nichts Unrechtes war dadurch geschehen, denn Ravana hatte genau im Moment seines Todes sämtliche Früchte seiner Askese und seines guten Karmas aufgebraucht.

IV. Der göttliche Phallus

Man meint oft irrtümlich, Indien sei ein ruhiges, der Meditation hingegebenes, phlegmatisches Land. Das ist es unter Umständen auch. Wenn der Tourist aber zum ersten Mal mit dem indischen Alltag konfrontiert wird, flüchtet er für gewöhnlich in sein akklimatisiertes Hotelzimmer oder bucht gar den nächsten Rückflug, denn der üppig wuchernde Dschungel der Bilder und Göttergestalten, der Wirrwarr der Klänge und Düfte, das Geschrei und Gebimmel und das Gedrängel der Menschenmassen und Tiere überwältigen die Sinne und den Verstand. Besucher aus Gesellschaften, die viele fanatische Bilderstürmereien über sich ergehen lassen mußten, können angesichts dieser Fülle buchstäblich aus der Fassung geraten. Was wird ihnen da alles zugemutet! Rehäugige, breithüftige, vollbusige, vielarmige Göttinnen, die auf rosa Lotosblüten thronen oder auf Tigern reiten, strahlen von Plakaten und Wandgemälden. Von jedem Torbogen blickt ein schmerbäuchiger, elefantenköpfiger, leuchtendroter *Ganesha* auf den Besucher herab. In den Geschäften qualmen Räucherstäbchen vor dem Bild der milden *Lakshmi*, der Glücksgöttin, aus deren Händen Goldmünzen regnen. Es gibt kaum eine Wand, kaum eine Nische ohne einen sanftäugigen, flötenspielenden, an eine weiße Kuh gelehnten *Krishna*; eine löwenreitende *Durga*, die gerade einen Dämonen köpft; eine *Saraswati*, die auf einem Schwan reitend die Laute spielt; einen Affengott *Hanuman*, der seine Brust aufreißt und sein Herz zeigt, in dem Sita und Rama zu sehen sind; Krishna als dickes, blaues Kleinkind, das gerade Butter nascht, oder als Wagenlenker vor der großen Schlacht. In den grellsten Farben übertönen die Bilder das an sich schon so zauberhaft bunte Indien und laden die Seele zum *Darshan*, zum »Erblicken der göttlichen Wahrheit« ein.

Indiens Filmindustrie ist die größte der Welt – größer noch als Hollywood. Auch die Göttergeschichten werden mit viel Pathos verfilmt. So lächeln die Götter, verkörpert von Filmhelden und Filmdivas, auch von bunten Filmplakaten, die sämtliche Mauern restlos verdecken.

Für den Kommerz müssen die Götter ebenfalls herhalten. Im Abendland wäre das Gotteslästerung. Man erinnere sich an den Aufruhr, den die »Jesus-Jeans« von Levi-Strauss verursachten. In Indien aber scheint alles erlaubt. Da garantiert Gott selber, daß die Ware gut ist. *Shankar, Krishna* oder *Durga* zieren die Firmenschilder. *Umashankar* (Shiva mit seiner Gefährtin) produziert Textilien. *Krishna* verkauft Motoren. Auch die größte Rockgruppe Indiens, die mit dem echt coolen Sound aus Kalkutta, hat einen Götternamen: *Shiva*.

Die überladenen Lastkraftwagen, die sich mühsam und laut hupend durch die mit Menschenmassen, heiligen Kühen und Rikschas verstopften Straßen quälen, sehen wie Göttertempel aus. Auf Motorhauben und Schutzbleche gemalte Augen suchen den sicheren Weg. Die Führerkabinen sind mit knallig bunten Shivas, Durgas (sie gibt Kraft), Hanumans (der fliegende Affengott verleiht Geschwindigkeit) und anderen Göttern bemalt. Die bärtigen Sikhs malen sich Guru Nanak, ihren Religionsgründer, auf die Laster, die muslimischen Fahrer malen die Moschee zu Mekka und die christlichen tragen Jesus, Maria und Josef ganz dick auf.

Nicht nur Bilder, sondern auch Zeichen und Symbole zielen ihre spitzen Pfeile auf Geist und Gemüt. Welcher von der vermeintlichen Kollektivschuld seiner amoklaufenden Väter geplagte Deutsche ist nicht schockiert von den Hakenkreuzen, die ihn unverschämterweise allerorts umgeben. Für die Inder aber ist das *Swastika* (von Sanskrit *swasti* = glückverheißend), ein Sonnensymbol. Es ist Vishnus Weltenrad, in dessen Mitte die Gottheit thront, um die sich vierarmig das All dreht – die Menschenwelt, die Götterwelt, die Dämonenwelt und die Tier- und Geisterwelt. Für die Shaivas ist es die Rune des Flammenrades, in dessen Brennpunkt Shiva-Nataraja den Tanz des ewigen Werdens und Vergehens tanzt. Auch das *Panava*, das Zeichen des Urklangs OM (oder AUM) ॐ findet man überall hingepinselt. Das Murmeln dieser Silbe im Zauberton hält die Dämonen fern und vertilgt altes *Karma* (Schicksalsverkettungen). Das OM leitet die heiligsten *Mantras* (Weihesprüche) ein, wie das *OM Namah Shivaya*, das *OM Shiva Maheshvara Mahadev* oder das buddhistische *OM Mani Padme Hum*. Wer das OM im Todesmoment sagt, erlangt die Seligkeit, hat er auch noch so böse gelebt.

Auf der indischen Nationalflagge und auf den indischen Geldscheinen findet man das achtspeichige Weltenrad, Vishnus Chakra, das

Rad des Lebens, auf dem Taten, Worte und Gedanken zu den Fäden des Daseins versponnen werden. Für die ehemaligen Anhänger Mahatma Gandhis ist es das Symbol der selbstversorgenden Heimindustrie der 500 000 indischen Dörfer. Für die Buddhisten ist es das *Dharmachakra*, das Rad der Lehre, das den edlen achtfachen Pfad (rechte Anschauung, rechte Gesinnung, rechtes Reden, rechtes Handeln, rechte Lebensführung, rechtes Streben und rechte Versenkung) versinnbildlicht. Mit seiner ersten Predigt im Gazellenpark bei Benares setzte der einstige shivaitische Asket Siddharta, der zum Buddha wurde, dieses Rad der Lehre in Gang.

Schier endlos ist die Fülle der Symbole, die die Pforten unserer Wahrnehmung bestürmen. Zu dem Göttertingeltangel gesellen sich die Zeichen der Firmen, Sekten und zahlreicher politischer Parteien. Kuh, Lotos, Spinnrad, Swastika, Hand, Baum oder Sichel und Getreidegarbe – mit der dazugehörigen Ikone des bärtigen »Prajapati« (Schöpfer) Karl Marx – müssen dazu herhalten, den leseunkundigen Bauern ihre Wahl zu erleichtern.

Die Bilder- und Zeichenflut wird durch ein einfaches Symbol überragt. Eben wegen seiner Schlichtheit, ausgeglichenen Ruhe und elementaren Eindrücklichkeit spricht es die Seele an. Es ist das *Shiva-Linga*.

Linga – Yoni

Das *Shiva-Linga* ist im allgemeinen ein einfacher, glatt geschliffener, schwarzer, zylindrischer oder eiförmiger Stein. Er steckt aufrecht in einer runden, flachen Schale *(Yoni)*. In seiner Gestaltlosigkeit drückt das Linga die undifferenzierte, ungeteilte Einheit des Seins aus. Es enthält alles, was war, was ist und was sein wird. Es ist Lebensquell und Todespforte.

Für den orthodoxen Christen ist der Wein und das Brot des Abendmahls wahrhaftig das Blut und Fleisch Gottes. Ebenso ist für den Hindu das Linga kein bloßes Symbol: Es ist Shiva! Das Linga ist ein Pünktchen *(Bindu)*, aus dem die Gottesoffenbarung quillt. Es ist eine Furt *(Tirtha)* über den reißenden Strom des vergänglichen Lebens. Es ist der Ort des Übergangs vom Ewigen zum Zeitlichen, vom Absoluten zum Bedingten, vom Unmanifestierten zum Manifestierten. Aus diesem formlosen Stein, der verehrt, geliebt und angebetet wird, kann Shiva dem Anbeter in einer ihm angemessenen Gestalt als persönlicher Gott und Herr *(Ishvara)* entgegentreten. Welche Gestalt er dabei annimmt, hängt ganz von der geistigen Beschaffenheit und dem Erfassungsvermögen des einzelnen ab.[31]

Das Linga ist gleichzeitig der Phallus, der die Samen des Seins in sich enthält. In immerwährender Vereinigung ruht das Glied im Schoß *(Yoni)* der Allmutter Parvati. Auf dem Gipfel der Lust dieser Vereinigung werden alle Gegensätze aufgehoben. Dabei kommt der hinduistische Gedanke zum Ausdruck, daß der Ursprung allen Seins die Wonne *(Ananda)* ist. Ajit Mookerjee sagt dazu: »Aus der Wonne geht der Kosmos hervor, wird aus ihr erhalten und in sie wieder aufgelöst!«

Wie es zur Linga-Verehrung kam, erzählt das *Padma Purana*: In den alten Zeiten berieten sich die heiligen Seher *(Rishis)*, um herauszufinden, welcher der vielen Götter es wert sei, wie ein Brahmane verehrt zu werden. Sie konnten sich auch nach langem Hin- und Herüberlegen nicht einigen, welchem der drei größten Götter, Brahma, Vishnu oder Shiva, diese Ehre zukommen sollte. Da baten sie den weisen *Bhrigu,* den Sohn des Urmenschen *Manu,* selber zu den Göttern zu gehen, um sie zu prüfen.

Als sich Bhrigu seinen Weg zu Shivas Wohnstätte in den Bergen bahnte, versperrte ihm der Stier *Nandi,* Shivas Torwächter, brüsk den Weg. Sein Herr befinde sich gerade in zärtlicher Umarmung mit der Göttin und wolle nicht gestört werden. Eine Ewigkeit wartete der Weise an der Pforte, ehe ihm der Geduldsfaden riß. Zornig zog er von dannen, allerdings nicht bevor er einen Fluch über die göttlichen Liebhaber ausgesprochen hatte: »Shiva, in der Dunkelheit *(Tamas)* seiner Begierden befangen, entehrt mich, indem er die Liebkosungen einer Frau dem anständigen Benehmen vorzieht. Daher verfluche ich die beiden, daß sie nur in der Gestalt eines Linga-Yoni verehrt werden, daß kein ordentlicher Mensch ihnen opfert, sondern nur aschenbeschmierte Häretiker!«

Bei Brahma erging es dem ehrwürdigen Rishi nicht viel besser. Der Schöpfergott thronte selbstherrlich auf seinem Lotos, ließ sich von seinen Geschöpfen huldigen und zollte dem Seher keinerlei Achtung.

Als Bhrigu schließlich bei Vishnu ankam, fand er diesen in tiefem Schlaf auf der Weltenschlange. »Also, auch dieser ist der Anbetung unwürdig!« meinte Bhrigu und stieß zornig mit dem Fuß gegen Vishnus Brust. Davon erwachte Vishnu. Er berührte den Fuß seines mißmutigen Besuchers sanft und ehrerbietig und sprach huldreiche Begrüßungsworte. Da freute sich Bhrigu. Er meldete den anderen Rishis, daß allein Vishnu die Ehre gebühre, wie ein Brahmane angebetet zu werden. Daß dies ein Irrtum war, erfahren wir später!

Daß das Linga alle Welten enthält, konnte einst Bhrigus Sohn *Sukra* erfahren. Sukra, der als der Wandelstern Venus seine Bahn am Himmel zieht, ist der Lehrer *(Guru)* der Dämonen *(Rakshasas)*, deren List und Tücke den Göttern arg zu schaffen macht. Wieder einmal führte er die Titanenscharen an, um die Himmlischen zu erniedrigen, und wieder einmal sahen sich die Götter gezwungen, Shiva, den Gott der Götter anzuflehen, sie vor Sukra zu retten.

Da stürzte sich Shivas Stier Nandi auf den Dämonenguru wie ein Löwe auf ein Rehlein. Wie ein Gewürzkörnchen pickte ihn Shiva zwischen den Fingerspitzen auf, steckte ihn in den Mund und verschluckte ihn. Als der erschrockene Sukra im Leib Shivas wieder zu sich kam, konnte er es nicht fassen: Vor seinen Augen taten sich alle Welten, Himmel, Meere und Unterwelten auf. Er sah die *Adityas* (die zwölf himmlischen Gottheiten der Jahreszeiten), die *Vasus* (die acht Götter der Elemente, die Indra begleiten), die Baumeister der Welt *(Vishvadevas)*, die Sturmgötter *(Rudras)*, die himmlischen Heerscharen *(Ganas)*, die Naturgeister *(Yakshas)*, die den Gott der Erdschätze Kubera begleiten; er sah niedrige, tierähnliche Menschen *(Kimpurushas)* und leichenfressende *Pisachas*, liebliche Himmelsnymphen und Tänzerinnen *(Apsaras)*, Engel und himmlische Musikanten *(Gandharvas)*, die Seher *(Rishis)*, die gewöhnlichen Menschen, die Wesen, die zwischen Himmel und Erde wohnen, Kühe, Würmer, Ameisen, Bäume, Büsche, Kräuter, alle Geschöpfe, die im Wasser schwimmen, und alle, die auf festem Boden laufen, diejenigen, die mit den Augen zwinkern, und diejenigen, die nicht mit den Augen zwinkern, die Zweibeinigen, die Vierbeinigen, die Sechsbeinigen, die Achtbeinigen, die Tausendbeinigen – alles sah er da!

Überwältigt stieß der Dämonenpriester Sukra seine Lobpreisungen aus: »Ehre sei Dir, Erfüller der Wünsche! Ehre sei *Hara* (dem Ergreifer), dem Träger der Tugenden, dem Geber des Lebens, dem Schützer der Welten! Menschenaffe, Feind der Zeit, Allesbeweger! Ehre Dir, Dreiäugiger! Oh, *Bhava*, oh, *Shankara*, oh, Gatte der Uma, Wolkenreiter, Höhlenbewohner, Liebhaber der Feuerbestattung, Asche-beschmierter, Dreizackträger, Herr der Tiere, Meister der Kühe, Allerhöchster! Ehre sei Dir!«

So fuhr er begeistert fort, bis Shiva lachen mußte: »Du Mond der Bhargavas, nun bist du mein Sohn geworden! Nun kannst du meinen Bauch durch meinen Penis verlassen, weswegen du auch Sukra (Samen) genannt wirst!« So kam Sukra wieder in die äußere Welt, verneigte sich vor Shiva, begab sich anschließend wieder zu seinem Dämonenheer und setzte die Schlacht gegen die Götter mit erneuter Kraft fort. (Aus dieser und aus ähnlichen Geschichten wird klar, daß Shiva nicht nur der Gott der Götter ist, sondern ebenfalls der Gott der Dämonen. Shiva ist die ursprüngliche Ganzheit vor ihrer Teilung in die Welten von Gut und Böse, von Göttern und Dämonen.)

Das Linga ist überall

Unzählige Lingas erfüllen die Universen. Es gibt riesengroße, wie der Weltenberg selbst oder wie das Himmelsgewölbe, dessen Yoni die Erde ist. Es gibt winzige, so klein wie Sandkörnchen. Jeder Stein in Kashi (Benares), der Lieblingsstadt Shivas, gilt als Linga. Es gibt Lingas, die von den Händen der Menschen, Rishis oder Götter geformt wurden *(Sthapitalingas)* und solche, die ganz von selbst entstanden sind *(Svayambhulingas)*. Es gibt ewige und solche, die nur für den Augenblick, an Ort und Stelle gemacht werden – das sind die *Kshanikalingas*, die aus Teig oder Reis für ein Fest geknetet werden oder die beim Baden aus dem Lehm am Flußufer gemacht werden. Es gibt berühmte Lingas und solche, die kein Fremder erkennen kann, es sei denn, daß ihre Anwesenheit durch ein paar Reiskörner, Bilva-Blätter oder Blumen verraten wird. Selbsterschaffene Lingas sind oft ungestaltete Felsbrocken, wie die »Lichtlingas« von Kedarnath, hoch oben im Himalaja, oder es sind Naturerscheinungen wie der mächtige Eiszapfen in der Höhle von Amarnath (Kashmir), zu dem barfüßige Pilger mühsam steile Bergpfade hinaufklettern müssen.

Das allererste Linga, das am Anfang der Zeit in Erscheinung trat, war eine gewaltige Feuersäule *(Jyotirlinga)*. An zwölf besonders heiligen Orten wird es auch heute noch verehrt.[32] In diesem finsteren Zeitalter, dem *Kali Yuga*, sind diese Lichtlingas zwar zu Stein erstarrt oder gar von Ungläubigen zerstört worden, aber ihre Kraft ist immer noch wirksam. Im ersten Zeitalter leuchteten sie wie die feinsten Brillanten. Als die Menschen schlechter wurden, verwandelten sich die Lichtlingas im zweiten Zeitalter zu Gold und im dritten zu Silber.

Leuchtende Lingas gibt es aber noch heute. Die Feuerlohe im Herd ist ein Linga, dessen Yoni die Herdstelle ist. Das Feuer, das dem Menschen im Leib brennt, kann auch als Linga verstanden werden, das die Yoni unserer Energiezentren *(Chakras)* durchglüht. Die brennende Öllampe aus Messing, die die keralischen *Kathakali* Tänzer auf die Bühne stellen und vor der Vorstellung verehren, symbolisiert ebenfalls das Shivalinga. Auch der mit geradem Rückgrat in Meditation sitzende Yogi wird zum Linga, wobei die im Lotossitz unter ihm verschlungenen Beine zur dazugehörigen Yoni werden.

Ein Linga ist auch, ganz schlicht und einfach das steife, männliche Glied *(Urdvalinga)*, wie es der Maharaja von Patila, ansonsten bloß mit einem diamantenen Brustharnisch bekleidet, in aller Öffentlichkeit seinem Volk einmal im Jahr zur Schau stellt. Dadurch erweist er sich als Bürge und Garant der Fruchtbarkeit seines Landes. Auch sein Harem und eine große Nachkommenschaft stellen seine Zeugungskraft unter Beweis. Es ist ein alter Glaube, daß ein König nur so lange herrschen soll, bis seine Vitalität nachläßt. In den vorgeschichtlichen, sakralen Königreichen wurden die alten, schwachen Könige von jüngeren, zeugungsfähigen erschlagen, denn nur so konnte der Göttin gedient werden und die Fruchtbarkeit der Menschen, Tiere und Felder erhalten bleiben.

Heutzutage kann es noch vorkommen, daß ein schockierter Tourist auf einen Yogi stößt, der ungeniert am Gangesufer sitzt und sich meditativ in sein eigenes Glied vertieft hat. Auch das gilt als Linga, als sichtbare Gegenwart Gottes.

Meistens sind die Lingas unverziert, denn sie sind ja Brücken zur eigenschaftslosen Gottesschau. Gelegentlich umwindet eine Kobra, Symbol der Shakti-Kraft, den Schaft des Lingas. Manchmal findet man auch vier oder fünf Gesichter in den Schaft eingemeißelt. Es handelt sich dabei um fünf verschiedene Aspekte Gottes: Ein Anlitz stellt die Schöpfung *(Srishti)*, ein weiteres die Erhaltung *(Sthiti)* des Geschaffenen dar. Das schreckliche dritte und das verstohlene vierte Gesicht stellen das Gegenteil von Schöpfung und Erhaltung dar: die Zerstörung *(Samhara)* und die Verhüllung *(Tirobhava)*. Das fünfte Gesicht strahlt den Segen *(Anugraha)* für die Anbeter aus. In Nepal, wo ein fließender Übergang zum Buddhismus besteht, werden statt der Gesichter oft meditierende Buddhas in den Schaft eingemeißelt.

Wie Arjuna seine Zauberpfeile gewann

Arjuna ist der Bogenschütze, den wir als Helden des »Liedes des Erhabenen« *(Bhagavadgita)* aus dem Epos *Mahabharata*[33] kennen. Für die Entscheidungsschlacht gegen seine ungerechten Verwandten, die ihn und seine Brüder um ihr Königreich betrogen hatten, wünschte er sich unfehlbare Wunderwaffen. Um sie zu erlangen, wanderte er in abgelegene Himalajatäler. Dort, in einem stillen Wald, wo Einsiedler lebten, formte er ein Shiva-Linga aus Erde, schmückte es mit Blumen, sagte ununterbrochen die heiligen Silben *Om Namah Shivaya* auf und versenkte sich in ungeteilte Andacht. Nach mehreren Monaten erhitzte ihn die Strenge seiner Übungen so sehr, daß die Bäume anfingen zu verdorren und das Gras zu schmoren begann. Das störte die anderen Einsiedler so sehr, daß sie den Entschluß faßten, selber zu Shivas Thron auf dem Berg Kailash zu pilgern, um ihn zu bitten, er möge Arjunas Wunsch erfüllen, was immer dieser auch sei. Das versprach der große Gott, aber erst wollte er den so streng Übenden noch einmal prüfen. Dazu nahm Shiva die Gestalt eines verwegenen Jägerhäuptlings *(Kirata)* an. Parvati erschien mit ihm als wilde Jägerfrau. Die vielen Geister, Kobolde und Teufel, die Shiva begleiten, wollten auch mitmachen und verwandelten sich ebenfalls in Jägerfrauen.

In dem Moment, in dem der Kiratahäuptling mit seinem Frauengefolge den heiligen Hain betrat, raste ein riesiges, schnaubendes Wildschwein durch das Gebüsch. Die erschrockenen Eremiten erkannten das Biest sofort: Es war der Dämon *(Asura)* Muka, der die Gestalt eines bedrohlichen Ebers angenommen hatte, um sie bei ihren Bußübungen zu stören. Fast gleichzeitig schnellten die Pfeile Arjunas und des fremden Jägers durch die Luft. Der Dämon Muka verließ den verendenden Eber als Lufthauch.

»Bravo, unser Häuptling hat den Eber erlegt!« riefen die Frauen. »Nein, ihr irrt«, beteuert der selbstsichere Arjuna, »das war ich!« Der Kirata blickte dem Bogenschützen in die Augen: »Die Frauen sagen die Wahrheit. Dein Pfeil hat ein bereits totes Wildschwein getroffen.«

Ein immer heftiger werdender Streit entbrannte. Schließlich ergriff Arjuna seinen Bogen und schoß auf den vermeintlichen Angeber, doch dieser zerschoß alle seine Pfeile bereits, als sie noch in der Luft schwirrten. Als sein Köcher leer war, zückte Arjuna sein Schwert und hieb es mit aller Macht auf den Schädel des dunkelhäutigen Jägers, aber es zersplitterte, als sei es aus Holz. Wutentbrannt riß Arjuna Bäume aus dem Boden und schwang sie gegen seinen Feind. Doch dieser ergriff ihn und schleuderte ihn in die Luft. Unsanft krachte Arjuna neben dem Linga, das er aus Erde geformt hatte, nieder. Er besann sich und warf dem Linga ein Gebet zu. Sofort merkte er, wie frische Kraft seine Glieder durchströmte. Er faßte neuen Mut und rief dem dunklen Jäger zu: »Kirata, nun ist deine Stunde gekommen...« Er konnte aber den Satz nicht beenden, denn er sah, daß die Blumen, mit denen er das Linga geschmückt hatte, nun plötzlich das Haupt des Jägerhäuptlings zierten. Voller Entsetzen erkannte er Shiva, fiel auf die Knie und bat um Verzeihung. Shiva und Parvati nahmen wieder ihr eigentliches Aussehen an, segneten den Helden und verkündeten: »Dein Mut und deine Hingabe erfreuen uns. Wir werden dir die unbesiegbaren Pfeile des Herrn der Tiere geben, die dir den Sieg sichern werden.«

Markandeya besiegt den Tod

Die Geschichte des weisen *Markandeya* zeugt ebenfalls von der Kraft, die von der Verehrung des Shiva-Linga ausgeht. Vor vielen Jahren lebte ein frommer Mann mit seiner Frau in Eintracht mit den göttlichen Gesetzen. Aber das tugendhafte Paar hatte keine Kinder. Da entschloß sich der Mann, strenge Bußübungen vorzunehmen. Eines Tages erschien ihm Shiva in seiner Meditation. »Segne uns mit einem Sohn, gnädiger Herr!« bat er den Gott.

»Willst du einen Sohn, dem ein langes Leben beschert ist, der aber wenige Tugenden besitzt? Oder willst du einen Sohn, der weise und tugendhaft ist, aber schon im sechzehnten Lebensjahr stirbt?«

»Herr, ich nehme einen Sohn, der tugendhaft ist!« antwortete der Heilige, ohne zu zögern.

Bald darauf wurde dem Paar ein Knabe geboren, den sie Markandeya nannten. Schon als kleiner Junge kannte er die Veden und andere heilige Schriften und erwies sich auch sonst in jeder Hinsicht als gut, anständig und klug. Am Tag vor seinem sechzehnten Geburtstag kam Markandeya aus dem Wald zurück, wo er gerade Blumen für den Gottesdienst gesammelt hatte, und fand seine Mutter in Tränen aufgelöst und den Vater tief vergrämt. Sie wollten ihm zuerst nicht sagen, was sie so bekümmerte, aber schließlich offenbarten sie ihm sein Schicksal. Der Jüngling tröstete die armen Eltern: »Weint doch nicht. Shiva, der Gnädige, ist der Besieger des Todes! Ich werde ihn bitten, mich zu verschonen.«

Er ging zum Strand, formte dort aus nassem Sand ein Shiva-Linga, schmückte es mit Blumen und betete. Als es dunkel wurde, war seine Hingabe so vollkommen, daß er für seinen Herrn zu tanzen und zu singen anfing. Doch da wurde er jäh unterbrochen! Vor ihm stand der schwarze Totengott *Yama* mit seinem schwarzen Büffel, die Keule in der einen, den Strick in der anderen Hand. »Bereite dich vor zu sterben!« erklang unerbittlich seine düstere Stimme.

»Ach, Todesherr, bitte warte, ich bin noch nicht mit meinem Gottesdienst fertig. Bitte störe mich nicht!«

»Du kleiner Narr! Niemand kann mir entrinnen, wenn seine Stunde geschlagen hat!« brüllte Yama und warf den Strick wie ein Lasso um Markandeyas Hals. Dieser aber klammerte sich an das Linga und schrie inbrünstig: »Shiva, Herr, rette mich!«

Augenblicklich erschien Mahadev. Der Tod erkannte seinen Meister und ließ von dem Jüngling ab. Weil er der bedingungslosen Hingabe fähig war, verkündete Shiva ihm: »Nun geh in Frieden, du bist ein Unsterblicher geworden!«

Markandeya ist als Verfasser des *Markandeya Purana* in die Geschichte eingegangen. Dort läßt er einen Vogel seine Weisheiten, Anekdoten und Märchen in neuntausend Versen kundtun. Nachdem er diese aufgezeichnet hatte, hat man jede Spur von ihm verloren. Wenn er nicht irgendwann freiwillig seinen Leib abgelegt hat, lebt er vielleicht heute noch irgendwo hoch oben in einer Höhle im Himalaja.

Phallussymbol

Seit dem zwölften Jahrhundert wurde der Einfluß des Islam in Indien immer stärker. Das hatte den allmählichen Niedergang der großartigen erotischen Kunst Indiens zur Folge und wirkte sich auch im gesellschaftlichen Leben aus. Die Frauen fingen an, ihre Brüste zu verstecken und schließlich sogar ihr Gesicht. Der Gedanke, daß das Linga etwas mit einem faszinierenden Teil der menschlichen Anatomie zu tun haben könne, wurde immer mehr verdrängt. Besonders gegenüber christlichen Missionaren und prüden viktorianischen Gelehrten, die ständig auf der Suche nach Beispielen für primitive Unanständigkeit waren, leugneten die orthodoxen Brahmanen den sinnlichen Aspekt des Linga immer mehr. »Nein«, beteuerten sie, »das Linga ist nur ein Anzeichen, eine Andeutung des großen Gottes, der jenseits aller Vor- und Darstellungen liegt. Das Linga eignet sich als Anhaltspunkt zur eigenschaftslosen Meditation. Es deutet auf das ruhende, von der *Shakti* (Bewegung, Energie) umspielte Zentrum. Es bedeutet die noch ungestaltete Fülle, den noch unbetonten Laut. Wie das Kristall dem Wahrsager, dient es dem Meditierenden zur Sammlung des Geistes auf einen Punkt *(Bindu)* hin. Daß einige Entartete oder primitive, dunkelhäutige Ureinwohner *(Dasas, Adavasis)* den Penis verehrten, mag zutreffen, aber nicht für uns reine Kastenhindus!«

In gewisser Weise stimmen diese Aussagen mit dem überein, was aus der vedischen Zeit überliefert ist. Scheinbar hielten die alten Arier die Phallusverehrung für ebenso verabscheuungswürdig wie die Schlangenverehrung. Phallische Kulte gehören eher zu den matriarchalen, hackbaubetreibenden Gesellschaften, wo eine mächtige Muttergottheit und ein sterbender und wiederauferstehender phallischer Jünglingsgott die Fruchtbarkeit und das Leben gewährleisten – man denke an die Attis-, Adonis- und Tamuzkulte. Den patriarchalen Großviehhirten, wie den Ariern oder den Hebräern, waren solche Vorstellungen fremd. Arischen Ursprungs wäre das Linga nur, wenn man annimmt, es habe sich im Laufe der Zeit aus dem sakralen Opferpfahl *(Yupastambha)*, an den in vedischer Zeit die Opfertiere gebunden wurden, entwickelt.

Noch heute wehren sich orthodoxe Hindus gegen die Bezichtigung, sie verehrten Phallen, obwohl in Wirklichkeit längst eine Synthese mit den älteren, dravidischen Kulten vollzogen worden ist und diese von einigen tantrischen und shivaistischen Sekten unverhohlen praktiziert werden. Die sonst so gleichmütigen Swamis, wie Sri Shivananda, der Gründer der *Divine Life Society*, verlieren ob dieses Themas fast ihre Ausgeglichenheit: »Shiva-Linga spricht zu dir in der unmißverständlichen Sprache des Schweigens: ›Ich bin das Eine ohne ein Zweites. Ich bin ohne Gestalt.‹ Nur reine, fromme Seelen verstehen diese Sprache. Der neugierige, geile, unreine Ausländer ohne viel Verständnis und Intelligenz spottet: ›Ach, die Hindus beten den Phallus oder das Sexualorgan an!‹ Wenn ein solcher Ausländer Tamil oder Hindustani lernen will, versucht er zuallererst die schmutzigen Wörter zu erfahren! Solcher Art ist seine unverschämte Neugierde...«[34]

Daß es möglicherweise eine Auseinandersetzung zwischen den arischen Brahmanen und den Anhängern eines indigenen Phallusgottes gegeben hat, schlägt sich in einer Geschichte aus den Puranas nieder:

Tief im Tannenwald, im gebirgigen Norden, lebten einst Einsiedler mit ihren Frauen in Keuschheit und heiliger Zucht. Sie verbrachten ihre Zeit damit, Gott zu preisen, ihm zu dienen und über ihn zu meditieren und waren stolz auf ihren spirituellen Fortschritt. Da erschien eines Tages Shiva in seiner nackten Herrlichkeit. Er tanzte, hielt sein steifes Glied und machte unanständige Gesten. Er wollte damit seine Anhänger erfreuen. Sie aber verstanden ihn nicht und waren erschrocken und entsetzt.

Die Frauen der strengen Büßer waren jedoch von dem schönen, ithyphallischen Mann entzückt und sehnten sich danach, von ihm geliebt zu werden. Das empörte die strengen Brahmanen noch mehr. Ihr Zorn ballte sich zum Fluch gegen Shiva: »Dein Verhalten ist unerhört! Du schändest die Vorschriften der heiligen Veden! Möge dir dein Schwanz abfallen!«

Der Fluch dieser mächtigen Asketen hatte auch gleich seine Wirkung. Das Linga fiel von Shivas Leib und raste als Feuerpenis durch die Welt. Es verbrannte alles, was ihm im Weg stand in der Himmelswelt, in der Unterwelt und auf Erden. Das All drohte zu verbrennen. Die beunruhigten Götter und Seher eilten zu Brahma, dem Schöpfer, und fragten besorgt, was zu tun sei.

Wie immer wußte der weise Alte Rat: »Shivas Penis muß beruhigt werden! Geh zu Parvati, der Bergtochter. Besingt die Göttin nach altüberlieferten Regeln. Schöpft Wasser aus einer heiligen Furt, dann stellt den Krug zusammen mit *Durva*-Gras und Gerstenkörnern in einen magischen Kreis *(Mandala)*, der mit acht Blütenblättern gemalt ist. Besingt den Krug mit vedischen Mantras. Wenn die Göttin als Vulva erscheint, wird der herumschweifende Penis in ihr Ruhe und Kühlung finden. Dann benetzt ihn mit Wasser, besingt ihn, setzt ihn fest in die Vulva und bindet ihn mit Zaubersprüchen noch fester. Weiter verehrt ihn im frommen Dienst *(Puja)* mit Blumen, Sandelholzräucherstäbchen, Parfüm und süßen Speisen, mit Verbeugungen, heiligen Gesängen und Instrumenten. Beschließt das Ritual mit dem Ausruf: ›Heil, Herr der Götter, der Glückseligkeit in die Welt bringt, hab Gnade! Du bist der Schöpfer, Beschützer und Zerstörer. Du bist jenseits der Ursilbe OM. Du bist der Anfang der Welt, der Schoß der Welt, das Innerste der Welt. Ruhe, großer Herr! Schütze alle Welten!‹«

Das vollbrachten die Götter und Seher um des Weltendharmas willen. Der rastlose, glühendheiße Penis fand Ruhe und Kühlung in der Yoni und mit ihm die Welt. Auf diese Weise wurde die *Linga-Puja* angeblich zum ersten Mal so zelebriert, wie sie noch immer in unzähligen Tempeln und Privatheiligtümern dargebracht wird. Seit die Geschöpfe das Linga verehren, meinen die Swamis, sei Friede und Wohlergehen in die drei Welten eingezogen.

Die Feuersäule

Das erste Mal wurde das Shiva-Linga verehrt, bevor es überhaupt eine Schöpfung gab. Vishnu war gerade aus dem Weltenschlaf erwacht und leuchtete mit dem ihm entsprungenen Licht von hunderttausend Sonnen in die Finsternis des endlosen Chaos. Noch nichts war da, außer der Herrlichkeit seines Wesens. Doch plötzlich nahm er einen unbeschreiblichen Glanz wahr. Er sah eine fünfköpfige, goldfarbene Gottheit, die ebenfalls wie hunderttausend Sonnen leuchtete und aus deren Mitte die Veden ertönten. »Das ist nicht möglich«, meinte der verblüffte Vishnu. Als er seine Sprache wiedergefunden hatte, fragte er: »Wer bist du?« – und erhielt dieselbe Frage als Antwort.

Es dauerte nicht lange, da entstand ein Streit zwischen den beiden mächtigen Urgöttern, wer nun der erste und mächtigste sei. Als ihr Streit immer heftiger wurde, schoß eine Feuersäule *(Jyotirlinga)* mit betäubendem Knall zwischen sie. Die mit der Helligkeit von Millionen Sonnen leuchtende Säule wuchs nach oben, wo sie die Himmel durchbrach, und gleichzeitig nach unten – und verlor sich im Unendlichen. Nachdem sie ihre Fassung wiedererlangt hatten, beschlossen Vishnu und Brahma, die beiden Urgötter, die rätselhafte Erscheinung zu ergründen. Sie einigten sich, daß derjenige der größte von ihnen sein sollte, der zuerst ein Ende der Feuersäule fände. Vishnu nahm die Gestalt eines Ebers an und schoß in die Tiefe. Brahma nahm die Gestalt einer Gans an und flog in die Höhe.

Vishnu grub und grub viele Jahrtausende. Er konnte aber weder den Anfang noch das Ende der Feuersäule finden. In der Tiefe begegnete ihm die Urschlange *Ananda* (Endlos). Er fragte den weisen König der Schlangen, was es mit der Säule auf sich habe. Ananda antwortete, es sei die Erscheinung Mahadevs (Shivas), die weder Wurzel noch Krone hat. Geschlagen begab sich Vishnu wieder aufwärts.

Inzwischen war Brahma ebenfalls viele Äonen hindurch auf seiner Gans nach oben geflogen, ohne ein Ende der Säule zu erblicken. Auf dem Weg traf er die Urkuh *Surabhi (Kamadhenu)*. Auf die ihr gestellte Frage erklärte sie dem Gott, daß er nie die Spitze des Flammenlinga erreichen könne. Der redegewandte Brahma, der unbedingt die Wette mit Vishnu gewinnen wollte, überredete die dumme Kuh, als Zeuge mitzukommen und zu behaupten, daß er die Spitze gefunden habe. Drei Pflanzen, die Agave, den Bandhuk (Pentapetes phoenica) und den rotblühenden Hibiskus konnte er ebenfalls dazu überreden, falschen Leumund abzulegen. Als sich Vishnu und Brahma in der Mitte wieder trafen, prahlte Brahma mit seinem Erfolg. Die Pflanzen pflichteten ihm bei. Die Kuh bejahte Brahmas falsche Behauptung mit Kopfnicken, aber da sie Gewissensbisse hatte, leugnete sie gleichzeitig, indem sie mit dem Schwanz wackelte.

Plötzlich trat Shiva-Mahadev aus dem Feuerlinga hervor und machte dem Theater ein Ende. »Da du die Wahrheit sagtest, wirst du ebenso verehrt werden wie ich«, versprach er Vishnu. »Dir aber, Brahma, wird man keine Tempel bauen, und man wird dich nicht verehren, weil du gelogen hast«, sagte er zu dem beschämten Schöpfergott.

Nach diesem Ereignis versprach Shiva, das Feuerlinga ganz klein werden zu lassen, damit die Menschen es ebenfalls anbeten können. Nun gehen die Meinungen der Gläubigen auseinander, wo dieses Linga aus Feuer zu finden ist. Die meisten glauben, es sei in Kashi (Benares). Die Nepalesen wiederum glauben, das Jyotirlinga sei im Kathmandu-Tal in *Pashupatinath* erschienen. Die Südinder halten den heiligen Berg *Arunachala* für den Ort. Es heißt, daß jeder, der ihn sucht, ihn irgendwo in der Nähe seiner Heimat finden wird.

Diese Geschichte wird natürlich nur von den Shivaiten erzählt. Die *Vaishnavas*, die Anhänger Vishnus, sehen in ihrem Gott den einzigen und höchsten – alle anderen Götter sind Nebengötter und gelten als Erscheinungsformen Vishnus. Die Shaivas behaupten das gleiche für ihren Gott und meinen, die Dreifaltigkeit (Trimurti) – Brahma, Vishnu und Shiva als Schöpfer, Erhalter und Zerstörer – sei selber nur Ausdruck Shiva-Mahadevas. Für Brahma jedoch trifft die Voraussage zu. Es gibt nur einen einzigen Tempel in Indien, in dem Brahma verehrt wird. Ansonsten hat er keine Tempel, wird nicht verehrt und empfängt keine Opfergaben.

Die Dreieinigkeit ist ein uralter indogermanischer Begriff, den wir auch im Christentum wiederfinden. Er kommt in Bildnissen und in philosophischen Spekulationen zum Ausdruck, hat aber für den gewöhnlichen Gläubigen wenig Bedeutung.

In den Linga-Yoni Darstellungen wird der Dreifaltigkeitsgedanke dadurch ausgedrückt, daß die viereckige Basis *(Brahmabhaga)* den vierköpfigen Brahma repräsentiert, der mittlere, weiblich gedachte Teil *(Vishnubhaga)* Vishnu und der runde Schaft *(Rudrabhaga)*, der aus der Yoni in die äußere Welt ragt, Shiva.

V. Shankar, der Yogi auf dem Berg

Was die Seher in ihren Versenkungen aus den verborgenen Quellen des Seins bergen, tragen sie nach oben und machen es dem Bewußtsein als Sagen und Märchen, bunte Bilder und Tanzbewegungen zugänglich. Diese schenken sie ihren Mitmenschen, die in ihren alltäglichen Sorgen, Pflichten und Beschäftigungen befangen sind, als Nahrung für die Seele. Dafür gibt man ihnen aus Dankbarkeit gerne etwas Reis in ihre Bettelschalen und redet sie ehrfürchtig mit »Babaji« oder »Swamiji« an. Solche Bilder und Schilderungen begleiten die Menschen abends in den Schlaf, führen sie durch die Jahreszeiten, durch Gesundheit und Krankheit und eines Tages schließlich über die Schwelle des Todes. Die tiefsten, rührendsten und bedeutendsten Visionen werden in den jeweiligen Völkern als das teuerste Gut gehütet. Schreiber bannen sie auf Papier, und ganze Priestertrupps machen sich daran, diese Schätze, die die Seher geborgen haben, zu hegen und zu pflegen und sie regelmäßig im Kult zu verehren und darzustellen.

Zum Kult gehören die Ikonen, die heiligen Bilder. Sie dienen als Schlüssel zu den tiefen Kammern der Seele, zu den Hintergründen des Daseins. Es handelt sich nicht um willkürliche, »kreative« Phantasiegebilde eines Künstlers, sondern um die sorgfältig überlieferte Wiedergabe von Geschautem. Die Darstellung muß bis ins Detail stimmen. Sie ist zu heilig, als daß man groß daran herumbasteln könne. Dabei würde sie ihre magische Wirkung auf die Seele einbüßen.

Unter den vielen Erscheinungen Shivas, die als Ikonen festgehalten wurden, sind drei am häufigsten anzutreffen. In Nordindien ist es besonders das Bild Shivas als *Shankara*, als der in Meditation versunkene Asket, das einem auf Wänden, Batiken, Postkarten und in plastischen Darstellungen auffällt. Der mit Asche beschmierte, weißhäutige Shankara sitzt inmitten einer eisigen Berglandschaft, in absoluter Versunkenheit, so ruhig wie ein steinernes Linga. Im Gegensatz dazu findet man besonders in Südindien die Ikone des *Nataraja* (Shiva als König der Tänzer), der den Takt des Lebens auf seiner Handtrommel

(Damaru) schlägt und im Feuerring den ständigen, harmonischen Tanz des Alls tanzt. In der Gegenüberstellung der beiden Ikonen finden wir einen archetypischen Gegensatz. Auf der einen Seite den Norden: Eis, Stille, Versenkung, Rückzug *(Nivritti)*, Bewegungslosigkeit, Asche. Auf der anderen Seite den Süden: Hitze, Flamme, Bewegung, Ekstase, das Werden *(Pravritti)* Trommeln und Tanzen.

Betrachten wir uns zunächst die Ikone des Shankara etwas näher. Als Herr der Berge *(Girisa)* sitzt Shankara unbewegt, in tiefster Meditation auf dem Gipfel des *Kailash*. Er träumt das Weltall und alles, was darin enthalten ist. Die Haut seines kräftig gebauten Körpers ist weiß wie der Schnee der Eisberge, die ihn umgeben.[35] Er ist das Bild der völligen Gelassenheit und Stille. Alle Feuer der Leidenschaft sind ausgebrannt. Jeder äußere Tatendrang ist erloschen. Alles ist weiße Asche. Doch wenn man seine straffen Muskeln sieht, ahnt man, daß er jederzeit zur Tat schreiten könnte. Er ist die ruhende, gesammelte Kraft selber. Sein wildes, verfilztes Haar ist auf dem Kopf aufgetürmt und endet in einem Knoten, den eine kleine Kobra umschlängelt. »Filzhaariger« *(Dhurjati)* und »Träger der Filzhaare« *(Jatadhari)* wird er genannt. Ein Strahl Wasser springt in hohem Bogen aus seinem Haarknoten. Es ist der Ganges, der im Himmel entspringt und durch die Locken des Gottes in die Welt fließt.

Rechts über der Stirn trägt Shankar die hauchdünne Mondsichel als Diadem im Haar. Die gelehrten Pandits weisen schnell darauf hin, daß der *Mond* mit Messen und Denken zu tun hat, mit dem Zeitmessen und dem Gedankenmessen.[36] Die Mondsichel ist aber auch die Schale, die den kostbaren Trank der Unsterblichkeit *(Amrita)*, das *Soma,* enthält, das wir aus der verwandten europäischen Mythologie als Met (Sanskrit *Madhu*) oder Ambrosia kennen. Am Soma berauschen sich die Götter, Seher und Dichter und konnten so in die tiefen Mysterien des Lebens schauen. Shiva ist Herr aller dieser Eigenschaften.

Soma, der Mond und Rauschtrank, wird in der indischen Mythologie als hübscher Jüngling personifiziert, dessen Wagen von zehn weißen Pferden gezogen wird. Er ist mit den siebenundzwanzig Töchtern (Tage des Monats) des Urpriesters *Daksha* verheiratet, was ihm aber nicht genügt, denn er ist ein Lüstling. Brahma machte ihn zum König aller Pflanzen *(Oshadipati)*, deren Keimlinge er mit seinem Labtrunk tränkt, und zum Herrn der schönen Rede und Dichtkunst *(Vacas-*

pati). Daraufhin bildete sich Soma so viel auf sich selbst ein, daß er jegliche Selbstbeherrschung verlor. Er maßte sich an, die einmalig schöne Frau *Tara* (Stern) des alten Rishis *Brihaspati* (des Planeten Jupiter) zu verführen. Er nahm sie zu sich und ließ sich auch nicht durch den Einspruch Brahmas dazu bewegen, die anmutige Tara an ihren Mann zurückzugeben. Die Götter unter der Führung Indras beschlossen, dem geprellten Ehemann wieder zu seinem Recht zu verhelfen und den frechen Jüngling zu strafen. Es entstand ein regelrechter Krieg der Sterne, in dem die Gegengötter *(Asuras)*, die Titanen *(Daityas)*, die Riesen *(Danavas)* und die Heuler *(Rudras)* auf der Seite Somas kämpften. Schließlich aber gewannen die Götter den Krieg.

Während dieser Schlacht zerstückelte Shiva den Mond mit seinem Dreizack und steckte sich die Mondsichel in die Haare. Daher lautet ein weiterer seiner vielen Namen Chandrashekhara (der den Mond als Helmschmuck trägt). Shiva gilt als Überwinder der Mondkräfte, des rastlosen Fließens der Gedanken (Intellekt) und der Gezeiten.[37]

Shankar trägt Giftschlangen als Halsband, Arm- und Kopfschmuck, denn er hat sie im Innern überwunden. Sie kriechen nicht mehr heimtückisch, unerkannt und verdrängt in den dunkelsten Ecken der Seele, wie es bei vielen äußerlich anständigen Menschen der Fall ist. Wie der Körperschmuck der Schamanen oder die Tätowierungen von Seeleuten und verwegenen Kriegern sind sie Zeichen der Siege und Selbstüberwindung. Shivas Schlangen sind zum äußeren Zeichen seiner Herrschaft und Würde geworden.

Rudraksha

Auch die Ketten aus braunen, schrumpeligen, eichelgroßen Beeren des *Rudraksha*baumes (Elaeocarpus spec.), die Shankars Haarknoten, Hals, Gelenke oder Oberarme schmücken, sind Siegestrophäen. In seiner weiblichen Erscheinung als pechschwarze, blutrünstige *Kali* köpft er Dämonen, läßt sie zu Schrumpfköpfen vertrocknen und trägt sie als Perlen seines Rosenkranzes. Er ist *Kapamalin*, der »Träger der Schädelkette«.

Seine Anhänger tun es ihm nach. Wie die Indianer sich einst mit den Skalps ihrer Feinde oder mit Halsketten aus deren getrockneten Fingern schmückten oder wie die Kelten die Schädel ihrer besiegten Gegner ans Zaumzeug ihrer Rosse hängten oder wie unsere Kriegshelden ihre Orden an den Uniformjacken klimpern lassen, ebenso zieren sich die Sieger der geistigen Kämpfe mit Rudraksha-Perlen. Vor allem Sadhus tragen sie als Zeichen überstandener Auseinandersetzungen mit den Dämonen des Egoismus, des Hasses, der Angst, der Gier und wie sie alle heißen. Nur, wem es gelungen ist, sie in der Hitze der Bußübungen *(Tapas)* und im Licht der Erkenntnis in geistigen Schmuck umzuwandeln, darf sich anmaßen, diese Perlen zu tragen. Ein Sadhu in Pashupatinath erklärte mir: »*Karma* ist wie eine Pflanze, die als Wünsche, Gedanken, Worte und Taten ins Dunkle gesät wird, keimt, aufsprießt, wächst, blüht und schließlich als Frucht die Reife erlangt. Rudraksha-Beeren bedeuten ausgereiftes Karma.«

Es gibt in Indien eine auf die Spitze getriebene theologische Wissenschaft, die sich mit den Rudraksha-Perlen befaßt. Sie ist so kompliziert, daß wir uns nur andeutungsweise damit abgeben können. Pedantische Pandits (Gelehrte), die in ihrer Manie für Klassifizierung den deutschen Professoren in keiner Weise nachstehen, unterscheiden Größe, Farbe, Gewicht und besonders die Zahl der »Münder« (Rillen oder Einkerbungen) der nußähnlichen Früchte. Angeblich gibt es weiße, rote, gelbe und schwarze Beeren, die den vier Rassen oder Kasten *(Varna)*, den Brahmanen, den Kriegern *(Kshatriyas)*, den Bürgern *(Vaishyas)* und den Knechten *(Shudras)* entsprechen.

Die gewöhnliche Rudraksha-Nuß ist fünfrillig. Andere haben von einer einzigen bis zu zweiunddreißig Rillen und werden wegen ihrer Seltenheit entsprechend teuer gehandelt. Am seltensten ist ein biologischer Freak, eine bananenförmige Rudraksha mit nur einem »Mund«. Eine solche Erscheinung ist so heilig, daß sie in Gold gefaßt wird. Nur selten bringt ein Baum eine derartige Mutation hervor, aber wenn es geschieht, dann geschieht es nach der Ansicht der Hindus dreifach: Beim Ausreifen fliegt eine Nuß in den Himmel, eine versinkt im Erdboden, die dritte wird von einem frommen Auserwählten gefunden. Der König von Nepal hütet angeblich mehrere davon in seiner Schatzkammer, und der Tempel des Herrn der Tiere *(Pashupatinath)* hat zwei, die nur einmal im Jahr, zum November-Neumond, den Gläubigen vorgeführt werden. Eine einzige Begegnung *(Darshan)* mit einer eingekerbten Rudraksha genügt, um die Seele von sämtlichen vergangenen Sünden zu befreien.[38]

Eine zweikerbige Rudraksha-Perle wird mit dem Namen »Shiva-

Shakti« belegt und bedeutet dem glücklichen Besitzer die Erfüllung jeglicher Wünsche. Die dreikerbige »Brahma-Vishnu-Mahesh«-Perle strahlt Klugheit und Reichtum aus. Die vierrillige »Chaturanan«-Perle ist eine Epiphanie des vierköpfigen Schöpfergottes Brahma und dient dem Menschen dazu, seine vier Lebensziele *(Dharma* = rechter Lebenswandel, *Kama* = Genuß, *Artha* = Reichtum und *Moksha* = Erlösung) erfolgreich zu verwirklichen. Da Brahma der Gott der Intelligenz ist, hilft diese Rudraksha-Perle denen, die an Gedächtnisschwäche, Dummheit oder Sprachfehlern leiden. In der normalen fünfkerbigen Rudraksha-Nuß *(Panchamukhi)* erscheint Shiva selber. Wer sie trägt, überwindet alle Schwierigkeiten. Da diese Perle auch mit dem fünften Kopf Brahmas, den der mörderische Bhairav einst abschlug, in Verbindung gebracht wird, soll man damit die Sünde des Totschlags bewältigen können. Eine Rudraksha-Perle mit sechs »Mündern« symbolisiert Karttikeya, den Kriegsgott, oder Ganesh, den elefantenköpfigen Beschützer der Gelehrten und Geschäftsleute. Die siebenkerbige Nuß wird den sieben Rishis oder den sieben Müttern der Götter *(Saptamatrika)* zugeschrieben und segnet ihren Besitzer mit Ruhm, Ehre und Gesundheit. Die mit acht »Mündern« gezeichnete »Ashta Vasus«-Beere verhilft zu langem Leben und verhindert das Aussprechen von Lügen. Eine Beere mit neun Rillen darf nur am Hals getragen werden. Sie gehört der auf dem Tiger reitenden Göttin Durga und macht ihren Besitzer ebenso furchtlos wie diese. Nicht einmal der Tod wird ihn erschrecken können. Die zehnfach geritzte Rudraksha-Perle ist Zeichen des holden Hirtengottes Krishna. Sie schützt ihren Träger vor ungünstigen Planeteinflüssen, beschert ihm langes Leben und Erfolg auch in den unmöglichsten Unternehmen. Die mit elf Rillen versehene Beere sollte im Haarknoten getragen werden. Wenn Frauen sie tragen, verhilft es ihren Gatten zu langem Leben. Wenn Männer sie tragen, werden sie so erfolgreiche Eroberer wie der Donnerer Indra, dem sie zugesellt ist. Die zwölfrillige Beere gehört Vishnu oder dem Sonnengott Surya. Wenn sie im Haarknoten getragen wird, schützt sie vor Krankheit und Arbeitslosigkeit – die Sozialämter sollten aufmerken! Die Kräfte der Vishva-Devas, der niederen Götter, wirken durch die dreizehnkerbige Rudraksha-Perle, indem sie Kinderwünsche erfüllen und Ruhm und Glück verleihen. Die äußerst seltene vierzehnrillige Beere heilt mit der Kraft Rudras oder des Affengottes Hanuman Krankheiten und verleiht Zauberkraft *(Siddhi)*.

Der Leser mag ahnen, wie kompliziert die »Wissenschaft« der Rudraksha werden kann; dabei kratzen wir nur an der Oberfläche. Das ganze mythologische Weltbild ist darin enthalten. Da alle Götter samt ihren Eigenschaften in den Beeren vertreten sind, sollte es auch nicht wundern, daß sie in der *ayurvedischen,* der traditionellen indischen Medizin, eine Rolle spielen. Das Tragen einer Rudraksha-Mala (Halskette) wird zum Beispiel bei hohem Blutdruck verschrieben. Zerriebene zehnrillige Beeren werden bei hartnäckigen Erkältungen mit Milch eingenommen, sechsrillige bei Frauenleiden, Hysterie und Fallsucht verschrieben, vierrillige werden in Milch gekocht und zwanzig Tage lang getrunken, um Gehirnerkrankungen zu kurieren.

Die heiligen Beeren müssen sorgsam behandelt werden. Sie sollen auf einen roten (oder auch silbernen oder goldenen) Faden aufgefädelt werden. Damit sie ihre geister- und dämonenbannende Wirkung erhalten und die Götter in sie einziehen können, müssen sie zur Weihung mit einem Shiva-Linga in Berührung gebracht, mit Mantras besungen, in Gangeswasser oder Milch gebadet und mit kostbaren, duftenden Ölen eingerieben werden. Wer sie am Körper trägt, darf weder Wein, Fleisch, Zwiebeln, Karotten, Knoblauch noch andere »aufgeilende« Nahrung zu sich nehmen, sonst verlieren sie nicht nur ihre Kraft, sondern können auch gegenteilig wirken. Täglich sollten sie mit verschiedenen Stotras und Hymnen besungen werden. Um ihre Kraft aufzufrischen, sollten sie gelegentlich gebadet und geölt werden.

Es gibt strenge Anweisungen, wie man die Rudrakshas zu tragen hat und wie viele an verschiedenen Körperstellen. Das *Shiva-Purana* empfiehlt drei im Haarknoten *(Shikha),* sechs auf jedem Arm, 101 um den Hals, elf um die Armgelenke, drei an einer heiligen Schnur und fünf um die Leibesmitte. Es gibt aber auch viele andere Möglichkeiten, die wir hier nicht anführen können. Am häufigsten sieht man die Beeren als Rosenkranz (Rudrakshamala), mit 108 und seltener 1008 aufgereihten Perlen, an denen der Gläubige Mantras (heilige Silben) oder Atemzüge abzählen kann. Der Rosenkranz sollte eigentlich immer getragen werden, besonders aber bei Mondwechsel.

Der heulende Gott

Rudraksha heißt wörtlich übersetzt »Auge Rudras«. Wie wir schon wissen, ist Rudra der wilde vedische Gott der heulenden Stürme, der mit den Maruts, seinem Gefolge von Toten- und Sturmgeistern, wie eine wild gewordene Elefantenherde daherbraust und alles niedermacht. (Die Maruts erhielten ihren Namen, als Indra ihnen zurief: »*ma rodih*« – heult nicht!«). Die Felder, Wälder und Berge überzieht er mit Wind- und Feuerstürmen, den Menschen bringt er Hustenanfälle und Fieber. Wenn man ihn gut stimmt, kann man ihn dazu bringen, diese Schrecken ebenso leicht wieder zu vertreiben. Als Herr der Lüfte und Winde ist er ebenfalls Herr des Lebensatems, Gebieter der elf *Pranas*. Dadurch herrscht er über Leben und Tod, gebietet über die Atmenden (Menschen und Tiere) und die Nichtatmenden (Verstorbenen). Durch Atemkontrolle *(Pranayama)* versucht der Yogi Rudras wildes, unkontrollierbares Stürmen zu bändigen.

Über Rudras Ursprung erzählt das *Vishnu Purana* folgende Geschichte: Am Anfang des Zeitalters *(Kalpa)* gebar Brahma einen Sohn aus seiner Stirn. Es war ein dreiäugiger Knabe von rotblauer Farbe, der, sobald er erschien, jähzornig zu heulen anfing. »Warum brüllst du denn?«, fragte ihn der Schöpfer. »Weil ich nicht weiß, wie ich heiße!« schrie er. »Nun gut«, sagte Brahma, dem nichts besseres einfiel. »Du heißt Rudra, der Heuler« (Sanskrit: *rud* = heulen). Darauf teilte sich der Heuler in elf verschiedene Rudras: Einige von ihnen waren schwarz und wild, andere waren weiß und friedlich.

Wenn, wie es ab und zu vorkommt, die flehenden Gebete der Tiere, Menschen und Götter die Ruhe seiner Meditation stören, weil die Dämonen durch ihre harte Anstrengung wieder einmal Macht erlangt haben und diese ungerecht ausüben, dann kann Shiva jederzeit seine schreckeinflößende Erscheinung als Rudra annehmen und sich an den Monstern austoben. Es wird erzählt, daß die Rudraksha-Beeren die Freudentränen Shivas sind, die er vergossen hat, nachdem er wieder einmal einen Titanenrüpel erledigt hatte und ihm alle Götter einmütig dankbare Ehre dafür erwiesen.

Der Luftgekleidete

Der schweigende Gott auf der Shankar-Ikone ist ein *Digambara,* ein Nackter, der sich höchstens ein Fell um die Hüften wickelt.

»Narren lachen über Shiva, der die Wonne des eigenen Selbst genießt. Diejenigen, die diese Leiche, den Körper, diesen Fraß für Hunde und Schakale, mit der Seele verwechseln und mit kostbaren Kleidern, Schmuck, Kränzen und Salben verwöhnen, können (den nackten) Shiva nicht verstehen und machen sich lustig über denjenigen, der in der Wonne der Selbsterkenntnis versunken ist.«[39]

Warum soll ein solcher Asket, der in seinem Selbst alles findet, wessen er bedarf, überhaupt noch Kleidung tragen oder sich die Haare kämmen und schneiden? Auf den indischen Landstraßen begegnet man immer noch solchen starken Naturen, die sich, wie es so schön heißt, »in Luft kleiden« oder die »in die vier Himmelsrichtungen« gewandet sind, deren Haar wirr und zerzaust, ja zur regelrechten Filzmatte verkommen ist. Das sind keine Gammler. Etliche dieser nackten Babas, die nun in Shivas Fußstapfen treten, waren einst erfolgreiche Geschäftsleute, Rechtsanwälte, Ärzte und andere Stützen der Gesellschaft.

Manchmal trägt Shankar ein Tigerfell oder eine Elefantenhaut. Letztere gehörte einst dem Dämonen *Gajasura,* der sich nach Millionen Jahren härtester Selbstqualerei die Erfüllung eines Wunsches verdiente. Er wünscht sich von Brahma nichts anderes, als die absolute Herrschaft über die drei Welten. Mit seiner frisch erworbenen Macht schlug er den Götterkönig Indra in die Flucht und verjagte die Götter von ihren Thronen. In Benares nahm der Asura die Gestalt eines Elefanten *(Gaja)* an und machte sich einen Spaß daraus, die Rishis und Munis, die schweigenden Heiligen, bei ihren Gottesdiensten und Andachten zu stören. Die Heiligen versteckten sich im »Goldenen Vishwanath Tempel«, der das selbstentstandene *(Svayambhu)* Shiva-Linga beherbergt. Als zorniger Rudra entsprang Shiva dem Linga. Er spießte den Elefantendämon auf und ließ ihn auf den Spitzen des Dreizacks so lange tanzen, bis dieser zu Tode erschöpft umfiel. Dann zerriß er das Rüsseltier und häutete es. Angetan mit der blutigen Elefantenhaut, dem Zeichen seines Sieges über den Dämon des falschen Stolzes, tanzte Shiva seinen Siegestanz. Er trug dabei den Eisenhaken *(Ankusha)*, mit dem ein Elefantenbändiger seine Tiere zum Arbeiten anspornt.

Mit geschlossenen Augen meditiert Shankar auf einem Tigerfell. Der Kopf der menschenfressenden Katze ist immer noch am Fell und starrt den Betrachter der Ikone mit hellwachem Blick an. Was stellt der Tiger dar? Ist diese im Dschungel ruhelos nach Beute suchende Raubkatze nicht Bild der unersättlichen Begierde oder des gnadenlosen Hasses? So erscheint sie zweifellos dem indischen Bauern, dessen Kuh oder gar Kind zerrissen wurde. Oder stellt der Tiger die in der Tiefe der Seele wachenden Instinkte dar, deren Herr Shiva ist?

Als der nackte Shiva im Tannenwald den Einsiedlern erschien und die Begierden ihrer Frauen auf sich lenkte, verwandelte sich ihre Meditation in Haß. Das Feuer dieses Hasses quoll über und nahm die Gestalt eines Tigers an, der sich auf Shiva stürzte. Shiva tötete diese Ausgeburt des Hasses und machte sich eine Sitzdecke daraus.

Das Scheitelauge

Tryambaka, »der Dreiäugige«, wird Shiva genannt, denn mitten auf seiner Stirn prangt ein drittes Auge. Zum Glück ist es meistens verschlossen, denn es ist ein Feuerauge, dessen Strahl alles, was er trifft, zu Asche verbrennt. Bei ihren Liebesneckereien hielt Parvati Shiva nur so zum Spaß beide Augen zu. Da stürzte die Welt in ein tiefes Dunkel. Auf seiner Stirn wuchs ihm ein drittes Auge. Als er es aufschlug, brannte die Welt lichterloh. Parvati meisterte ihren Schreck und fing an zu singen und zu tanzen, daß Shiva dazu seine Trommel ergriff und durch ihren Klang die Welt neu erschuf. (Der Ton seiner Trommel ist der schöpferische Urton OM!)

Shivas wild verfilztes Haar ist der Sternenhimmel mit allen Galaxien. Seine beiden Augen sind die Sonne und der Mond. Das dritte Auge auf seiner Stirn ist das Feuer. Viele überhebliche Dämonen wurden in der Glut dieses Feuerauges zu Asche verbrannt.

Am bekanntesten ist die Geschichte, wie Shiva den Liebesgott Kama, den indischen Eros oder Cupid, mit den Blitzstrahl seines dritten Auges vernichtet.

Einst war Shiva glücklich mit der holden Sati, der Tochter des

Daksha verheiratet. Weil sich aber ihr Vater überhaupt nicht mit ihrem Mann vertrug und diesen auf schlimmste Weise verleumdete, nahm sich Sati das Leben. Sie verbrannte sich lebendigen Leibes. Als Shiva das erfuhr, war er vor Wut und Schmerz außer Sinnen. Mit seinem Feuerauge zerstörte er die heilige Opferzeremonie seines Schwiegervaters. Dann riß er die verkohlte Leiche seiner geliebten Frau an sich und tanzte, vor Kummer wahnsinnig, tränenüberströmt einen makabren Tanz mit ihr. Alle, die das sahen, waren entsetzt. Immerfort küßte er ihren leblosen Körper, bis es Vishnu nicht mehr mit ansehen konnte. Aus Mitleid warf er seine Wurfscheibe auf die Leiche und zerstückelte sie. Überall, wo ein Stück von Sati zur Erde fiel, entstand ein Heiligtum, eine Pilgerstätte, zu der noch heutzutage Menschen wallfahren.

Erschöpft sank der mit der Asche des Feuers Bedeckte zu Boden, dann wanderte er als Irrer mit wildem Blick und zerzaustem Haar durch die Wildnis. Schließlich setzte er sich an einen verlassenen Ort und versank in tiefste Meditation. Da saß er nun, die Beine verschränkt, die Augen verschlossen, still wie ein Stein, über den Schlangen und Skorpione kriechen, und sank immer tiefer in die wahre Erkenntnis seines Selbst.

Während dieser Zeit reiften die Früchte der schrecklichen Askese des Dämonen Taraka. Er hatte sich so lange selbst gepeinigt, bis ihm Brahma keinen Wunsch mehr verwehren konnte. So wurde er Herr über die drei Welten. Dabei quälte er die Kreaturen, Menschen und Götter mit Vergnügen. Wer sollte ihn auch daran hindern? Es war zwar prophezeit worden, daß nur ein Sohn Shivas ihn besiegen könne, aber wie sollte Shiva einen Sohn bekommen? Sati war tot und Shiva hatte die Welt vergessen. Um die Sache der Götter stand es schlecht.

Inzwischen wurde Sati als Parvati, die Tochter des Königs der Schneeberge und seiner Frau, der himmlischen Nymphe Mena, wiedergeboren. Wie der zunehmende Frühlingsmond wuchs sie heran, an Schönheit und Lauterkeit nicht zu übertreffen. Niemand würde ihrem Liebreiz widerstehen können. Shiva aber war Asche, kein Feuer der Leidenschaft regte sich in dem in tiefster Versenkung weilenden Asketen. Wie sollte da der Retter, der Zerstörer des Asura Taraka gezeugt werden?

Die bedrängten Götter berieten untereinander. Wie immer wußte der weise Großvater Brahma Rat. Der Liebesgott Kama wurde bestellt. Er sollte mit einem seiner Blumenpfeile ins kalte Herz des Asketen Shankar schießen, dann würde sein Liebesverlangen entfacht werden! Der von Kuckucken und Kolibris umflatterte, von duftenden Frühlingswinden umwehte und von lieblichen Stimmen umsungene junge Gott machte Shiva ausfindig. Er legte einen Blütenpfeil in seinen süßen Zuckerrohrbogen, spannte die aus Honigbienen bestehende Saite und stahl sich an den Meditierenden heran.

Genau zur selben Zeit legte die Bergtochter Parvati frische Blumen vor den Asketen, daß er kurz aus seiner Tiefenmeditation auftauchte. Er segnete sie und weissagte ihr: »Sei gesegnet, süße Maid! Du wirst einen Mann finden, der niemanden liebt, außer dich!« Ehe er wieder in Trance versinken konnte, schoß Kama. Er traf ihn mitten ins Herz. Shiva ergrimmte! Er öffnete das dritte Auge und verbrannte den Liebesgott, der es gewagt hatte, seine Meditation zu stören, auf der Stelle.

Trotzdem war er verwundet. Das Bild der Jungfrau wollte nicht von seinem inneren Blick weichen. Einige Erzähler behaupten an diesem Punkt der Geschichte, daß Shiva nun in den Tannenwald rannte und sich wie ein Satyr gebärdete, da das Gift der Leidenschaft in seinen Adern kreiste. Auf jeden Fall mußte die schöne Bergtochter noch lange warten, bis sie Shivas Gemahlin wurde. Er tauchte wieder in tiefe Versenkung. Da ihre Schönheit nichts zu bewegen vermochte, versuchte sie ihn nun, trotz ihrer Jugend, mit der härtesten Entsagung und strengsten Bußübungen zu gewinnen – aber davon werden wir später etwas erfahren.

Das Scheitelauge, mit dem wir uns hier befassen, ist ein bekanntes Thema in den Sagen der Menschheit. In der keltischen Sagenwelt erscheint es als Zauberauge des schrecklichen Riesen Balor, dessen Lid so schwer war, daß es vier Krieger bedurfte, um es zu haben. Wenn das Auge geöffnet war, regnete der Feuerblick Tod und Verderben über das Schlachtfeld aus. Balors kluger Enkel Lug – ein Schamanengott, der selber ein magisches Auge hat – schoß es dem Riesen mit einem Stein aus. Das Geschoß schlug mit solcher Wucht ein, daß das Auge aus dem Hinterkopf flog und dabei die hinter ihm stehenden Titanenhorden mit dem erlöschenden Blick vernichtete.

Auch das »kreisende« Stirnauge, das Odysseus dem Zyklopen Polyphem ausstach, gehört hierher. Der einäugige Riese ist interessanterweise Sohn des den Dreizack tragenden Meeresgottes Poseidon (lateinisch: Neptun). Nach Rudolf Steiner wird, wenn einäugige Gestalten in Sagen oder Märchen auftreten, auf altes, hellseherisches Urbewußtsein hingedeutet. Das magische Auge, meint er, ist mit der Zirbeldrüse identisch, dem verkümmerten Überbleibsel des uralten Licht- und Wärmeorgans, welches »oben vom Haupte seine ätherische Strahlungen ausgehen ließ und damit in traumhafter Weise die Umwelt wahrzunehmen vermochte. Es war das ›Auge‹ des atlantischen Menschen.«[40] Um das wache Verstandesbewußtsein zu erlangen, meinen die Anthroposophen, mußte das veraltete, atavistische Auge überwunden werden.

Andere Okkultisten (Seher in das Verborgene) sind da anderer Meinung. Sie streben mit verschiedenen Praktiken danach, die Fähigkeiten des dritten Auges neu zu beleben. Sie sehen es als das Horn des Einhorns, mit dem man die übersinnlichen Welten anbohrt, oder als blutrot leuchtenden Karfunkelstein, der den Gralsrittern in der Nacht den Weg zur hehren Gralsburg leuchtet. Es wird als geistiges Zeugungsorgan, also als Überzeugungsorgan, aufgefaßt. Die Befehls- und Überzeugungskraft, die von dieser Stelle oberhalb der Nasenwurzel ausstrahlt, wurde immer von Magiern gewürdigt. Sie malten sich Kreise an diesen Punkt oder brachten Sonnen oder andere Zeichen an dieser Stelle ihrer Zauberhüte an. Auch die deutschen Offiziersmützen zeigen ein offenes, rundes Scheitelauge.

Diese sonderbare Stelle, die da »ätherisch« von der mittleren Stirnregion, oberhalb der Augenbrauen ausstrahlt, ist auch das *Chakra* (Energiezentrum), auf das sich meditierende Yogis gerne konzentrieren. Es gilt als Feuer-Chakra und wird oft mit »kühlender« Sandelholzpaste eingerieben. Nach einer *Puja* (Andacht) wird dem Gläubigen ein roter Farbtupfer *(Tilak)* mit dem Finger aufgedrückt. Da im Hinduismus nichts dem Zufall überlassen wird, wird der rote Tupfer nicht irgendwo angebracht, sondern da, wo man tatsächlich das dritte Auge spürt. Je mehr man im letzten Leben an sich selbst und seinem Karma gearbeitet hat, desto tiefer liegt der Punkt auf der Stirn. Wer schon heilig ist, also schon den Zustand des Samadhi erlangt hat, dem hat sich der Punkt zwischen die Augen gesenkt. Von einem solchen Menschen nimmt man an, er habe seine weltlichen Begierden überwunden.

Der einäugige Zyklop und der ungeschlachte Riese Balor repräsentieren das alte chthonische Erbe. Daran besteht wenig Zweifel. Polyphem, der menschenfressende Höhlenbewohner, ist, als Sohn des den

Dreizack tragenden, Erdbeben verursachenden Meeresgottes und einer Meeresnymphe, noch sehr mit den chaotischen, ungefestigten, dunklen Elementen verbunden. Er ist primitiv, bösartig, ja kaltblütig wie ein Reptil. Er wird von Odysseus, dem Vertreter des neuen vernunftbegabten Menschentums überlistet und geblendet. Diese Mythen können auch mit der biologischen Entwicklungsgeschichte in Einklang gebracht werden. »Einst, als sich unsere Vorfahren noch als Fische und Lurche in den Meeren und Sümpfen des Mesozoikums tummelten, befand sich die mit dem Zwischenhirn verbundene Zirbeldrüse *(Epiphyse)* tatsächlich als lichtempfindliches Organ mitten auf der Stirne. Mit den sich verändernden Lichtverhältnissen rief dieses dritte Auge chemische Veränderungen im Körper hervor. Das ermöglichte diesen Tieren, sich automatisch tarnend der Umwelt anzupassen und regte im Frühling, wenn die Tage länger wurden, die Brunftzeit an.«[41]

Diese Ausstülpung des Reptilienhirns hat sich im Laufe der Evolution nach innen verlagert, reagiert aber immer noch über die Augen auf wechselnde Lichtverhältnisse und steuert auf diese Weise die »biologische Uhr« sowie die geschlechtlichen Biorhythmen. Einige Wissenschaftler vermuten, daß die zunehmend frühere Geschlechtsreife der Menschen mit zunehmender künstlicher Beleuchtung zu tun hat, wobei dieses archaische Organ eine Rolle spielt. Die Verbindung der Sexualität mit dem »dritten Auge« kommt im Mythos von der Verbrennung des Liebesgottes Kama durch das Feuer aus Shivas Auge deutlich zum Ausdruck.

Shiva, als Gott der Ganzheit, hat, wie andere Zaubergötter, sein magisches, drittes Auge beibehalten. Zum Wohle seiner Geschöpfe aber hält er es verschlossen. Erst wenn er die Illusionen dieser Wahnwelt zerstört, wird er das Auge öffnen.

Drei Aschestreifen

Die Zahl drei stellt in den indoeuropäischen Kulturen die Vollkommenheit dar und wird immer mit der höchsten Gottheit in Verbindung gebracht. Ein Zauberspruch muß dreimal gesagt werden, um zu wirken, ein Heiligtum muß dreimal umwandelt werden. Auch in christlichen Ländern wird die höchste Gottheit, die Trinität Vater-

Sohn-Heiliger Geist, als Dreieck mit der Spitze nach oben und einem allsehenden Auge in der Mitte dargestellt. Die Symbolik wurde von den Freimaurern als Pyramide mit einem Auge an der Spitze in das neue säkulare Zeitalter hinübergenommen und als Wahrzeichen auf den allmächtigen Dollar plaziert. Mit dem Kleeblatt hat der heilige Patrick den irischen Kelten das Mysterium der Dreifaltigkeit erklärt – was diese sicher nicht nötig hatten, denn in der keltischen Gesellschaft war alles dreifach, von den Göttern bis zur Sozialgliederung (Lehr-, Wehr- und Nährstand).

Das Kleeblatt hat sein indisches Gegenstück im dreiblättrigen *Bilva*- oder *Bel*blatt, mit dem das Shivalinga verziert wird. Über dem schwarzlockigen Haupt des flötenspielenden Hirtengottes Krishna leuchten drei Pfauenaugen. Wie Shivas Augen drücken sie die allesdurchdringende Dreiheit aus: Entstehen, Dasein, Vergehen; die *Trimurti* (Brahma-Vishnu-Shiva); Vergangenheit, Gegenwart, Zukunft; Vater, Mutter, Kind; Himmel, Erde, Unterwelt; Raum, Zeit, Bewußtsein; *Satchidananda* (Sein, Bewußtsein, Wonne); die drei Laute der Ursilbe A-U-M; die drei Urprinzipien oder *Gunas* (*Sattva* = das Helle, *Rajas* = das Bewegte, Leidenschaftliche, *Tamas* = das Dunkle, Träge) und so weiter.

Wenn man die Shankar-Ikone genau betrachtet, sieht man, daß die Dreiheit noch einmal durch drei weiße Streifen, die waagerecht die Stirn durchqueren, hervorgehoben wird. Es sind die Aschestreifen, mit denen sich der Gott schmückte, nachdem er die angeblich uneinnehmbaren drei Burgen *(Tripura)* mit seinem Feuerblick vernichtet hatte.

Der Dämon, der sie erbaut hatte, glaubte sich sicher, denn Brahma hatte ihm wegen seiner Askese versprechen müssen, daß die Burgen nur eingenommen werden könnten, wenn ein einziges Geschoß alle drei auf einmal knacken würde. Wie sollte das möglich sein? Zur angemessenen Zeit aber, als die Früchte seiner Askese verbraucht waren und die Burgen, die nichts anderes als die drei Verschmutzungen *(Malas)* Egoismus *(Anava)*, berechnendes Handeln *(Karma)* und Wahn *(Maya)* – darstellen, wie eine astrologische Konstellation auf einer Schußlinie lagen, da war es um sie geschehen.

Seither bemalen sich die Anhänger Shivas ebenfalls mit heiliger Asche *(Vibhuti, Bhasma)*. Nicht nur auf die Stirn, sondern auch auf die Oberarme, Unterarme und die Kehle werden drei Aschestreifen gezeichnet. Auch Steinlingas werden damit bemalt. Die Markierungen sollen den Gläubigen daran erinnern, mit dem Kraftzentrum des dritten Auges die Illusion zu verbrennen, daß das Selbst und das absolute Brahman voneinander getrennt sind. Wenn die drei Dämonenburgen in der Seele zu Asche geworden sind, dann weiß man, daß das Selbst Shiva ist.

Die verwendete Asche kann vom Opferfeuer oder von einer Leichenverbrennungsstätte stammen. Die Asche von Manikarnika, dem Verbrennungsort, der als Shivas Feuerauge und Lieblingstanzplatz gilt, ist besonders günstig. Auch die Asche aus einer dem Shiva geweihten Ganja-Pfeife *(Chilam)*, die als Miniatur-Manikarnika die Geister des Wahns verbrennt, kann genommen werden.

Das heilige Pulver kann auch in einem aufwendigen Ritual aus Kuhmist hergestellt werden. Wir wissen, daß in der indogermanischen Überlieferung die Kuh das heilige Urtier ist. Alles, was von ihr kommt, ist ebenfalls heilig. Sie schenkt Nahrung (Butter, Milch, Quark), Brennstoff (Mistfladen) und Medizin (Butter, Milch, Urin, Dung). Eine Geschichte aus der *Bhasma Jabala Upanischade* erzählt von einem Heiligen, der zum Heilsberg Kailash pilgerte, wo ihm Shiva erschien und ihn in das Geheimnis der heiligen Asche einweihte. Was er mit zitternden Knien erfuhr, wollen wir hier weitergeben: Um den Zauberstoff herzustellen, muß zuallererst auf die günstige Sternenstunde, die Planetenkonstellationen geachtet werden. Saturn *(Shani)* muß gut aspektiert sein. Der Kuhfladen wird in den frühsten Morgenstunden auf einen Blatteller (aus den Blättern des Palasa-Baumes) gelegt und in der Sonne getrocknet. Während der ganzen Zeit wird das Tryambakam-Mantra gesungen. Dann verbrennt man den Fladen, wobei man Brösel Sesam, Reismehl und geronnene Butter 1008 Mal in Agnis Feuermund opfert. Die Butter sollte man langsam von einem Blatt in das Feuer tropfen lassen.

Die fertige Asche wird mit Gangeswasser besprengt und in einem Gold-, Silber-, Kupfer- oder Steingutgefäß aufbewahrt. Zum Abschluß dieses alchemistischen Unternehmens soll der Hersteller der Asche für alle Brahmanen der Gegend ein Festessen veranstalten.

Um die Asche richtig anzuwenden, soll der Geweihte täglich vor Sonnenaufgang aufstehen, baden und mit dem *Gayatri Mantra* (»Das göttliche Licht der Sonne, möge es unseren Geist erleuchten!«) über den Sonnengott meditieren. Morgens, mittags und abends soll er, drei

Finger benutzend, den Körper mit der Asche bestreichen und dazu etwas Aschewasser trinken. Hat ein Mensch solches seinem Gott gelobt, vergißt es aber zu tun, dann gilt er als unrein. In dem Fall darf er weder das Gayatri sagen noch das Opfer *(Yajna)* vollziehen. Er soll dann den ganzen Tag fasten, bis zum Hals im Wasser stehen und dabei das Gayatri 108 Mal hintereinander aufsagen. Tut er das nicht, wird Rudra Hunde und Wölfe auf ihn hetzen.

Auch im Westen, besonders in katholischen Gemeinden, kennt man die heilige Asche. Asche vom Julblock, vom Oster- und Johannesfeuer gilt als heilkräftig und für den Acker fruchtbarkeitbringend. Nach dem Funkensonntag mit seinen Fasnachts-, Hütten- und Bergfeuern kommt Aschermittwoch, als Beginn der Fasten- und Bußzeit. Mit dem Spruch »Staub bist du, und Staub wirst du wieder werden«, der ganz wie ein Mantra angewandt wird, werden auch hier die Gläubigen an die flüchtige Illusion des Daseins erinnert.

Der blaue Hals

Shivas Hals, mit drei Aschestrichen, einer Brillenschlange und Rudrakshanüssen geschmückt, ist von blauer Farbe. Diese Tatsache brachte ihm den Namen Blauhals *(Nilakanta)* ein. Wie er dazu gekommen ist, erzählt die folgende Geschichte über das Buttern des Milchmeeres *(Samudramathana)*:

Wieder einmal tobte ein blutiger Krieg zwischen Göttern und Dämonen. Auch diesmal stand es für die Götter nicht gut, denn der blitzführende Götterkönig Indra hatte versehentlich einen Rishi beleidigt und war dafür mit einem Fluch belegt worden. Gleichzeitig hatte der kluge Sukra (Venus) ein Zaubermantra ausfindig gemacht, dessen Aussprechen einen erschlagenen Dämonen sofort wieder zu neuem Leben erweckte. Die Reihen der himmlischen Streiter lichteten sich. Ehe es noch schlimmer werden konnte, empfahl Brahma den entmutigten Göttern, mit den Dämonen Frieden zu schließen und dann zusammen – es bedurfte der vereinten Kräfte – das Milchmeer, das Urmeer zu quirlen. So würden sie den Trank der Unsterblichkeit, das Ambrosia *(Amrita)* erlangen. Die Dämonen waren einverstanden, stellten aber die Bedingung, daß sie die Hälfte dessen bekommen sollten, was im Milchmeer war.

Sie nahmen den Weltberg *Mandara* als Quirl. Vishnu nahm die Gestalt einer Schildkröte an, um als Unterlage und Drehpunkt für den Quirl zu dienen. Der Strick, der um den Quirl gebunden wurde, war die tausendköpfige Weltenschlange Vasuki, die als König der Unterwelten auch *Shesha* oder *Ananta,* die »Endlose«, heißt. Die Dämonen hielten das eine Ende des Stricks, die Götter das andere. Wie bei einem Tauziehwettbewerb zogen sie ihn heftig hin und her, daß es zischte und brodelte.

Zuerst erschien die heilige Kuh *Surabhi,* die Gutmütige, die alle Wünsche erfüllt und die Welt mit Milch und Butter segnet. Oder war es das Gift der Welt, das alles zerätzende *Halahala,* das zuerst nach oben brodelte? Wir wissen es nicht mehr genau! Jedenfalls kroch es unheilschwanger aus dem Kessel, so daß die Götter und Dämonen in Terror davonliefen. Vishnu konnte es nicht aufhalten; es färbte ihn schwarz wie die Nacht. Da eilten Brahma und Vishnu zum Berg Kailash, um Shiva aus seiner Meditation zu wecken. Der große Asket nahm das Gift in die Handfläche und trank es auf! Kein Zweifel, das Gift, das nur noch in winzigen Resten in Giftpflanzen, Spinnen, Schlangen und im Dunklen verdorbener Herzen zu finden ist, hätte die ganze Welt zerstört, hätte es nicht der einzige Gott, der damit fertig werden konnte, getrunken. Einige Geschichtenerzähler sagen, daß Parvati Angst um Shiva bekam und ihm den Hals zuhielt, so daß ihm das Gift im Hals steckenblieb und ihn blau färbte.

Nachdem das Gift aus dem Meer war, kamen andere wunderbare Dinge zum Vorschein: Ein weißes Roß, um das sich Indra und der Dämonenkönig Bali stritten; der Elefant *Airavata,* den Indra reitet; *Kaustubha,* der kostbarste Edelstein, der nun Vishnus Brust schmückt; der duftende Himmelsbaum und die himmlischen Jungfrauen *(Apsaras),* die unter seinen Blütenzweigen ihre liebreizenden Tänze aufführen; auch der Mond, der Shivas Locken schmückt, kam aus dem Milchozean. Dann erschien, alles überstrahlend, im weißen Lichtgewand *Lakshmi,* die schaumgeborene schöne Göttin des Glücks und des Reichtums, die sich Vishnu zur Frau nahm. Zuletzt wallte der Götterarzt empor, der den Menschen die Heilkunst des *Ayurveda* mitbrachte. In seinen Händen hielt er den Krug mit dem begehrten Unsterblichkeitsnektar.

Die Götter, deren Blicke von der leuchtenden Lakshmi abgelenkt waren, merkten nicht, daß die Dämonen den Pokal ergriffen und den

Nektar entwenden wollten. Vishnu entdeckte ihre Hinterlist sofort und verwandelte sich augenblicklich in die lieblichste aller Apsarasas, die »himmlische Verführerin« *Mohini.* So schön war sie, daß Brahma sich angeblich vier Köpfe wachsen ließ, damit er sie besser beobachten konnte. Die Dämonen erlagen der Illusion und verspielten dadurch ihren Anteil am Unsterblichkeitstrunk. Während sie geifernd der illusiven Mohini nachjagten, prellten die Götter sie um ihren Anteil – übrigens ein Motiv, das wir auch bei den anderen Indogermanen wiederfinden.

Auch Shiva konnte dem verführerischen Charme Mohinis nicht widerstehen. Obwohl er ein aschebeschmierter Asket war, erregte er sich und verspritzte seinen Samen, der überall als goldene oder silberne Lingas auf die Erde regnete. In der südindischen Version der Legende rennt er der Nymphe nach, überwältigt sie und zeugt mit ihr einen Sohn, *Hariharaputra* (Sohn des *Hari* = Vishnu und *Hara* = Shiva), der als *Ayyappan* im dravidischen Süden einen ausgeprägten Kultus und große Anhängerschaft genießt. Ayyappan ist der südindische Versuch, den Widerspruch zu lösen, der sich aus den beiden großen Göttern (Vishnu und Shiva) ergibt, von denen ihre jeweiligen Anhänger behaupten, ihr Gott sei der wahrhaft einzige, der andere sei nur dessen Teilaspekt. In Ayyappan sind solche Gegensätze überwunden.

Das Bild vom Quirlen des Urozeans kann auch als Bild der Versenkung in die eigenen Geistestiefen gedeutet werden. Zentriert im Weltenberg (Rückgrat), der auf dem Hornhautpanzer der Schildkröte (das älteste, reptilienhafte Bewußtsein) ruht, quirlt der Meditierende die ozeanischen Tiefen seines Wesens (im kollektiven Unbewußten). Nachdem das Gift der alten karmischen Ablagerungen, die uns zu zerstören drohen, herausgequirlt ist, steigen die geistigen Gaben *(Siddhis)* an die Oberfläche. Sie werden dargestellt durch die nahrungspendende Kuh, den Baum der Wünsche, den Wonnetanz der Apsarasas, das Zauberpferd und den Elefanten (als Reittiere des Göttlichen in uns), das Glück (Lakshmi) und zuletzt den göttlichen Arzt mit dem Trank der Unsterblichkeit. Jedoch nur wenn Shiva, der am äußersten Rand im Schnee und im Feuer lebende wilde Außenseiter, in unserer Seele wirken darf, werden wir das Gift unseres alten Karmas überwinden können.

Für uns mag es angebracht sein, diese Bilder als Gleichnisse für ganz real existierende Kräfte der menschlichen Seele zu deuten. Für den einfachen Hindu sind sie jedoch Wirklichkeit. Für ihn besteht keine Trennung zwischen einer subjektiven Innenwelt und einer realen, objektiven Außenwelt. Alle Erlebnisse sind wirklich. Eine Grenze zwischen dem sogenannten Sinnlichen und dem Übersinnlichen wird nicht gezogen. Die Imaginationsbilder, die unsere Gelehrten mit der eigentlich abwertenden Bezeichnung »Mythen« belegen, sind für den Hindu Erlebnistatsachen. Sie werden nicht bloß geglaubt, sondern erlebt. Mythen sind zeitlos, deshalb ewig gegenwärtig und im Zustand des *Darshana* (der Offenbarung des Göttlichen) erfahrbar.

Die Ereignisse, die erzählt werden, sind jederzeit gegenwärtig. Das Milchmeer wird immer noch gequirlt. Shiva meditiert noch immer als Asket auf dem Berg Kailash. Er tanzt noch immer im Feuerring. Die Welt wird noch immer zur Endzeit von Kali zerstört und gleichzeitig aus Vishnus Nabel erschaffen. Der Krieg der Götter gegen die Asuras geht immer noch weiter, und nachdem die Götter den Unsterblichkeitstrank erlangen, wendet sich die Schlacht zu ihren Gunsten, bis die eiserne Strenge der Bußübungen des Dämonen Taraka so mächtig wird, daß nur ein Sohn Shivas das Gleichgewicht wiederherstellen kann. Noch immer beratschlagen die Götter, wie die Jungfrau mit dem Asketen vom Berg Kailash zu vermählen sei.

So fängt die Geschichte immer wieder dort an, wo sie aufgehört hat, und wir sind, wenn sich unsere Augen öffnen, die lebendigen Zeugen.

Shiva und Buddha

Ebenso still in sich versunken wie Shankar sitzt der »Erleuchtete« *(Buddha)* unter dem *Pipal-* oder *Bobaum (Ficus religiosus)*. Unter seinem mächtigen Stamm, der Himmel, Erde und die Unterwelten verbindet, erlangte der einstige shivaistische Asket *Gotama* die Erleuchtung und erlebte, wie das Feuer des Karma (der Tatenverkettung) verlosch (*Nirvana* = Auslöschung). Der dreiwurzelige Weltenbaum spielt auch in den Mythologien der Indogermanen, Sibirer und anderer Völker eine große Rolle als Nabel der Welt, Weltsäule und Himmelsleiter.[42] In der *Bhagavadgita* (15. Gesang) heißt es von diesem Baum:

Die Rishis wissen um den Baum Asvatta,
Im Himmel wurzelnd, Stamm nach unten wachsend.
Jedes Blatt bringt die Veden hervor.
Wer dieses weiß, weiß alles.

Auf der Ikone des meditierenden Shankar erscheint dieser Weltenbaum in seiner archaischsten Gestalt als umgekehrter Baum mit drei Wurzeln, die als Zinken des Dreizacks nach oben gerichtet sind. Auch Shiva ist tief in *Samadhi* (völliger Sammlung), auch hier ist das Feuer ausgebrannt. Die Asche und der Schnee zeigen, daß er völlig »erloschen« ist. Es ist nur noch Nirvana oder, wie die Hindus sagen, *Satchidananda* (reines Sein, Bewußtsein, Wonne).

Während Vishnu in der Ungeschaffenheit *(Pralaya)* zwischen den Schöpfungszyklen auf der tausendköpfigen Weltenschlange ruht, breitet diese beschirmend ihre Hauben über seinem Kopf aus. Ebenso wird der in Samadhi versunkene Buddha von dem König der Schlangen, *Mucalinda,* beschützt. Es ist die weise, juwelengekrönte Weltenschlange, die sonst ihren Sitz tief in der Unterwelt *(Patala),* unterhalb des Weltenbaumes hat. Auch in Shankars Haarknoten thront wachsam eine Kobra mit aufgeblähter Haube, während das Gangeswasser wie ein Springbrunnen im Bogen über ihren Kopf hinweg fließt. Das Motiv kehrt bei Buddha wieder, indem Mucalinda den strömenden Regen eines Wolkenbruchs von ihm abschirmt.

Bevor der Asket Gotama zum Erleuchteten wurde, erschien ihm der Zaubermeister der Weltillusion *Mara-Kama* (Tod-Lust). Buddha überwand die List des Versuchers ebenso wie der meditierende Shiva-Shankar, der den Begierdenerreger Kama mit dem Feuer aus seinem dritten Auge zu einem Häufchen Asche verbrannte. Nicht viel anders zeigen sich die *Tirthankaras,* die »die Furt-Macher« der *Jaina*-Sekte. Das ikonische Standbild zeigt den erlösten Helden *(Jaina)* in Lotossitzposition, still und leidenschaftslos, wie eine Pflanze, unter dem Heilsbaum, beschützt von der Haube der vielköpfigen Riesenschlange.[43]

Die Kobra versinnbildlicht unter anderem die Auffassung der Yogalehre vom Aufstieg der Schlangenkraft *(Kundalini)* aus den niederen »feinstofflichen« Energiezentren *(Chakras),* das Rückgrat hinauf zu den höheren, wobei das Erreichen des höchsten Zentrums *(Sahasrara-Chakra)* der Erleuchtung gleichkommt, denn hier wird die aufsteigende totale Kraft mit der totalen Erkenntnis vereint. Eine ähnliche Symbolik kannten die Ägypter, die dem göttlichen Pharao, als Zeichen seiner Weisheit und Macht, die Krone aufsetzten, aus der oberhalb der Stirnmitte eine aufgeblähte Kobra ragte.[44] Diese Symbolik ist der der westlichen, zoroastrisch-hebräisch-christlich-islamischen Religionen geradezu entgegengesetzt, wo die Schlange, als Prinzip des Bösen, mit Füßen getreten wird.

Wie Shiva durchwandert Buddha die Welt als Asket. Obwohl er in ein rotes Bettlergewand gekleidet ist, verraten seine langgezogenen Ohrläppchen, daß er ein Edler, ein Arier ist. Auch in der Ikone des Shiva wird das hervorgehoben, zumindest insofern, als er große, goldene Ohrringe trägt (die unter anderem auf die Fähigkeit des Hellhörens hindeuten).

In einigen Darstellungen hält Shiva ein Reh in der Hand. Es ist Sinnbild für den zappeligen, ruhelosen, immer zu Sprüngen bereiten Geist, der nun in der Obhut des Yogis Ruhe und Ausgeglichenheit gefunden hat. Auch der predigende Buddha wird gerne mit friedlich grasenden Rehen oder Gazellen abgebildet. Seine erste Predigt, die Offenbarung der Lehre von der Ursache und Überwindung des Leidens, fand im Rehpark von Sarnath bei Benares statt. Die buddhistischen Jataka-Legenden erzählen, daß dieser Ort einst der Wald war, in dem Buddha in einem früheren Leben als König der Rehe lebte. Dem Fürsten, dem der Wald gehörte, einem grausamen und leidenschaftlichen Jäger, gab sich der zukünftige Buddha als freiwilliges Opfer hin, um den anderen Tieren das Leiden zu ersparen.

Das Bild Shivas und die dazugehörigen Geschichten sind vermutlich älter als die ihnen ähnlichen Bilder und Geschichten von Buddha oder Mahavira, dem Gründer des Jainismus. Ein Specksteinsiegel aus der vorarischen Induskultur zeigt einen nackten Gott im Yogasitz, umgeben von Tieren. Unter seinem Sitz befinden sich zwei Rehe (wie in späteren Darstellungen Buddhas bei seiner ersten Rede in Sarnath).[45] Der Gott ist mit aufrechtem Phallus dargestellt. Anstelle einer Mondsichel, trägt er jedoch Hörner auf dem Kopf. Die Ähnlichkeit mit Shiva ist so verblüffend, daß der Entdecker des Siegels, Sir John Marshall, ohne weiteres von einem »Proto-Shiva« spricht. Wir können also annehmen, daß die Motive auf den Standbildern Buddhas und Mahaviras ältere Vorbilder haben.

Nachdem Buddha seinen edlen »arischen« Pfad (*Arya Dharma*)

viele Jahre lang verkündet hatte, und nachdem seine fleißigen, selbstlosen Mönche die Lehre ins Volk und zu den Fürsten getragen hatten, schien es, als ob der Buddhismus den ganzen Subkontinent bekehren würde. Indien aber ist ein riesiger Verdauungsapparat, ein Kompost, der alle Zutaten früher oder später zersetzt und zu dem Boden verwandelt, auf dem sie seltsamsten Blüten des Geistes gedeihen. Nichts wird zerstört, aber alles wird verwandelt. Historische Tatsachen werden schnell zu Mythen, schlichte Überlegungen beginnen ins Unendliche zu wuchern, wie die Schlingpflanzen und Baumriesen der Urwälder. Schon jetzt sind Mahatma Gandhi oder Indira Gandhi zu Gottheiten mit allen Anzeichen der Verehrung geworden. Ebenso wird der Held der bewaffneten Befreiungsarmee (Indian National Army) Subhash Chandra Bose als Verkörperung Ganeshas, des elefantenköpfigen Sohnes Shivas, kultisch verehrt. Sogar populäre Filmschauspieler werden in den Rang von Gottheiten erhoben und buchstäblich angebetet. Wie hätte sich Buddha diesem Sog entziehen können? Die Vaishnavas erklärten ihn bald zum neunten Avatar Vishnus.[46] In seiner Inkarnation als Buddha soll Vishnu erschienen sein, um die bösen Menschen und Dämonen irrezuführen. Indem diese Bösewichte den Lehren Glauben schenkten, daß Veden zu verachten seien, daß die dreifältige Gottheit nicht existiert und daß man ungestraft gegen die Kastentrennung verstoßen kann, haben sie sich selber der Zerstörung anheimgegeben.

In den Brahmanda Puranas wird Buddha hingegen ausdrücklich als eine Erscheinung Shivas gefeiert.[47] Da heißt es, daß Shiva im »Goldenen Zeitalter« (Krita Yuga) als der große Yogi erscheint, im »Silbernen Zeitalter« (Treta Yuga) als Prajapati Kratu, einer der Schöpfer der Welt und Verkörperung des Opfers, im »Kupfernen Zeitalter« (Dvapara Yuga) als das Endzeitfeuer, während er im »Dunklen Zeitalter« (Kali Yuga) als Dharmaketu (Buddha) erscheint.

In Südindien erfuhr Buddha seine größte Verwandlung, wie wir aus der folgenden Geschichte ersehen können.

Durga, die die Waffen aller Götter trägt und einen Tiger reitet, ist in Wirklichkeit keine andere Göttin als Parvati, Shivas treue Gattin. In ihrer Erscheinung als Durga vernichtete die große Göttin den Büffeldämonen Mahishasura. Mahishi, die Frau des Dämonen, schwor Rache. Über Jahrtausende übte sie die allerschwierigste Askese, so daß Brahma gezwungen war, ihr unersättliches Begehren zu erfüllen. Sie wünschte sich, daß weder Shiva noch Durga noch Vishnu sie schlagen könnten. Da taten sich Shiva und der als Mohini erscheinende Vishnu zusammen und zeugten ein Söhnchen, das sie im Dschungel aussetzten. Dieser wurde »zufällig« von einem kinderlosen keralischen König gefunden und als eigenes Kind aufgezogen. Als Knabe vollbrachte er unzählige Wunder. Zum Beispiel brachte er ein Leopardenweibchen in den Palast, um mit dessen Milch die Kopfschmerzen der Königin zu heilen. Als Zwölfjähriger tötete er die Dämonin Mahisi. Dann gab er sich seinem Pflegevater zu erkennen und bat ihn, ehe er verschwand, an dem Ort, wo sein Pfeil die Erde traf, einen Tempel zu bauen. Dieses Heiligtum ist die Bergspitze von *Sabarimalai*. Heutzutage sieht man alljährlich Tausende, in schwarze *Lungis* gekleidete, singende und betende Pilger auf dem Weg zu diesem Tempel.

Ayyappan (Hariharaputra), der »Sohn« Shivas und Vishnus, wird auch *Shastra* oder *Dharma-Shastra* genannt. Shastra bedeutet das heilige Gesetz (das Arya Dharma) und ist ebenfalls ein Beiname Buddhas, der ja als Beschützer des Gesetzes gilt. Ayyappan, dessen Name übrigens eine dravidische Entstellung des Sanskritwortes *Arya* (Edler, Arier) ist, reitet einen weißen Elefanten namens Yogi. Daß Buddha bei seiner Empfängnis seiner Mutter als weißer Elefant erschien, bestätigt den Verdacht einiger Indologen, daß Ayyappan der vom mythenbildenden Genius der Südinder umgewandelte und im Hinduismus wieder aufgelöste Erleuchtete sein könne.[48]

Dreizack und Kommandostab

Der meditierende Meisteryogi auf dem Tigerfell lehnt seinen rechten Arm majestätisch auf eine T-förmige Armstütze, der linke ruht auf dem Knie. Dem Völkerkundler kommen dabei gleich die T- oder Y-förmigen »Kommandostäbe« sibirischer Schamanen in den Sinn, die man auch »Lochstäbe« nennt, wenn man ihnen ein »Auge« ins obere Ende gebohrt hat, damit sie sehen können. Es sind Geister- und Herrschaftsstäbe, die gelegentlich auch als Trommelschlegel verwendet werden. Die Form ist uralt und war schon den Großwildjägern der Altsteinzeit bekannt, beispielsweise den Höhlenmalern der Pyrenäen.[49] Einem Schamanen der ausklingenden Eiszeit wären die Stäbe, Dreizacke und hölzernen Schlangen kein Rätsel gewesen, die noch heute viele der aschebeschmierten, filzhaarigen *Siddhi-Babas* (Zauberer) mit sich herumtragen, die die heiligen Orte Indiens bevölkern.

Der Dreizack *(Trishula)*, der mit den Zinken himmelwärts wie ein Hoheitszeichen griffbereit neben dem Meisteryogi im Schnee steckt, ist ebenfalls ein uraltes Instrument. Er diente bereits dem Meeresgott der Antike und dem zum Teufel abgesunkenen Schamanengott als Gabel. Deswegen und unter Hinweis auf die Bibel und die Bedeutung der Gabel als Hexen- und Teufelsattribut widersetzte sich die Kirche lange der Einführung der Gabel ins Eßbesteck.[50] In den Wäldern und Steppen Sibiriens gilt der Dreizack unter den Eingeborenen als Bild des Weltenbaumes und wird als Erkennungszeichen der Schamanen an Booten und Zelten angebracht und auf Gräber gesteckt.[51]

Eigentlich ist der Dreizack ein Speer, dessen magische Potenz verdreifacht wurde. Er ist die Urwaffe und das Urjagdwerkzeug, älter als Pfeil und Bogen. Schon die Neandertaler hefteten rasierklingenscharfe Feuersteinklingen an Holzschäfte, um damit Mammut und Wisent zu Leibe zu rücken. Ihrem Träger verliehen diese Waffen Macht und Würde, als trügen sie den zu Stein gewordenen Blitz selbst. Seither ist der Speer Göttersymbol und Zeichen der Häuptlings- und Königswürde. Fast alle Völker kennen heilige Lanzen und *ceremonial blades*, aus denen die Geister sprechen. Im Abendland kennen wir den aus dem Holz der Weltenesche geschnitzten Zauberspeer Wotans, den Lichtspeer der Kelten Irlands und die Lanze des römischen Hauptmanns Longinus, mit der dieser dem Gekreuzigten die Seitenwunde schlug. Das Blut aus dieser Wunde sammelte er im Heilskelch, dem späteren Gral der Gralsritter. Die Lanze des Longinus wurde zum Speer des Schwarzmagiers Klingsor und zum Speer des Gralskönigs Parzifal. Dieselbe Speerspitze wurde als Machtgarant der Habsburger in der Schatzkammer der Wiener Hofburg gehütet, bis sie 1945 vorübergehend in die Hände der Amerikaner fiel.[52]

Der Dreizack ist ebenfalls der Himmelsbaum. Bei den mongolischen, indogermanischen und finnougrischen Völkern Eurasiens ist es der Schamanenbaum, auf dem die Magier die drei Welten hinauf und hinab durchsteigen. Als Himmelsbaum ist er gleichzeitig Symbol des Menschen selber. Als Mikrokosmos, als kleines Abbild des großen Universums, trägt er diesen Baum in sich. Das kommt in archaischen Mythen zum Ausdruck, wie beispielsweise in der germanischen, wo das erste Menschenpaar (Askr und Umbla, also Esche und Ulme) von den Göttern aus Bäumen erschaffen wird. Das Gleichnis kann geistig sowie rein physisch verstanden werden: Das aufrechte Rückgrat, die emporgestreckten Arme machen den Eindruck, als wurzelten sie im Himmel und saugten Licht und Leben aus dem Äther. Diese von den Religionswissenschaftlern »Oratehaltung« genannte Körperstellung[53] ist universal und archetypisch und wurde in der Entwicklung der Symbolik leicht zum Kreuz, zum Dreizack, zur fleur-de-lis oder zur germanischen Man-Rune ᛉ (die als Elch-Rune auch mit Odin, dem Elch, in Beziehung gebracht wird) abstrahiert.

Wenn Shiva als Shankar in völliger Sammlung die Welt meditiert, ruht die Waffe aufrecht, mit den Zinken nach oben. Wenn aber die Zeit der Auflösung und Zerstörung gekommen ist, schleudert er die schrecklichen Blitzzacken nach unten, gegen die Geschöpfe. Auch in diesem Ebenbild begegnet uns eine nahezu universelle Symbolik: Die nach oben gerichtete Speerspitze ist Zeichen der Würde, der Herrschaft, des Friedens und der rituellen Reinheit. Die nach unten gekehrte bedeutet Jagd, Krieg, Blutvergießen, sexuelle Gewalt und rituelle Unreinheit, mit anderen Worten Chaos, Umsturz, aber auch Neubeginn.

Bei den Prärie-Indianern beispielsweise durfte eine Lanzenspitze nie den Erdboden berühren. Falls das geschah, mußte die Verunreinigung durch lange Gesänge und Räucherungen mit Steppenbeifuß und anderen Kräutern wieder behoben werden. In unserem Kulturkreis wurden bei Niederlagen die bewimpelten Lanzen und Fahnen nach unten gesenkt, daß sie den Boden berührten. (Die sexual-phallische Symbolik drängt sich auf: Beim Berühren des mütterlichen Erdbodens verliert die Waffe ihre magische Potenz, ihre »Blitzkraft« wird abgeleitet, geerdet.)

In der germanischen Runenlehre ist es der Schamanengott Odin, der die Urzeichen in das Bewußtsein hebt. Er, der vom eigenen Speer verwundet in schwerster Askese am Weltenbaum hing. Unter diesen Urzeichen befindet sich besagte Man-Rune, die mit Machen, Denken und Ordnen in Verbindung gebracht wird, wenn sie aufrecht nach oben gekehrt steht. Wird sie aber umgekehrt, dann wird sie mit Zerstörung und Auflösung der etablierten Ordnung in Verbindung gebracht.[54] Dann wird sie zum Krähenfuß, der die Anwesenheit des schwarzen Aasfressers anzeigt, der sich auf den Schlachtfeldern satt frißt. Als verwandtes Zeichen kann das anarchistische »Friedenszeichen« Ⓓ, der Krähenfuß im Kreis, verstanden werden. Auch hier wird die etablierte Herrschaft, die sich zwar als aggressiv und friedensgefährdend erweist, in Frage gestellt.

In allen archaischen Kulturen hat jede Waffe, jedes Werkzeug ihren/seinen »Geist«, der beim Namen genannt werden kann. Auch Shivas Dreizack wird auf diese Weise personifiziert: *Vijaya* (Sieg) heißt er. Die Seher schildern ihn in den Puranas als jungen Helden, der in seinen Händen ein scharfes Beil, die Sonne sowie eine Schlinge hält. Er leuchtet bedrohlich »wie ein rauchloses Feuer« und hell wie die aufgehende Sonne. Seine Brauen sind düster zusammengekniffen, wie die eines Kriegers, der nach Feinden ausspäht.

Die ganze Fülle der Dreiheitssymbolik umrankt die drei Spitzen des Dreizacks: Es sind die drei Urqualitäten *(Gunas);* die Götterdreiheit Brahma, Vishnu, Shiva – allesamt Spiegelungen des Einen, des Sadashiva; die drei Anhöhen der heiligen Stadt Benares und so weiter. Die Swamis versteigen sich in hochgeistige Deutungen. Swami Swahananda beispielsweise sieht in den drei Zacken die seelenbefreienden Waffen, mit denen Shiva den Sieg gegen den Egodämon und seine drei scheinbar uneinnehmbaren Burgen erringt.[55] Die Burgen sind, nach Swami Swahananda, der physische, ätherische und kausale Leib des Menschen, die Speerspitzen sind *Vairagya* (das Nicht-Anhaften), *Jnana* (wahres Wissen) und *Samadhi* (Einkehr).

Für den einfachen Hindu ist der Dreizack ganz konkret die Waffe, mit der der große Gott lästige Feinde aufspießt oder enthauptet. Da ist zum Beispiel »der von Begierden geblendete« *Andhaka*, der sich sogar anmaßte, Shivas Gefährtin Parvati zu rauben. Dieser Dämon mußte so lange auf den Spitzen tanzen, bis seine Sünden verbrannt waren. Dabei geriet er jedoch in Verzückung und begann Shiva zu lobpreisen, was diesen so sehr erfreute, daß er den reuigen Dämonen als seinen Sohn adoptierte.

Die Sikhs haben den Dreizack zu ihrem Wahrzeichen abgewandelt – zwei gekreuzte Krummsäbel und eine doppelschneidige Klinge in der Mitte. Für diese kriegerische Gemeinschaft aus dem Punjab, die sich wie Shiva-Sadhus weder Bart noch Kopfhaar scheren, bedeutet dieses Zeichen den Entschluß, immer zum Kampf für die Aufrechterhaltung des Dharmas bereit zu sein.

VI. Der Flammentänzer des Südens

Lenken wir unsere Schritte wieder einmal in den stillen Tannenwald, in dem sich die Einsiedler und ihre Frauen bescheiden und fromm strengsten Bußübungen und Meditationen hingeben. In der Fassung, die wir hier erzählen, sind es nicht bloß die sieben Rishis, sondern einige zehntausend. Diese Verächter der Freude und Leidenschaft verbreiteten die Lehre unter dem Volk, daß das Universum ohne Anfang und Ende ewig bestehe und daß die Seelen keinen Herrn über sich haben, sondern auf die eigenen Anstrengungen, also nur auf ihre Werke und nicht auf göttliche Gnade angewiesen sind. (Es scheint sich um den Streit des Hinduismus mit den Lehren der Jainas und Buddhisten zu handeln.)

Shiva, der Gnädige, will sie von diesen verhängnisvollen Irrlehren befreien. Deswegen erscheint er den Büßern als bildschöner, wandernder Yogi in Begleitung der schönsten Frau, die je auf Erden gewandelt ist. Die Bezaubernde ist kein anderer als Vishnu, der sich in das Trugbild der Himmelsnymphe Mohini gehüllt hat. Als die Rishi-Frauen den jungen Sadhu sehen, lassen sie ihre Krüge fallen und ihre Speisen anbrennen. Wie junge Mädchen werden sie vom Verlangen nach den Liebkosungen des anmutigen Fremden hingerissen. Nicht anders ergeht es ihren Männern. Die Früchte tausendjähriger Buße werfen sie achtlos beiseite, um sich an den Kurven der Himmelsnymphe zu weiden; schließlich kommt die Ernüchterung. Erschrocken stellen sie ihre Schwäche fest. Ihre Betörung verwandelt sich in Rage. In ihrem Zorn, der den Rest der schwer errungenen Früchte ihrer Askese vertilgt, verfluchen sie den jungen Adonis und seine Begleiterin.

Mit aller Kraft schüren sie ein Zauberfeuer und sprechen verderbliche Sprüche hinein. Ein rasender Tiger entspringt ihren Beschwörungen und stürzt sich auf Shiva, um ihn zu zerfleischen. Der fremde Yogi jedoch tötet das Ungeheuer problemlos mit dem Nagel seines kleinen Fingers. Als nächstes zaubern sie eine giftige Riesenschlange hervor, die sich der Yogi als Halsschmuck umwirft. Zuletzt entspringt dem

Feuer als schrecklichste Waffe ein bösartiger, schwarzer Zwerg, der einen unbesiegbaren Knüppel führt. Im Nu wirft der Yogi ihn zu Boden und fängt an, leichtfüßig auf ihm zu tanzen, wobei er seine göttliche Gestalt als *Nataraja* (König der Tänzer) annimmt und im Tanz das All, die Ewigkeit, das Göttliche offenbart.

Die Rishis fallen erschrocken wie leblos zur Erde. Sämtliche Götter, auch Brahma und Vishnu, erscheinen, um dem Tanz beizuwohnen. Auch Parvati kommt auf dem weißen Stier Nandi vom höchsten Himmel herabgeritten. Die Urschlange *Ananta (Shesha)*, auf deren Rücken Vishnu in den Pausen zwischen den Weltenschöpfungen ruht, ist von dem herrlichen Schauspiel so angetan, daß sie Vishnu um Urlaub bittet. Ihr einziger Wunsch sei es, zum Kailash-Berg zu pilgern, um dort zu Shivas Ehren Bußübungen zu machen mit dem Ziel, die Bedeutung des Tanzes zu erfahren.

Viele Zeitalter verbringt die tausendköpfige, edelsteingekrönte Urschlange in ungestörter Anbetung. Eines Tages erscheint ihr Shiva in der Gestalt Brahmas auf seinem Schwan und verspricht ihr das ewige Paradies als Lohn für ihre perfekte Hingabe. Das aber will die Schlange nicht! Sie wünscht sich nur, auf ewig diesem Tanz zuschauen zu dürfen. Da gibt sich Shiva ihr zu erkennen, lehrt sie die letzte Weisheit und sagt: »Du wirst deine Schlangengestalt ablegen und von einem Menschenpaar geboren werden. Wenn du alt genug bist, um das Elternhaus zu verlassen, sollst du nach *Chidambaram* wandern. Dort im heiligen Hain ist mein Linga, das von einem Einsiedler betreut wird. Hier lasse dich nieder, denn hier offenbare ich mich denen, die Augen haben zu sehen, fortwährend im kosmischen Tanz!«

Seither ist Chidambaram, ein Städtchen nahe der Küste, etwas südlich von Pondicherry, ein vielbesuchter Pilgerort. Von hier aus verbreitete sich die berühmte Ikone des *Nataraja von Chidambaram*: Shiva, der seinen edlen Tanz im Feuerring aufführt. Shivas besonnene, ausgeglichene Gesichtszüge und seinen Schmuck aus Rudraksha-Perlen und Brillenschlangen kennen wir schon von der Shankar-Ikone. Das wilde, verfilzte Haar des Nataraja jedoch wirbelt um seinen Kopf, und Ganga sprüht nicht mehr wie ein Springbrunnen aus seinem Haarknoten, sondern steht als winzige Frauenfigur rechts oben in den Haarwellen. Man muß genau hinschauen, um sie zu erkennen. Die stundenglasförmige Trommel (*Damaru*) hängt nicht mehr stumm am Dreizack, sondern vibriert in der oberen rechten Hand.

Jede Hand des Nataraja befindet sich in einer besonderen Geste *(Mudra)*, die einen esoterischen Sinn vermittelt. In der linken Hand, die er in der Halbmondstellung *(Ardhachandramudra)* hält, lodert eine Feuerzunge. Ein dritter Arm ist in *Gajahastamudra*, also gebogen wie der Rüssel des Elefanten Ganesh, des Überwinders aller Widerstände, und deutet auf den erhobenen Fuß. Der vierte Arm ist mit der offenen Handfläche in der *Abhaya*-Geste dem Betrachter entgegengestreckt und will besagen: »Fürchtet euch nicht! Friede sei mit euch!«

Der rechte Fuß drückt den Dämonenzwerg *Muyalaka*, »den Rücksichtslosen«, das Sinnbild des Kleinmuts, Egoismus und der Illusion des *Samsara* (des Geborenwerdens und Sterbens), in den Staub. *Apasmara*, »der Fallsüchtige«, ist ein weiterer Name des giftigen Kerlchens, denn unser Egoismus und unsere geistige Blindheit lassen uns dauernd stolpern und fallen wie einen Epileptiker. Er ist von der Erdenschwere gefangen und hat die kosmische Leichtigkeit vergessen.

In Shankar, der ungerührt in sich gesammelt verharrt, sind die drei Urzustände (die weißen, roten und schwarzen *Gunas*) im harmonischen Gleichgewicht, aber wenn Shiva als Nataraja den Tanz des Werdens und Vergehens beginnt, dann werden die Gunas durcheinandergewirbelt und unendlich vermischt. Der Trommelschlag zerteilt die Stille. Die unzähligen Rhythmen der Schöpfung beginnen zu pulsieren, denn die ganze Natur ist Tanz – Tanz der Atome, Tanz der Wellen, Tanz der Jahreszeiten, Tanz der Galaxien, Tanz der Engel, Elfen und Elementarwesen. Dabei geht in jedem Moment das Gleichgewicht verloren; der Kosmos stürzt ins Chaos, und im selben Augenblick stellt der ekstatische Tänzer das Gleichgewicht zwischen Schöpfung und Zerstörung wieder her. Der Tanz ist Shivas reinste Lust.

Heilige, Liebhaber und Gottestrunkene werden davon ergriffen und fangen ebenfalls auf der messerscharfen Scheide zwischen Leben und Tod, Zerstörung und Neuschaffung, zwischen der Vergangenheit und dem Kommenden, im Hier-und-Jetzt zu tanzen an. Nur Ekstatiker, die die Shiva-Natur in sich erkannt haben, vermögen das, sonst würden sie in Panik, Angst und Terror in ihre beschränkte *Muyalaka*-Natur zurückstürzen. Es sind die Berserker, die sich am Schwerttanz des Daseins berauschen; Derwische, die aus den Fesseln des Egos herauswirbeln; Seiltänzer, die ein Seil über das Nichts spannen. Es sind Wellenreiter auf dem Kamm der sich ständig bewegenden Woge, die sie im Nu in die Tiefe, in den Tod reißen könnte. Schon der Gedanke daran wäre »wipe-out«, aber sie denken nicht! Sie sind eins mit der Welle, hier und jetzt, eins mit dem Meer – furchtlos! Sie haben den Sinn der *Abhaya*-Gebärde von Natarajas rechter Hand erkannt. Sie tanzen den Tanz der befreiten Seele. Auch sie werden von einem Flammenring umgeben, einer leuchtenden Aura, die Kunstmaler oft als Heiligenschein wiederzugeben versuchen.

Wenn Nataraja seine Trommel schüttelt, entsteht der erste Klang *(Shabda)*, »der ohne das Aneinanderstoßen zweier Dinge zustande kommt«. Es ist der Urton, die Urschwingung, der alle Schwingungen folgen. Es ist das AUM, die Ursilbe, deren Verstummen das Ende des Universums bedeutet. Es ist der alles bewegende Logos, der alle Laute in Gang setzt, alle Sprachen, angefangen von der Ursprache Sanskrit, bis hin zur babylonischen Sprachenvielfalt und schließlich dem Grunzen, Heulen, Zwitschern und Knurren der Tiere.

Der Urton bewegt den Äther *(Akasha)*, der Äther bewegt die anderen vier Elemente (Luft, Feuer, Wasser und Erde). Nun beginnt Brahma zu atmen. Aus seiner Stirn treten die Schöpfer *(Prajapati)* hervor, und aus diesen wiederum die Welten. Mit dem Trommelschlag beginnt das kosmische Spiel *(Lila)* des einzigen Wesens mit seiner Shakti. Shakti, die (weibliche) Natur wird belebt, tritt als Pünktchen *(Bindu)* oder als goldenes Ei *(Hiranyagarbha)* in Erscheinung und dehnt sich lebenserfüllt in die schillernde Unermeßlichkeit aus. Die Welt der unendlichen, wechselhaften Formen, Gestalten und Namen wird ins Dasein geschleudert, im Stoff vervielfältigt und der Vergänglichkeit anheimgegeben.

Ikonen sind vieldeutig. Die des Nataraja umfaßt für den frommen Betrachter alle Zustände des Seins. Die Trommel stellt für ihn die immerwährende Schöpfung *(Srishti)* dar. Die offene Hand ist die Erhaltung *(Sthiti)*, die nach unten zeigende Hand die Zerstörung *(Samhara)*, die Verhüllung *(Tirobhava)* ist der Fuß, der den Zwerg drückt, und die Gnade *(Anugraha)* ist der erhobene Fuß. In der Ikone kann der Fromme auch das allerheiligste Mantra OM NAMA SHIVAYA erkennen. Dabei gilt die feuertragende Hand als »Na«, der unten aufgesetzte Fuß als »Ma«, die Trommelhand als »Shi«, die nach unten deutende Hand als »Va« und die Hand in Abhayamudra als »Ya«.[56] Deutungen dieser Art gibt es fast so viele wie es Swamis gibt.

In Chidambaram tanzt Shiva den kräftigen Tanz der Wonne, den Ananda Tandava *(Ananda* = Wonne, *Tandava* = kräftiger, dynamischer Tanz). Diese Darstellung des tanzenden Gottes ist die bekannteste, aber es gibt auch viele andere. 108 Tänze tanzt der König der Tänzer. Am Manikarnika-Ghat, der Leichenverbrennungsstätte am Gangesufer in Benares, tanzt er wie wahnsinnig und trunken mit seiner unheimlichen Schar und verzehrt dabei die sterblichen Hüllen der Toten. In Benares tanzt er auch den Siegestanz über den Elefantendämon, der die Frommen störte und das Vishvanath Linga verhöhnte. Achtarmig tanzt er dem Monstrum auf dem Kopf herum, schwingt seinen Dreizack, wirbelt die Trommel, hält die Schlinge, in der sich Sünder verfangen und trägt Schild und Totenschädel. Dann häutet er den Dämonen und befreit ihn von seiner lästigen Verkörperung. In anderen Tänzen hält er das zappelige Reh des Intellekts fest im Griff oder die Axt der Urteilsschärfe. Immer hängen zischende Schlangen an ihm – Zeichen seiner göttlichen Unheimlichkeit oder der verführerischen fünf Sinne, die der Herr der Yogis gemeistert hat. Die Schlangen können aber auch für die Weltenschlange Shesha stehen, der es vergönnt war, immer und ewig dem Tanz beizuwohnen.

Im *Urdhva-Tandava*-Tanz tanzt Shiva mit der nackten Kali um die Wette. Da sie die Verkörperung der blinden, schwarzen, ungezügelten, absoluten Energie *(Shakti)* ist, glaubte sie, sie sei die beste Tänzerin. Im wilden Tanzwettstreit fiel Shivas Ohrring herunter. Er fing ihn jedoch mit dem Zeh auf und brachte ihn wieder am Ohr an, ohne seine Bewegung auch nur ein einziges Mal zu unterbrechen. Damit bewies er ein für allemal, daß er der beste Tänzer ist.

Er tanzt gleichzeitig die Schöpfung und die Zerstörung. Im Kodu-Kotti-Tanz tanzt er die Zerstörung des Alls, im Pandam-Tanz zerstört er die drei Städte, im Kodu-Kapalan-Tanz schwingt er den abgeschlagenen Kopf des Schöpfers (Brahma). Im Samhara-Tandava tanzt er als schrecklicher Bhairava die völlige Auflösung des Universums und überführt es in den unmanifestierten Ruhezustand *(Pralaya)*. Shivas schönster Tanz ist der Tanz der Abenddämmerung, mit dem er in der letzten Glut des Tages die Königin der Nacht begrüßt. Sarasvati spielt dazu die Vina, Brahma gibt mit seinen Zimbeln den Takt an, Vishnu trommelt, Indra flötet, Lakshmi und die himmlischen Heerscharen singen im Chor, die Nymphen und die Insekten tanzen, dazu zwitschern alle Vögel, und auch die Menschen stimmen ihre Loblieder an. Viele dieser Tänze werden im klassischen indischen Tanz nachempfunden (siehe: Rao, Vijaya: *Abbild des Göttlichen;* Freiburg, 1987).

Shiva tanzt aber vor allem im Feuerring unseres Herzens. Dort tanzt er – der unser wahres Selbst ist – den Freudentanz unseres Daseins und den Zerstörungstanz, der das Ego, die Begierde, den Haß, den falschen Stolz und die Eifersucht zu Asche verbrennt. Das ist sein wahrer Leichenverbrennungsplatz.

Es gibt ebenso viele Schöpfungsgeschichten in Indien wie es Schöpfer *(Prajapatis)* gibt. Sie erschaffen Welten aus ihrem Schweiß, ihrem Samen, ihren Gedanken oder durch das Zerstückeln eines Uropfers. Die bekannteste Geschichte ist die des auf der Weltenschlange schlafenden Vishnu, aus dessen Nabel ein Lotos wächst. Wenn sich die zarte, rosa Blüte öffnet, sitzt der vierköpfige Brahma darin und beginnt die Welt zu erschaffen. Die Götter entspringen seinem Haupte, die Dämonen entfahren seinem After als Darmwinde.

In dem Mythenkomplex, der Nataraja umgibt, tritt uns ein ganz anderer Schöpfungsbegriff entgegen. Nachdem Shiva seine Meditationen beendet hat, fängt er an zu trommeln und tanzen. Der Ton der Handtrommel *(Damaru)* teilt die Ureinheit und setzt Schwingungen in Bewegung, die die schillernde Zauberwirklichkeit *(Maya)* der Sinnen- und Gedankenvielfalt erscheinen läßt. So macht es ein Schamane. Mit Trommel, Tanz und Gesang erschafft er ein ganzes Universum für seine Zuhörer, er zaubert die Götter, Geister, Ahnen, Dämonen und magischen Tiere hervor und entläßt sie in den Daseins- und Zeitenstrom. Die Welten, die der Schamane für seine Stammesgenossen hervortrommelt, sind nicht bloße kurzweilige Unterhaltungs-Shows, die dann von der Wirklichkeit wieder abgelöst werden. Nein, er erschafft die Wirklichkeit, die seine Gemeinschaft erlebt. Was da herbeigezaubert wird, bleibt als Grundlage für weitere Gedanken, Träume, Entscheidungen, Erwartungen, schlechthin für die Realität.

Wir alle kennen den Zauberbann, der durch den Trommelschlag hervorgerufen wird. Wahrscheinlich ist das so, weil wir schon im Mutterleib den mütterlichen Herzschlag als ständigen Begleiter hatten. Ebenso raunen alle Saiteninstrumente vom Rauschen ihres Blutes und alle Blasinstrumente vom Heben und Senken ihres Atems. Jeder Trommelrhythmus ist die Abwandlung, Umwandlung, Permutation oder Steigerung dieses Urklangs, den wir ständig im Grund unseres Bewußtseins tragen. Deswegen kann der geschickte Schamane mit seiner Trommel die Brücke zu den primären Zuständen schlagen, wo es weder Gedanken noch Vorstellungen gibt, wo das Ätherisch-Astralische noch nicht zur festen Dingwelt geronnen und alles noch frei und beweglich im vor-egohaften Zustand geborgen ist. Dort kann er dem ursprünglicheren, in kosmischen Zusammenhängen verankerten tieferen Selbst – also Shiva – nachspüren. Der Weg dorthin wird als Reise durch magische Reiche, durch die Herrschaftssphären märchenhafter Gewalten und Gestalten von immer wunderbareren Dimensionen erlebt. Ein guter Schamane findet einen sicheren Weg zur Quelle und zurück, vorausgesetzt er ist furchtlos und wissend. Die Trommel leitet seine Schritte. Sie ist sein »Reittier«, denn ihre Töne klingen wie der Widerhall galoppierender Pferde- oder Rentierhufe. Deswegen wird die Trommel gerne mit den Häuten flinkfüßiger Herdentiere bespannt.[57]

Sorgt er für das richtige »Setting« bei seiner Seance, beispielsweise nach Sonnenuntergang, am flackernden Feuer oder bei Mondschein, dann kann der begabte Trommler seine Mitmenschen bis in die Ekstase oder völlige Raserei mitreißen. Es sind Zustände, die oft mit dem Drogenrausch verglichen und damit verbunden werden. Diese auf archaische Jägerkulturen zurückgehenden Techniken sind uns nicht fremd. Man denke an den beinahe religiösen Eifer, der beispielsweise bei Popkonzerten zutage tritt. Der Beat fährt in Leib und Glieder ein und dämpft das kritische, rationale, entwicklungsgeschichtlich spät entstandene Zerebraldenken auf ein Minimum. Die dazugehörigen Bewegungen wirken auf den nüchternen Beobachter oft bizarr, sexuell betont, wenn nicht gar obszön. Die Seele tritt dabei vorübergehend aus der persönlichen Ichbezogenheit heraus.

Bei Naturvölkern, deren kulturelles Selbstverständnis im Zusammenstoß mit Kolonialmächten und Weltmarktmechanismen in die Brüche ging und wo überlieferte Denk- und Verhaltensmuster keinen Sinn mehr ergeben, wird besonders viel getrommelt. Dabei werden neue Kräfte und neuer Lebensmut aus den Seelenquellen hervorgezaubert. Verstörte Kolonialadministratoren und Missionare beschlich ein unbehagliches Gefühl, wenn Tomtoms die Nächte durchdröhnten. Besorgt konstatierte man: »The natives are restless!« und rüstete zur Strafexpedition. Was wurde nicht alles bei uns in Kriegs- und Krisenzeiten zusammengetrommelt! Auch das Marschieren ist eine Art Tanz, der die Opferbereitschaft für das Überpersönliche (in diesem Fall Gott und Vaterland) beschwört, im Versuch, auf diese Weise eine tiefgreifende gesellschaftliche Krise zu meistern.

90

Aber nicht nur aufpeitschen kann der Trommler. Er kann auch den Rhythmus so verlangsamen, daß er einschläfernd und hypnotisierend wirkt. Anstatt, wie in der Ekstase, aus sich herauszukommen, sinkt der Teilnehmer in sich hinein, fällt in Trance. Dann steigen innere Landschaften in ihm auf, die ebenfalls der alltäglichen Wirklichkeit enthoben sind. Man hat das Phänomen schon genügend erforscht, um es zu kommerzialisieren: Tonbänder zum Entspannen für gestreßte Manager, Klanggebilde, die beim Zahnarzt den Schmerz dämpfen oder beim Einkaufen im Supermarkt die kritische Vernunft einschläfern und zur Geldverschwendung anleiten. Wir kennen auch die traurigen Klänge der Totentrommeln, die die Särge zum Grab begleiten und den Trauernden in eine besinnliche Stimmung versetzen.

Medizinmänner kennen auch ein arhythmisches Trommeln, das dem Herzrhythmus entgegengesetzt ist und als Todeszauber eingesetzt wurde. Lange hielten aufgeklärte Wissenschaftler solche Phänomene ähnlich wie Vodoo und Hexenflüge für interessante Beispiele primitivsten Aberglaubens. Heute weiß man aber mehr über die medizinischen Hintergründe. Chaotische Rhythmen können unterschwellige Angst erzeugen, die sich bis zur Panik steigert, indem sie die Signale des Sympathikus und Parasympathikus – die An- und Ausschaltstellen des vegetativen Nervensystems, das Herzschlag, Atmung, Drüsenaktivität und so weiter beherrscht – völlig durcheinanderbringen. Geschieht dies lange genug, entstehen ein solcher Organstreß und, damit verbunden, die schwärzesten dämonischen Vorstellungen, daß dies sogar zum Tode führen kann. Es ist der *Samhara-Tandava*-Rhythmus eines Bhairava-Nataraja.

Ein langsames, stetes Schlagen der Trommel kann einen hypnoseartigen Dauertraumzustand hervorrufen. Dazu ein Bild aus Indien: Wie ein Nachtwandler schreitet ein hagerer, aschebeschmierter Mann mit aufgetürmten Haaren durch das laute Gedränge des Marktes. Ein Shiva-Dreizack ist ihm durch beide Wangen gestoßen und ein kleinerer durch die heraushängende Zunge. In der Hand trägt er ein Bild Shankars und einen Spiegel, als wolle er sagen: »Erkenne dich selbst! Erlebe Darshan!« Seine in Lumpen gehüllte Frau mit Kind an der Brust schlägt bedächtig eine Langtrommel. So genau behält sie den Rhythmus bei, daß der Mann ständig in Halbtrance bleibt. Ein weiteres Bild aus Nepal: Ein älterer Mann, ein *Jhankrie* (nepalesischer Schamane) ruft Shiva an und rasselt mit der *Damaru* (Handtrommel). Der ungefähr zwölfjährige Junge neben ihm »hebt ab«; seine Augen rollen nach oben. Wenn er tief genug in Trance ist, wird ihm eine Klinge, so groß wie ein Jagdmesser, durch den Hals gestoßen. Er scheint nichts zu merken, nur seine Glieder zittern unkontrollierbar. Nun weissagt er und antwortet auf Fragen, die ihm die versammelten Bauern stellen. Aus der Tiefe jenseits des alltäglichen Bewußtseins zieht er die Antworten hervor. Die Damaru rasselt gezielt, um den Trance-Zustand aufrechtzuerhalten.

Dem Schamanen ist sein »Reittier« so wichtig, daß er nichts dem Zufall überläßt. Wenn beispielsweise ein neugeweihter sibirischer Schamane seine Tracht und sein Zubehör zusammensucht, macht er sich auf, einen ganz besonderen Baum zu finden. Oft ist es ein Baum, den der Blitz einmal getroffen hat.[58] Aus seinem Holz schneidet er den Rahmen für seine Zaubertrommel. Er schlägt sein Lager unter diesem Baum auf oder er fällt ihn, stellt ihn in sein Zelt und macht eine Himmelsleiter daraus, auf der er während der Seancen in die höheren und niederen Geisterwelten steigen kann. An diesem Pfahl, der Weltensäule und Seinsmitte darstellt, bindet er sein Geisterreittier fest, das heißt, er hängt seine Trommel daran. Genauso bindet Shankar seine Trommel an den Dreizack, unterhalb der Gabel (was ungefähr der Herzhöhe entspricht, denn die Trommel ist ein nach außen verlagertes Herz). Die Symbolik muß uralt sein, zumal der Dreizack ebenfalls den Weltenbaum sowie den Blitz – das dreifach vom Himmel zukkende Feuer – darstellt. In manchen Darstellungen hängt noch ein Büffelhorn neben der Trommel. Das Horn, ein Mondsymbol, ist ein Tonverstärker, ein Geisterrufer, aber es ist auch das Trinkhorn, aus dem die alten Arier *Soma* (Met, Ambrosia) zur Berauschung getrunken haben. Die heutigen Sadhus deuten es als ein Chilam, eine Hanfpfeife, während die Swamis es zum abgebrochenen Zahn des Elefantendämons gemacht haben.

Nun wollen wir diesen, in Felle gehüllten, mit Geistern tanzenden, im Schnee sitzenden Herrn der Tiere und Urbild aller Schamanen bei seinen Meditationen verweilen lassen und den Sprung in jüngere Zeiten wagen, wo wir ihn als glücklich verheirateten Familienvater wiedertreffen werden.

VII. Die glückliche Familie

Eine der Ikonen, die am häufigsten von den blau getünchten Wänden der Wohnungen, Läden, Tee- und Betelnußverkaufsstände auf uns herablächelt, ist die der »heiligen Familie«. Wie auf einem klassischen Familienporträt präsentieren sich Shiva, Parvati und die »Kinder« auf dem Berg Kailash. Die Landschaft ist nicht mehr vereist und öde, sondern in freundliches, sonniges Frühlingsgrün getaucht. Schlangen, Mondsichel, langes Haar, Aschestreifen und Rudrakshanüsse schmücken Shiva zwar noch, aber er wirkt als Asket nicht mehr überzeugend. Er ist kein wilder Schamanengott mehr, sondern macht mit seiner Edelsteinkrone und den gelben Beinkleidern eher den Eindruck eines erhabenen Herrschers und Familienvaters. Den Dreizack hält er in der Rechten, wie ein Kaiser sein Zepter. Die linke Hand hat er liebevoll auf Parvatis Schulter gelegt, wenn sie nicht gerade die Trommel oder eine Muschel hält. Eine dritte Hand hält er in der Geste des Lehrens und Mitteilens *(Varada mudra)*, und mit einer vierten hält er eine Lotosblüte in Höhe des Herz-Chakras. Seine Körperfarbe ist die des blauen Himmels, nicht mehr das Ascheweiß des Asketen oder die dunkle Farbe des tamilischen Nataraja. Die aufgeschlagenen Augen blicken mild und gütig; sie sind nicht mehr in Versenkung geschlossen wie die des Shankar oder dämonisch aufgequollen wie die des Bhairava.

Parvati sitzt zu seiner Linken, wie es sich für eine hinduistische Ehefrau geziemt, und blickt ihn aus ihren Rehaugen liebevoll an. Sie ist in einen bunten Sari gehüllt, trägt eine Krone und goldene Geschmeide an den Ohren, der Nase, am Hals, den Armen und den Fußgelenken. Wie Shiva hat die Göttin ein Bein angezogen, so daß die Ferse auf dem Schoß liegt, während das andere Bein den Boden berührt.

Auf ihrem Schoß sitzt ihr rothäutiges, dickes, elefantenköpfiges Söhnchen. Selbstsicher und munter blickt der feiste Ganesha aus seinen verschmitzten Elefantenäuglein, als wisse er, daß er beim einfachen indischen Volk der beliebteste Gott ist. Auch er ist vierarmig. In der oberen rechten Hand hält er einen Dreizack oder einen Elefanten-sporn *(Ankusha)*, in der oberen linken eine Schlinge *(Pasha)*, mit der Handfläche der unteren rechten Hand in der »Fürchte-dich-nicht«-Geste *(Abhayamudra)* segnet er seine Anbeter, und in der unteren linken hält er eine Schale mit Milchkugeln *(Modaka, Burfi)*. Er ist süchtig nach süßen Schleckereien und deswegen auch so dick. Unter oder neben ihm sitzt eine Maus oder Ratte, die sein Reittier *(Vahana)* ist.

Manchmal wird auch der andere Sohn, der sechsköpfige Kartti-keya, mit auf der Ikone abgebildet. Das stramme Kerlchen steht rechts neben seinem Vater. Da er der Kriegsgott ist, hält er Pfeil, Bogen und ein Schwert. Ein kecker Pfau begleitet ihn als Reittier, denn jeder Gott muß ein Tier haben, das seine zweite, niedere Natur zum Ausdruck bringt. Zu Shivas Füßen liegt ein weißer Stier, zu Füßen der großen Muttergöttin ein Löwe. (In ähnlicher Weise hat Brahma den Schwan oder die Gans als Vahana. Vishnu fliegt auf dem Sonnenadler Ga-ruda, die Flußgöttin Ganga reitet auf einem Krokodil, der Himmels- und Wettergott Indra auf einem wolkengrauen Elefanten, der Toten-gott Yama auf einem schwarzen Wasserbüffel, der Liebesgott Kama auf einem Papagei, der Feuergott Agni auf einem Widder, Saturn auf einem Geier und so weiter.)[59]

Karttikeya

Karttikeya (auch Skanda oder Subrahmanya genannt) hatte, wie wir schon vernehmen konnten, eine äußerst schwierige Entstehungsge-schichte. Erinnern wir uns an den Asura Taraka und was er nicht alles tat, um seinen Wunsch erfüllt zu bekommen. Unerbittlich stand er jahrelang auf einem Bein, hielt das andere hoch und starrte in die Sonne. Jahrelang stand er auf einer großen Zehe und ernährte sich nur noch von Wasser und dann nur noch von Luft. Jahrelang stand er im Wasser, und anschließend ließ er sich lebendig begraben, ohne dabei die Konzentration zu verlieren. Er saß auf glühenden Kohlen, stand auf dem Kopf, balancierte auf einer Hand oder ließ sich mit dem Kopf nach unten von einem Baum hängen, bis Brahma nicht anders konnte, als seinen schlimmen Wunsch zu erfüllen. Er wollte nichts anderes als die absolute Weltherrschaft, und niemand, nur ein Sohn Shivas, würde ihn besiegen können. Er wußte aber, daß Shiva tief im Samadhi weilte und sich nicht im geringsten um Zeugen und Gebären kümmerte. Wie sollte da ein Sohn entstehen? Auch wußte der Dämon, was im *Ramayana* geschrieben steht, daß nämlich die Götter einst alles getan hatten, um zu verhindern, daß Shiva und Parvati Kinder bekämen. Ein Sprößling der beiden, wähnten sie, wäre zu stark, als daß ihn das Weltall ertragen könne. Sie entlockten Shiva das Versprechen, keine Kinder zu zeugen. Von Parvati konnten sie nicht so leicht ein Versprechen erhalten. Im Gegenteil, sie wurde sogar wütend mit ihnen und verfluchte ihre Frauen, ebenfalls unfruchtbar zu sein. So blieb es bis heute: Die Unsterblichen haben höchstens Scheinkinder.

Kein Wunder, daß sich der Dämon Taraka sicher genug fühlte, um die Götter zu peinigen und zu erniedrigen. Indra nahm er sein achtköpfiges Pferd weg, dem buckeligen König der Elementarwesen und Hüter der Bergschätze *Kubera* raubte er seine tausend Seepferde, der Sonne nahm er die Hitze, und die Jahreszeiten veränderte er willkürlich. Kurz, er wurde unerträglich.

Nun versuchten die Götter alles, was in ihren Kräften stand, um die Augen Shivas für die jugendlichen Liebreize der Bergtochter Parvati zu öffnen, damit sie doch noch zusammen ein Kind zeugten. Wie wir aber schon gehört haben, verharrte der nackte, filzhaarige Asket weiter in Weltvergessenheit und verbrannte sogar noch den Liebesgott Kama mit dem Blitzstrahl aus seinem Feuerauge zu Asche.

Parvati mußte eingestehen, daß sie mit ihrer Jugendfrische und Anmut nichts ausrichten konnte. Es blieb ihr nichts anderes übrig, als den Mann, den sie von ihrer Kindheit an und seit Ewigkeit einzig und allein liebte und in den tiefsten Tiefen ihres Herzens verehrte, ebenfalls durch strengste Bußübungen zu gewinnen. Sie verließ den Prunkpalast ihrer Eltern, ging in den Wald, zog Baumrindenkleider an, aß nichts und versenkte sich Tag und Nacht in das Bild ihres Geliebten, das sie in ihrem Herzen trug.

Eines Tages kam ein junger Brahmane des Weges und fragte, warum sich eine so einmalig schöne, edle Jungfrau so quäle. Sie sei doch in der Blüte ihrer Jugend und könne alles haben, was sie begehre! Er erfuhr, daß sie all das tue, um Shivas Zuneigung zu gewinnen. Da lachte er sie lauthals aus: »Shiva, den mit Asche beschmierten, mit Giftschlangen behangenen, in blutige Felle gehüllten Narren, wie kann eine edle Maid diesen ungestalten, affenäugigen, schmutzigen Tölpel, dessen Herkunft unbekannt ist, zum Mann haben wollen?«

Zornrot wandte sie ihr Gesicht ab: »Es ist eine große Sünde, solche Worte auszusprechen, aber eine noch viel größere, sie anzuhören!« Im selben Augenblick verwandelte sich der Brahmane, und Shiva stand vor ihr. Er hatte nur ihre Entschlossenheit prüfen wollen.

Die große Liebe kam doch zustande. Shiva bat den mit einer Honigstimme begabten Götterboten *Narada*, für ihn den Heiratsantrag bei Parvatis Eltern, dem Berggott *Himalaja* und seiner Gattin *Mena*, zu stellen. Die Mutter hatte ihre Bedenken, denn sie hatte nicht nur Erfreuliches über den Freier gehört. Schließlich willigte sie trotzdem ein, denn sie kannte ja den Herzenswunsch ihrer Tochter. Die Eltern veranlaßten den Weltenbaumeister *Vishvakarma*, die Hochzeitsplattform zu bauen, ließen Vorräte an Süßigkeiten, Pasteten, Wein, Milch, Käse und Gerstenkuchen anlegen und schickten Einladungen an die vielen Gäste, die Priester, Astrologen, Musiker und Tänzer. An einem bestimmten Tag, an dem die Planeten besonders günstig standen, war es dann soweit. Am Tag vor der Hochzeit rollten ununterbrochen glänzende Wagen durch das Tor, umgeben von geschmückten Elefanten, stolzen Rossen, Sängern und Tänzern. Gespannt schaute Mena, die Mutter der Braut, von ihrer Kemenate auf das rollende Getöse in der Hoffnung, ihren zukünftigen Schwiegersohn zu entdecken. Als ein besonders majestätischer Aufzug strahlender Götter vorbeifuhr, glaubte sie, Shiva auf einem großen Elefantenbullen entdeckt zu haben, aber ihre Zofen und Minister sagten ihr, dies sei nur einer von Shivas Dienern, nämlich Indra. Ungeduldig wartete sie weiter. Wieder erspähten ihre Augen einen edlen Fürsten, umgeben von singendem und tanzendem Gefolge; wieder mußte sie hinnehmen, daß es auch diesmal nur ein Diener Shivas war. So ging es den ganzen Tag weiter.

Am späten Abend jedoch erschien plötzlich eine Horde wild umherspringender, lärmender Geister und Trolle, die sich rauften und besoffen, unanständige Lieder grölten, grunzten, furzten und andere Gäste anpöbelten und besudelten. In ihrer Mitte ritt ein schmutziger, ungekämmter Bettler auf einem Stier. Er war mit grauer Asche und zischenden Vipern bedeckt und trug einen Dreizack und einen Totenschädel als Bettelschale. Mena war empört und wollte gerade die Ordnungskräfte rufen, um dieses Gesindel hinauswerfen zu lassen, als ihr mitgeteilt wurde, daß es sich hier um keinen anderen als ihren künftigen Schwiegersohn und seine Begleitung handelte.

Als sie aus ihrer Ohnmacht erwachte, wollte sie sich und ihrer

Ganesha thront auf einer siebenköpfigen Schlange. Eine weitere Schlange hat er als Gürtel um seinen Bauch gebunden. In seiner Asketenfrisur trägt er den Halbmond, den auch sein Vater Shiva in der Frisur trägt.

Shiva Shankar

Linga-Yoni mit einer Skulptur Nandis vor einer in den Boden eingelassenen Figur Vishnus auf der Weltenschlange.

Shiva und Parvati mit Ganesha

Shivas Hof   Shiva und Parvati sitzen auf einem Thron. Parvati hält den kleinen Ganesha auf dem Schoß. Rechts erkennt man Vishnu und den sechsköpfigen Karttikeya,
links den vierköpfigen Brahma und Narada, den Musikanten der Götter. Hinter dem
Thron stehen zwei Wächterfiguren, davor liegen die Reittiere Shivas und Parvatis,
der Stier Nandi und der Löwe.

Die Göttin Annapurna füllt Reis in Shivas Bettelschale.

Die Herabkunft der Ganga Shiva fängt die Flußgöttin mit seinen Haaren auf.
Rechts stehen Parvati, Ganesha und Nandi, links der Asket Bhagiratha.

Ardhanarishvara   Shiva und die Göttin in einer Person.

Tochter das Leben nehmen: »Lieber soll sie sterben, als mit einem solch unflätigen Ungeheuer verheiratet sein!«

Die Götter hatten alle Hände voll, die Jammernde wieder gut zu stimmen, und Shiva wurde angehalten, sich in seiner schönen edlen Gestalt zu zeigen. Endlich begann die lange, umständliche Zeremonie. Pauken, Muscheln und Trompeten erklangen. Die Priester ließen ihre magischen Beschwörungen ertönten, aber es kam erneut zu einem Zwischenfall. Als der Brahmane den Bräutigam aufforderte, seinen Stammbaum, seine Kaste, seine vedischen Vorfahren, seinen Guru und seine Erziehung öffentlich kundzutun, mußte Shiva beschämt sein Gesicht abwenden. Er konnte weder das eine noch das andere vorweisen. Narada rettete mit seiner Honigzunge die peinliche Lage, indem er erklärte, daß Shiva als Urwesen weder Familie noch Kaste besitze und daß er selbst der erste aller Gurus sei.

Ansonsten verlief das Fest heiter und lustig, nicht anders als eine gewöhnliche indische Bauernhochzeit. Auch an derben Späßen fehlte es nicht. Als Shiva im Frauengemach seiner künftigen Schwiegermutter vorgestellt wurde, erlaubte sich Vishnu einen saftigen Witz. Vishnu wußte genau, was für eine Todesangst Schlangen vor seinem Reittier, dem Himmelsadler *Garuda* haben. Als er mit dem Adler das Zimmer betrat, zischten die erschrockenen Kriecher von Shivas Körper herab und flüchteten in die dunkelsten Ecken. Dabei rutschte Shivas Hülle zu Boden, so daß er in seiner nackten Herrlichkeit mitten unter den kreischenden Frauen stand. Mena löschte eiligst das Licht. Vishnu lachte lauthals, Shiva mußte lächeln, und sogar Parvati konnte ihr Schmunzeln kaum verbergen. Als Shiva schließlich seine Schürze wieder mit den Schlangen befestigt und das Frauengemach verlassen hatte, fingen die Frauen an, sich gegenseitig zu rügen: »Hast du den nackten Kerl aber lange angestarrt!«, hielt eine der anderen vor.

Wie jede unschuldige, frisch verheiratete Braut war Parvati zunächst noch sehr schüchtern. Der größte Dichter Indiens, *Kalidasa*, beschreibt ihre Flitterwochen in seinem Gedicht *Kumara Sambhava*.[60] Wenn sie Shiva sah, stieg ihr die Röte ins Gesicht, und sie wandte ihren Blick ab. Wenn er sie berührte, zuckte sie zurück. Nur wenn sie glaubte, er schlafe, wagte sie, einen Blick auf diesen Mann zu werfen. Er war zwar ein bißchen enttäuscht, daß er nicht sofort ihre Lippen beißen, ihre Brüste drücken und auf ihr herumreiten konnte, wie es ihn gelüstete, aber er liebte sie und hatte Geduld.

Schnell verlor sie ihre Unschuld und lernte die Kunst des Liebens. Einmal, nachdem sie Wein getrunken hatten, konnte sie ihre Worte nicht mehr klar aussprechen, ihr Blick verschwamm, ihr Sari verrutschte, ihre Schminke verschmierte, und sie verlor den Rest ihrer Hemmungen. Bald war sie in der Liebe besser als jedes Freudenmädchen. Tag und Nacht verbrachten die beiden auf ihrem Liebeslager, eine Ewigkeit verharrten sie ineinander verschmolzen. Den Göttern erschien das schon zu lange, und sie schickten Agni aus, um zu kundschaften.

Um nicht erkannt zu werden, nahm der Feuergott die Gestalt einer Turteltaube an und gurrte zärtlich, die Liebesgeräusche Parvatis nachahmend. Shiva, der ihn trotzdem erkannte, fuhr auf – gerade im Moment des Orgasmus! Den Rest der Geschichte kennen wir schon: Agni bekam die volle Ladung ab und trug den Samen zum Ganges. Der Ganges spülte ihn in die Gräser und Schilfe am Ufer, wo die sechs himmlischen Nymphen, die Plejaden *(Krittikas)*, das sechsköpfige Söhnchen des Götterpaares fanden. In dem Moment, wo sie es säugten, erschienen Shiva und Parvati. Shiva erkannte seinen Sohn und legte ihn in Parvatis Arme. Der kleine Sechsköpfige, der sieben Tage nach seiner Geburt den Dämonen Taraka tötete, wird als Parvatis Sohn *Skanda* genannt. (Einige Inder vertreten die Meinung, daß Skandinavien nach ihm benannt ist.) Als Sohn der Ganga, heißt er *Gangeya*, als Sohn der Riedgräser *Sarabhu* und als Sohn der Plejaden *Karttikeya*.

Skanda scheint ein arischer Kriegsgott gewesen zu sein, der mit einer dravidischen Waldgottheit verschmolzen war. Als *Subrahmanya*, »Beschützer der Weisheitssucher«, wird er hauptsächlich in Südindien verehrt, wo seine Tempel auf bewaldeten Bergkuppeln zu finden sind und wo er mit einer Waldgöttin namens *Valliamma* vermählt ist. Als Oberbefehlshaber des Götterheers hat er den Wolkenreiter Indra verdrängt. Da er auf seinen Kriegszügen von tanzenden Tempelmädchen mit Gesang und Reigen bewirtet wurde, werden ihm noch heute die südindischen Tempeltänzerinnen *(Devadasis)* geweiht. Sie gelten als die Bräute Subrahmanyas.

Wie in der indischen Mythologie üblich, gibt es noch viele andere Geschichten über die wundersame Erschaffung Karttikeyas. Nach einer Fassung soll er aus den Funken entstanden sein, die aus Shivas Augen sprühten und in einen See fielen. Daraus entstanden sechs Kinder, die die Plejaden fanden und stillten. Als Parvati die hübschen Knaben sah, umarmte sie sie und drückte sie so fest an ihr Herz, daß ihre Körper zusammenschmolzen, aber die zwölf Arme und sechs Köpfe blieben.

Im *Mahabharata* wird wiederum eine andere Geschichte erzählt.[61] Da Shiva und Parvati nicht unmittelbar ein Kind zeugen können, lassen sie dies durch Agni und Ganga tun, die stellvertretend für Feuer und Wasser stehen. Shiva, in seiner Eigenschaft als Rudra, schlüpft in Agni hinein und erfüllt ihn mit Verlangen, damit sein Samen den Kriegsgott hervorbringen kann. Parvati schlüpft in die jungfräuliche *Svaha* (»die Opfergabe, die Beglückende«), eine der vielen Töchter *Dakshas,* des obersten Opferpriesters.

Es begab sich damals, daß die Rishis ein großes Somaopfer veranstalten wollten und sämtliche Götter dazu einluden. Natürlich war auch Agni dabei, um mit seinen abertausend Flammenmündern den Opfertrunk für die Götter zu empfangen. Als er da auf dem Altar glimmte, bemerkte er die makellosen Frauen der Rishis. So lieblich dünkten sie ihn, daß er in Leidenschaft für sie entflammte. Um ihnen nahe zu sein, schlüpfte er in ihre Kochfeuer, damit er sie ungehindert beobachten und ab und zu mit seinen Flammenzungen die sanfte Haut ihrer Arme lecken konnte. Er war so versessen auf sie, daß er gar nicht merkte, wie sehr die schöne Svaha in ihn verliebt war.

Agni, dessen Leidenschaft für die Rishi-Frauen unerwidert blieb, verließ seine Feuergestalt ab und zu, um im Wald herumzustreifen. Da ersann Svaha eine List. Auch sie begab sich in den Wald und nahm mittels ihrer Zauberkraft die Erscheinungen der Rishi-Frauen an. Agni ertappte sie beim Holzsammeln oder Wasserschöpfen und ließ seinen Charme spielen. Leidenschaftlich liebte er eine nach der anderen. Nach jedem Stelldichein verwandelte sich Agni in einen Adler und flog aus dem Wald, um nicht von den gehörnten Ehemännern entdeckt zu werden.

Svaha sammelte den während der sechs Rendezvous vergossenen Samen und legte ihn sorgfältig in das Wasser der Ganga. Bald darauf wurde am Ufer ein sechsköpfiges Kindlein geboren. Die Rishis witterten Betrug und verstießen ihre Frauen. Skanda aber erfüllte seinen sechs Müttern den Wunsch, in den Himmel aufgenommen zu werden, wo sie noch heute als Sterne funkeln. Auch Svahas sehnlichsten Wunsch, für immer mit Agni vereint zu sein, erfüllte ihr Skanda. Seither wird ihr glückverheißender Name »Svaha« (oder Svadha) immer dann aufgerufen, wenn Brahmanen Opfergaben ins heilige Feuer werfen oder wenn Hausfrauen die Mahlzeiten auf dem Feuer kochen.

In der esoterischen Auslegung ist Karttikeya der Besieger der schlimmsten aller Dämonen, nämlich des Egos, des Zorns und der Illusion. Seine sechs Köpfe sind die fünf Sinne und der Geist, die in harmonischem Zusammenklang wirken müssen, um diese Dämonen zu besiegen. Sivananda deutet die Köpfe Karttikeyas als sechs Ausstrahlungen seines Wesens: Weisheit, Abgeklärtheit, Stärke, Ruhm, Reichtum und Kraft.[62] Der bunte, gecke Pfau, als Sinnbild des aufgeplusterten Egos, kommt unter Karttikeyas Füße und wird so als Reittier dienstbar gemacht. Der ganze Monat *Karttika* (vom abnehmenden Mond im Oktober bis zum Vollmond im November, der in die Nähe des Siebengestirns, der Plejaden, fällt) ist diesem Sohn Shivas geweiht. Ihm sind die Freitage und jeweils der sechste Tag der zunehmenden Mondhälfte heilig. Wenn schwere Zeiten hereinbrechen, oder wenn es gilt, ein Unglück zu verhindern, legen einige tapfere Menschen das *Kavadi*-Gelübde ab. Wie die Sonnentänzer der Prärieindianer, die sich zum Wohl ihres Stammes an den Marterpfahl knüpfen lassen, oder wie die mittelalterlichen Geißeler, die beim Ausbruch der Pest oder einer Hungersnot in Aktion traten, bewegen sie durch selbst auferlegtes Martyrium die Gottheit zur Milde. Wie shivaitische Asketen kleiden die Geweihten sich in Rot, scheren sich weder Bart noch Kopfhaar, tragen Ketten aus Rudrakshanüssen und eine spitze rote Mütze. Sie fasten und durchstoßen ihre Zungen mit einer Nachbildung des Speeres Subrahmanyas. Hunderte von Meilen wandern sie barfuß von Dorf zu Dorf und ächzen dabei unter der Last zweier Riesenkörbe, in denen sie Reis, Milch und andere Spenden für die Gottheit sammeln, zu deren Tempel sie pilgern. Manche geraten während ihrer qualvollen Wanderung in Ekstase, werden von dem Gott besessen und bezeugen dies dadurch, daß sie über heiße Kohlen wandeln.

Ganesha

Ganesha, der Bruder Skandas, ist wohl der beliebteste Gott im einfachen indischen Volk. Während man Skanda nur in Südindien und Ceylon verehrt, kennt man den Elefantengott weit über die Landesgrenzen, von Afghanistan bis nach Südostasien. Auch er ist kein natürlich geborenes Kind, und es gibt über seine Entstehung ebenso viele Geschichten wie über die seines Bruders.

Die bekannteste ist diese: Parvati will baden, aber sie wird immer von irgendeinem lästigen Besucher davon abgehalten. Da faßt sie den Entschluß, einen mächtigen Torhüter zu erschaffen, der niemanden, aber auch niemanden über die Schwelle läßt. Da Karttikeya gerade Dämonen abschlachtet und Shiva tief in seinen Meditationen versunken ist, hat sie ohnehin Verlangen nach einem Gefährten, einem Söhnchen, mit dem sie sich auch sonst ihre Zeit vertreiben kann. Sie schabt mit den Fingernägeln etwas Schmutz und Schorf von ihrer Haut, knetet die Masse zu einer hübschen, kleinen Figur und spricht: »Mein liebes Söhnchen, du bist der Hüter der Schwelle! Niemand darf herein, den ich nicht persönlich hereinbitte!«

»Jawohl«, piepst der Kleine, und Parvati geht, um endlich in aller Ruhe ihr Bad zu genießen. Als ihr Ehemann nach Hause kommt, ist er ganz verblüfft, solch einen Knirps vorzufinden, der ihm den Weg versperrt. Weder Bitten noch Drohungen helfen, er darf nicht über die Schwelle. Da reißt Shivas Geduldsfaden. Er verwandelt sich in den zornigen Rudra und befiehlt seinem Gefolge, den fürchterlichen Geistern und Trollen, angeführt von dem Stier Nandi, sich auf den fremden Trotzkopf zu stürzen.

Der Kleine kennt keine Furcht, denn sie wurde ihm bei seiner Erschaffung nicht mitgegeben. Er greift nach einer Eisenstange und wütet unter seinen Gegnern. Einigen haut er den Schädel ein, andere schlägt er in die Flucht. Shiva wird das Ganze allmählich peinlich, denn wie kann er vor den anderen Göttern sein Gesicht wahren, wenn ihm seine Frau auf diese Weise den Eintritt verwehrt? Er berät sich mit Vishnu, was zu tun wäre.

»Nur durch eine Hinterlist werden wir mit diesem Burschen fertig«, meint Vishnu, »denn er ist klug und steckt voller *Tamas* (dunkler Kraft)!« Vishnu greift den Türhüter also mit all seiner Macht an, wird aber mit einem so mächtigen Schlag empfangen, daß er stolpert. Im selben Augenblick aber haut ihm Shiva rücklings mit seinem Dreizack das Haupt ab. Der Kopf rollt und wird gleich von einem Monster verschlungen. Die Götter und *Ganas* (die himmlischen Heerscharen) stimmen den Siegesjubel an.

Als die Göttin merkte, warum so laut gejubelt wurde, war sie untröstlich. Ihr Zorn und Schmerz nahmen die Gestalt von Hunderttausenden von Rachegöttinnen an, die über die Welt fuhren und den Göttern, Rishis, Naturgeistern (Yakshas) und Dämonen (Raskhasas) erbarmungslos zusetzten. Wohin man blickte, wüteten die schrecklichen Furien, während Parvati fortwährend »mein Söhnchen, mein Söhnchen« jammerte.

Nun flehten alle Wesen, die Götter, die Rishis, die Naturgeister und die Dämonen im Chor die Göttin an. Andachtsvoll falteten sie ihre Hände, verbeugten sich vor ihr und sangen beschwichtigende Lieder. Da hielt die erzürnte Shakti inne: »Nur wenn ihr meinen Sohn wieder lebendig macht, werde ich besänftigt sein«, erklärte sie.

Da taten sich die Götter, Prajapatis und Brahmanen zusammen, um nach altüberlieferten Riten die Leiche wiederzubeleben. Den Kopf konnten sie aber leider nicht finden. Shiva meinte, das sei nicht weiter schlimm. Sie sollten sich nach Norden wenden und den Kopf des ersten Geschöpfes, das ihnen über den Weg liefe, abschlagen und mitbringen. Das war ein Elefantenbulle. Nun verbanden die Götter und Seher ihre strahlende Energie *(Tejas)*, konzentrierten sie auf die Leiche, setzten den Elefantenkopf auf den Halsstumpf, sangen die vedischen Zauberformeln und besprengten den Körper mit geweihtem Wasser. Da wachte der kräftige, rothäutige Junge wieder auf, streckte seine Glieder und gähnte, als ob gar nichts geschehen war. Parvatis Kummer war verflogen. Sie schloß ihren Sohn in die Arme und strahlte ihre Liebe wieder in die Welt aus.

In dieser Geschichte begegnet uns nicht das Urbild des Schamanen aus den alten Jägerkulturen, sondern das der Großen Mutter, die um ihre Kinder und Nachkommen bangt. Dies ist ein Motiv aus den großen ackerbauenden Gesellschaften, in denen der Gottessohn geschändet, getötet und zerstückelt und oft wie die Saat oder die Saatknolle begraben wird, um dann zu neuem Leben erweckt zu werden, nachdem die untröstliche Gottesmutter ihn beweint und mit ihrem Gram die Welt fast zerstört hat. Sie ist das Urbild der Pieta, der Maria am Kreuzesstamm. Sie ist Isis, die den zerstückelten Gatten-Sohn-Bruder Osiris beweint. Auch Osiris wird mit Zaubersprüchen zu neuem Leben erweckt.

Demeter, die Schmerzensmutter der Antike, ist eine ähnliche Gestalt wie Parvati. Als ihr vielgeliebtes Kind Persephone vom Toten- und Unterweltgott Pluto geraubt wird, irrt sie untröstlich suchend durch die Welt. Als sie dann von Helios erfährt, daß die Tochter im Einverständnis mit Zeus geraubt wurde, zieht sie sich voll Zorn und Schmach von der Welt zurück. Mit ihr verschwindet die Fruchtbarkeit, Hungersnöte brechen aus, die Erde verdorrt. Menschen und Götter unternehmen alles, um ihren Zorn zu stillen. Auch sie schwört, daß weder Halm noch Frucht wachsen werde, bis ihr Kind aus der Totenwelt wieder aufsteigen kann. Ähnliches erlebt die Göttermutter Freya, als der listige Feuergott Loki den Mord an ihrem Sohn, dem Sonnengott Baldur, veranlaßt. Nur wenn alle Wesen ihn beweinen, wird er aus der Unterwelt wieder ins Leben entlassen und ihr Schmerz gestillt werden.

Eine beliebte indische Volkserzählung, die in vielen Fassungen in den Dörfern die Runde macht, ist die Geschichte vom Wettlauf des etwas verweichlichten, dicken Ganesha mit seinem sportlichen Bruder Skanda. Sie sollen um die Erde herum wettrennen. Wer zuerst wieder am Götterthron Kailash ankommt, gewinnt die beiden schönen Shaktis *Riddhi* (Wohlhaben) und *Siddhi* (Erfolg) als Gefährtinnen. Der gestählte Held Skanda schwingt sich auf seinen Pfau und verschwindet sofort im blauen Dunst des Horizonts. Ganesh erdrückt fast seine arme, piepende Maus, die als Reittier herhalten muß. Das Schauspiel ist so lustig, daß sogar der Mond lachen muß. Verärgert verflucht der dicke Elefantenschädel das Himmelsgestirn, daß es nun auf ewig abwechselnd dick und dünn werden muß, aber Ganesh läßt sich nicht kleinkriegen. Nachdem er kurz überlegt hat, läuft er einfach um Shiva und Parvatis Götterthron herum, denn – so argumentiert er – schließlich umfaßt das Götterpaar die ganze Welt. Wie in der Fabel des Wettlaufs der Schildkröte mit dem Hasen, besiegt auch hier der Besonnenere den Schnelleren. Als der spartanische Skanda nach einigen Monaten erschöpft und völlig außer Atem am Ziel ankommt, meint er, er sei von seinem dicken Bruder betrogen worden. »Du bist der Herr der Betrüger und Lügner«, schilt ihn Skanda (weshalb bis heute die Spieler Ganesh anbeten) und zieht gekränkt nach Süden fort, zu dem Berg der Reiher, wo er ein hartes Leben führt und wie viele Macho-Krieger überhaupt nicht mehr heiraten will.

Eine andere Geschichte erzählt von Ganeshas Geburtstag, dem Ganesh Chaturthi, der auf den vierten Tag des abnehmenden Mondes im August *(Bhadrapada)* fällt. An dem Tag sattelt er seine Maus, um in die Stadt zu reiten, denn dort haben seine Anhänger große Schüsseln

mit süßen Reiskugeln, Pudding und anderen Leckereien für ihn berei-
tet. Nach einiger Zeit hat er seinen Wanst so damit vollgestopft, daß
die Maus nur noch stöhnt und ächzt. Plötzlich kriecht eine Schlange
über den Weg. Die Maus erschrickt und stolpert. Ganesh fällt, sein
Bauch platzt auf, und sämtliche Reiskugeln und Bonbons kullern heraus. Er stopft sie wieder hinein, ergreift die Schlange und bindet sie als
Gürtel um seinen umfangreichen Bauch. Der Mond, der das zufällig
gesehen hat, lacht ihn tüchtig aus, was Ganesh so verärgert, daß er
den Fluch ausspricht: »An meinem Geburtstag, dem Ganesh Chaturthi Fest, darf niemand den Mond anblicken, sonst wird er Unglück
haben!« Kein vernünftiger Hindu würde das tun.

Der Dickschädel Ganesh ist, wie der römische Janus, Schwellenhüter und Gott der Anfänge. Sein rotes Abbild ziert den Eingang zu jedem orthodoxen Hindu-Haus. Da Elefanten ein gutes Gedächtnis haben und als klug gelten, ist er der Beschützer aller kopflastigen Gelehrten und Bücherschreiber. Jedes Buch – auch dieses – beginnt mit einer
Verehrung Ganeshas, mit dem *Sri Ganeshaya Namah*. Daß er ein gelehrter Brahmane ist, beweist auch die weiße Brahmanenschnur, die
er über Brust und Schulter trägt.

Als Schwellenhüter behütet er auch die untere Eingangspforte zum
Leib, den After. Aus diesem Grund wird er auch mit »schmutziger«,
linkshändiger Zauberer *(Vamacara)* in Beziehung gebracht. (Die
linke Hand wird in orientalischen Ländern bekanntlich zum Waschen
nach der Darmentleerung benutzt.)

Weil er nur einen Stoßzahn hat, wird er *Ekadanta* (Einzahn) genannt. Seinen zweiten Hauer hat er im Streit mit *Parashurama*, dem
»Rama mit der Axt« verloren. Parashurama, die sechste Inkarnation
Vishnus, war ein glühender Verehrer Shivas. Seine Streitaxt und sein
Bogen waren Shivas Geschenke an ihn. Eines Tages wollte er zur Verehrung seines Gönners zum Berg Kailash gehen und Shiva persönlich
anbeten. Ganesha verwehrte ihm jedoch den Zutritt, worauf ihm Parashurama mit der Axt einen Stoßzahn abschlug. Später sollte ihm
dieser abgeschlagene Zahn beim Niederschreiben des *Mahabharata*,
das ihm der Weise *Vyasa* diktierte, als Griffel dienen.

Der gemütliche Elefantengott wird zugleich als Ursache und als
Überwinder aller Widerstände gefeiert. Niemand kommt ungeläutet
an ihm und seinen beiden Shaktis (Erfolg und Wohlstand) vorbei.
Viele Seelen, die sich auf den Weg zu Shiva und Parvati, also zu Erlö-

sung und Befreiung gemacht haben, werden von Erfolg und Wohlstand abgelenkt und aufgehalten. In diesem Sinn ist der Dicke mit seinen süßen Zuckerkugeln ein gefährlicher Verführer – nicht umsonst ist er aus dem Schmutz und Schorf von Parvatis Haut gemacht worden. Nur wer diesen Schorf abstreift, nur wer selbst ein Shiva geworden ist und *Shivoham* (Ich bin Shiva) sagen kann, kann an ihm vorbei.

Eine Geschichte erzählt von einer Zeit zu Beginn dieses Zeitalters, als es Barbaren, Wilden, unreinen Weibern und anderen, die nichts von Opfern, Askese, milden Gaben oder den Veden verstanden, möglich war, sich Zugang in den Himmel zu verschaffen. Sie brauchten nur den Shiva-Tempel in Somnathpur aufzusuchen, schon waren ihre Sünden vergeben. Bald wimmelte es im Himmel nur so von Menschen, während die sieben Höllen entvölkert wurden. Da begaben sich die entrüsteten Götter zu Parvati und baten sie, etwas zu unternehmen. Die Mutter hörte ihre Klagen wohlwollend an, kratzte sich etwas Schmutz von ihrer Haut und machte daraus den vierarmigen, elefantenköpfigen Gott. Als er fertig und bei Sinnen war, gab sie ihm folgenden Befehl: »Denjenigen, die sich auf den Weg zum Shiva-Tempel in Somnathpur machen, lege folgende Hindernisse in den Weg: Geld und Besitztümer, Reichtum und Erfolg, Frauen und Kinder. Nur denen, die dich durchschauen und dir huldigen, gewähre Zutritt zum Tempel!«

Die Schlinge, die Ganesha hält, versinnbildlicht also alle Versuchungen des Erfolgs, in denen wir uns verfangen, und die uns hindern, das wahre Ziel anzustreben. Der Sporn in der anderen Hand ist ein Zeichen für die Knechtschaft der Lebenszwänge, gleichzeitig aber auch für den Ansporn, der uns vorwärtstreibt. Seine Elefantenohren sind so groß wie Worfelschaufeln. Sie können die Spreu vom Weizen in den Gebeten der Gläubigen trennen. Sein gekrümmter Rüssel läßt uns an die heilige Silbe OM denken. Sein weißer Stoßzahn ist, wie das Horn des flüchtigen Einhorns, Zeichen der *Ein-sicht*, der esoterischen Meisterschaft. Die doppelköpfige Axt, die er manchmal bei sich trägt, begegnet uns in den matriarchalen, bronzezeitlichen Pflanzergesellschaften und stellt die Macht der zunehmenden und abnehmenden Mondhälften dar, im erweiterten Sinne die Lebens- und Todeskräfte und im übertragenen Sinne unsere mentale Doppelköpfigkeit, nämlich die linke und die rechte Gehirnhälfte.

Trotz seiner Körperfülle tanzt der Dickbäuchige gern und leichtfüßig. Er reitet eine winzige Maus (*Musaka,* von der Sanskritwurzel *mus*
= stehlen, mausen). Das Nagetier ist nichts anderes als der gewöhnliche Intellekt, der hier und da seine Daten, Fakten und Informationen
zusammensticht und von Rast- und Ruhelosigkeit gekennzeichnet ist.
Der maushafte Verstand hat nicht die besinnliche Ruhe, die zur Ein-
sicht führt. Daher gilt es, dieses nervöse Geschöpf unter die Füße zu
bringen, es zum Diener zu machen.

Ganesha ist *Gajamukha,* das Elefantengesicht. Das Wort *Gaja*
(Elefant) wird von tiefsinnigen Sadhus in die Silben »Ga« und »Ja«
zerlegt, wobei »Ja« der Ursprung und »Ga« das Ziel bedeutet. So
wird Ganesha zum A und O der Schöpfung. Hakenkreuze *(Swastika)*
als glückverheißende Symbole schmücken seine (auch Vishnus) Tempel, in denen er mit Wohlgerüchen, roten Blumen und süßen Leckerbissen verehrt wird.

Der Stier Nandi

Eine beliebte Ikone zeigt, wie Vater Shiva, Mutter Parvati und der
süße, schalkhafte Ganesha auf einem massiven, weißen Stier daherrei-
ten. Der Stier ist *Nandi,* »der Glückliche«, Shivas treuer Diener, Füh-
rer seiner *Ganas* (Gefolge) und Wächter und Schwellenhüter vor jedem Shiva-Linga und jedem Shiva-Heiligtum. In völliger Hingabe
(Bhakti) verehrt er seinen Herren, denn er ist das Sinnbild für das
Dharma (den rechten Weg). In seiner anthropomorphen Gestalt als
Nandikeshvara erscheint er als stierköpfiger Mann mit drei Augen
und vier Armen. Zwei seiner Hände sind in Anbetung zusammenge-
faltet, eine dritte hält ein Reh, die vierte eine Streitaxt.

Daß Nandi uralt sein muß, wird schon durch seine Eltern angedeutet. Sein Vater ist der uralte *Kashyapa,* ein Schöpfer *(Prajapati)* in
Schildkrötengestalt, der unter anderem die Himmelsgötter und den
ersten Menschen und Gesetzgeber *Manu* hervorbrachte. Seine Mutter
ist keine andere als die Urkuh *Subrabhi,* die alle Wünsche erfüllt.
Beide, die Kuh und die Schildkröte, sind als Urwesen in den alten Mythologien reichlich belegt.

Schon die Großwildjäger der Altsteinzeit waren von der Urgewalt,
die solch ein Tier ausstrahlt, genügend angetan, um eine Menge Fels-

zeichnungen mächtiger kopulierender Stiere zu hinterlassen. Die Prärieindianer verehren besonders den weißen Büffelstier als Verkörperung des Höchsten Wesens. Wer einmal im landwirtschaftlichen Bereich mit Bullen zu tun gehabt hat, wird die hohe Achtung und Ehrfurcht, die diesen sturen Muskelbergen entgegengebracht wird, vollends verstehen. Die mächtigen Begatter der Herden sind als geballte Muskel-Fleisch-Triebgewalt das reinste Sinnbild der mit Hörnern versehenen männlichen Triebkraft. Starrsinnig verteidigen sie den Herrschaftsbereich, in dem sie Befruchter beliebig vieler Kühe sind. Wer diese schnaufenden Ungetüme kennt, dem wird klar, daß es hier weder um das Denken noch um das Fühlen geht, sondern um den reinen, unmittelbaren Trieb, um den Willen zu herrschen, den Willen zu begatten und schließlich, im übertragenen Sinn, um dem unbeugsamen Willen, der eigenen Natur zu entsprechen, das heißt dem Dharma zu folgen.

Bei den Indogermanen, die ja vor allem Rinderhirten waren, deckt sich der Begriff für Vermögen mit dem für die Anzahl der Rinder, die man besaß. Noch immer ist ein Kapitalist jemand, der über eine große Kopfzahl (lateinisch *capita*) an Rindern verfügt. Das englische Wort *fee* (Geldsumme) und das lateinische *pecunia* (Vieh, Vermögen) bestätigen diesen Zusammenhang. Der Bulle als Mehrer der Herden stand bei den Indogermanen in höchsten Ehren und wurde mit der Sonne, dem Recht und der Königswürde in Zusammenhang gebracht. Wie der Stier auf die Herden, so wirkt die Sonne befruchtend auf die Erde und der König auf seine Untertanen. Der Stier verkörpert das ewige Gesetz (Dharma) auf der Weide, der König verkörpert es im Staat, und die Sonne, die gleichmäßig ihre Bahnen zieht, verkörpert es am Himmelszelt. Sie sind Erscheinungen desselben Wesens. Es ist kein Zufall, daß der Königssohn Gautama Buddha, der »Erneuerer des *Arya Dharma* (des edlen Gesetzes) nach der Überlieferung im Sternzeichen des Stiers geboren wurde. In den Veden heißen die vornehmsten Seher »Bullen der Rishis«, und die vornehmsten der Götter werden als »Bullen der Götter« angeredet, so wie man in England Adelige immer noch mit »Sir« (von *sire* = Begatter, Zuchtbulle) betitelt.

Bei den indogermanischen Kelten wurden weiße Stiere geopfert und im Kessel gekocht. Der Priester badete in der Suppe und erhielt dabei die prophetische Vision, wer der nächste Hüter des Gesetzes, der nächste König sein würde. Bei den ebenfalls indogermanischen

Persern wurde der weiße Stier mit der Sonne und dem ewigen Recht (*Artha*) in Verbindung gebracht. Der »Menschenfreund« Mithras (indisch *Mitra*), Lichtgott und Gefährte des himmlischen Urgottes Varuna, ist die Verkörperung des Gesetzes, der Rechtsordnung, des Vertrags und Hüter der Treue und Wahrheit. Sein Kult erstreckte sich weit über die Grenzen Persiens. Immer wieder stoßen wir auf seinen Namen im Nahen Osten und in Kleinasien. Römische Legionäre brachten den Mithraskult mit nach Rom, wo er auf fruchtbaren Boden fiel, denn die alten Römer hatten schon früher weiße Stiere auf dem Kapitol geopfert. Der Kult des Gottes, der den Stier opfert und dadurch die Welt erneuert, entwickelte sich mit seinen Tauf- und Abendmahlsritualen und dem Fest der unbesiegten Sonne (*sol invictus*) am 25. Dezember zum gefährlichsten Rivalen des frühen Christentums.

Bei den zarathustrischen Parsen in Bombay lebt der Kult des weißen Stiers noch heute fort.[63] In besonderen Tempeln werden Albinobullen von Priestern geweiht. Die Haare, die als Akkumulatoren einer mysteriösen himmlischen Kraft gelten, werden zeremoniell vom Fell geschnitten, um Spulen gewickelt und in die verschiedenen Gemeinden geschickt. Der Bulle ist für die Parsen der Erzengel Behman, der Beschützer der Tiere. Er vertritt die von Dämonen geknechtete Weltenseele, deren Klage von Gott vernommen wurde, der daraufhin Zarathustra zur Rettung des Rechts auf die Erde sandte.

Natürlich bringen auch die Inder den weißen Stier in Beziehung zum ewigen Gesetz. Nandi ist kein anderer als *Dharmadevata*, der Herr des Dharmas. In seiner Meditation erschrak dieser Dharmadevata beim Anblick der ewig kreisenden Unendlichkeit. Ist nicht alles, aber auch alles vergänglich, wandelhaft? Wohl dauert ein Tag des Schöpfers (Brahma) 12000 Himmelsjahre, wobei jedes Himmelsjahr 360 Menschenjahre ausmacht, also 4320000 Jahre. Wenn Brahma schläft, vergeht die Welt, wenn er erwacht, entsteht sie erneut. Hundert Jahre – für uns eine unermeßliche Dauer – währt das Leben Brahmas. Ein ganzes Leben Brahmas ist nur ein Tag Vishnus, und immer wieder bringt der große Vishnu, der auf der Weltenschlange ruht, einen neuen Brahma hervor. Aber schließlich, wenn die große Macht des Seins alles in Vergessenheit versinken läßt, vergeht auch Vishnu, bis irgendwann wieder ein neuer Vishnu erscheint und die Zyklen wieder von neuem beginnen.

Diese Einsicht wirkte erschreckend auf Dharmadevata. Auf seiner Suche nach einem Ausweg aus dieser grausamen Unendlichkeit gelangte er zu Shiva. Er nahm die Gestalt eines weißen Stiers an, warf sich Mahadev zu Füßen und flehte: »Herr, nimm mich als dein Reittier!« – »Das tue ich gern, mein liebes Dharma«, sagte der Gnädige. »Im goldenen, ersten Zeitalter wirst du ohne Beschwerden auf allen vier Beinen gehen, im zweiten, silbernen Zeitalter auf drei, im dritten, kupfernen, auf zwei, und im dunklen Eisenzeitalter wirst du mühsam auf einem Bein stehen müssen.«

Der mächtige Bulle gehört aber nicht nur in die patriarchalen, arischen Viehzüchterkulturen. In den mutterrechtlich gefärbten, seßhaften, bäuerlichen Gemeinschaften erscheint er als männlicher Befruchter neben der großen Himmels-, Erden- oder Mondengöttin. Wahrscheinlich wurden wildlebende Urrinder von den seßhaft werdenden Jägern und Sammlern Kleinasiens zuerst zu magisch-religiösen Zwecken gefangen und eingehegt. In der darauf folgenden Jungsteinzeit stößt man dann auf einen ausgeprägten Stier-Kultus. In Anatolien (Catal Hüyük, um 6000 vor Christus) findet man Reliefs von schwangeren und gebärenden Göttinnen neben Nischen mit Stierschädeln und Wandgemälden von Stieren. In der vorgriechischen Mittelmeerwelt begegnen uns stierköpfige Monstren (Minotaurus) und Abbildungen von Jünglingen, die auf den Rücken von Stieren tanzen, neben zahllosen Muttergottheiten. In Memphis, am Rand der ägyptischen Wüste, kann man immer noch die immensen unterirdischen Hallen bewundern, in denen einbalsamierte Stiere aufbewahrt wurden. Es handelt sich um die Osiris-Apis-Stiere, Erscheinungen des gestorbenen und auferstehenden Gottes, der zusammen mit der Allmutter Isis verehrt wurde. In der Spätantike ist das Stieropfer und die Taufe im Stierblut Bestandteil des Kultes der auf einem Löwen reitenden Muttergöttin Kybele und des sterbenden und auferstehenden phallischen Jünglings Attis. Auch der blitztragende Göttervater der Griechen nimmt die Gestalt eines weißen Stiers an, um die liebliche Europa zu rauben und zu begatten. Der orientalische Rausch- und Weingott Dionysos hält auf einem weißen Stier Einzug ins antike Griechenland und wird in dieser Form von seinen verzückten Verehrerinnen, den Mänaden, rituell verspeist.

Der Kult der Großen Mutter und des geopferten, befruchtenden Stiers erstreckte sich fast über die ganze zivilisierte Welt der Antike.

Indien ist da keine Ausnahme. Die Specksteinsiegel und Statuetten des vorarischen Harappa-Reiches am Indus weisen ebenfalls das Motiv der Stiere und Muttergottheiten auf. Noch immer gibt es Überreste dieses uralten Fruchtbarkeitskultes. Sie äußern sich beispielsweise in der Marienverehrung im Zusammenhang mit dem Stierkampf in Spanien und in den Büffelopfern an die schwarze Göttin Kali in Bengalen und Nepal. Wir erleben also im Bild des Gottes Shiva und der Göttin Parvati auf dem Stier Nandi eine gelungene Synthese uralter Überlieferungen, die ihre Wurzeln ebenso in der indogermanischen wie in der vorarischen Kultur hat.

In den Dörfern Indiens, wo das Fernsehen noch keine Macht hat, werden gerne Fabeln und Geschichten erzählt. Oft handeln sie von Shiva und Parvati, die unerkannt die Welt durchwandern, entweder zu Fuß oder auf ihrem weißen Stier. Als sie einmal so durch eine Stadt ritten, murrten die Leute: »Schaut mal! Was für eine Tierschänderei, wie die beiden auf dem armen Tier sitzen!«

Da stieg Shiva ab und lief nebenher. Wieder flüsterten die Stimmen: »Nun guckt mal, diesen Pantoffelhelden! Die Frau spielt die große Herrin, und er muß danebenlaufen!«

Sie wollten niemanden stören, deshalb wechselten sie die Plätze. Shiva ritt, und Parvati schritt neben ihm. Wiederum machten sich Stimmen hörbar: »Welch ein Chauvi, dieser Mann! Er reitet selbstherrlich, und die arme Frau muß im Staub laufen!«

Nun entschlossen sich beide, neben dem Tier zu gehen, und wurden prompt ausgelacht: »Seht nur diese Narren an, sie haben ein kräftiges Tier und laufen daneben her!«

Nun wußten sie wirklich nicht mehr, was tun. Nandi zwinkerte schelmisch und bemerkte trocken: »Vielleicht soll ich auf euch reiten?« Da wurde ihnen klar, daß man tun kann, was man will: Man kann es nicht jedem recht machen!

Shiva reitet nicht nur den Stier, gelegentlich nimmt er selber Stiergestalt an. Eine Sage erzählt, daß Shiva gerne im hohen Norden im Himalaja an einem Platz, den man *Kedara* (»das Feld«, auf dem die Erlösung wächst) nennt, meditiert. Eines Tages kamen die fünf Pandava-Brüder, die Helden des Mahabharata, heraufgezogen, um in Anbetung Shivas die im Kampf gegen ihre Blutsverwandten aufgeladenen Sünden zu sühnen. Als Shiva den Trupp kommen sah, sprang er auf und rannte in Stiergestalt fort. Um den Kriegern zu entgehen, stieß er durch die Erde, aber sein Hinterteil blieb in Kedara stecken und wurde prompt angebetet. Seine Hinterläufe sind immer noch dort zu sehen, nur haben sie sich in diesem Zeitalter, dem dunklen Kali-Yuga, in Stein verwandelt. Sein Kopf kam im Kathmandu-Tal (Nepal) heraus, wo seine Hörner in Pashupatinath herausragen.

Andere Erzähler meinen, es sei Brahma gewesen, der nach Kedara pilgerte, um Darshan mit Shivas Linga zu haben, weil er wußte, daß das zur sofortigen Erlösung führt. Shiva, der sich nie sonderlich gut mit dem Schöpfer vertrug, floh als Stier durch die Erde. Brahma ergriff jedoch seine Hinterläufe, daß sie noch heute in Kedara aus der Erde ragen. Sein Linga aber kam in Kashi (Benares) wieder zum Vorschein. Dort durfte Brahma es schließlich anbeten, nachdem er am Dashashvamedha-Ghat zehn Pferde geopfert hatte.[64]

Die Reittiere *(Vahana)* der Götter stellen oft niedere Leidenschaften dar, die geläutert und befriedet werden müssen, um dem Gott zu dienen. Wir sahen Ganeshas Maus als den ruhelosen Intellekt, den Löwen oder Tiger der Göttin als die Grausamkeit und den bunten Pfau Karttikeyas als die Eitelkeit, die dem siegreichen Krieger so oft anhaftet. Ähnlich ist es auch mit Nandi. In einigen Sagen wird er als Stierdämon geschildert, gegen den Shiva hart zu kämpfen hat, bevor er ihn unter seine Füße zwingt. Der Stier steht in diesem Fall vor allem für die aggressive männliche Sexualität. (Schon das Wort *Bulle* bezieht sich darauf. Ebenso wie *Phallus* geht es auf die indogermanische Sprachwurzel *bel* = schwellen zurück. Verwandt sind das englische Wort *balls* = Hoden und der *Bel*baum, dessen runde, geschwollene Früchte dem Shiva heilig sind.) Shiva, der erste unter den Asketen und Herr des Yoga, hat perfekte Beherrschung der sexuellen Triebgewalt erlangt. Dieser Stier ist sein Diener geworden.

Für die Inder ist jeder weiße Bulle eine Erscheinung Nandis. Manche Ashrams halten sich reinblütige Zebukühe und -bullen, die noch nicht mit Jerseys, Buntvieh oder Simmentalern aus den Samenbanken der Entwicklungshelfer gekreuzt worden sind. Sie werden äußerst sauber gehalten, und ihre Hörner werden rot gefärbt und mit Goldspitzen versehen.

Wenn in Indien oder Nepal ein bedeutender Mann stirbt, ist es noch immer Sitte, zu Ehren der Ahnen *(Pitri)* dem Shiva geweihte Stierkälber freizulassen. Dieser Brauch heißt *Vrisosarga*. In Wallfahrtsorten wie Benares sieht man diese Stiere überall. Sie stehen auf den Straßen, blockieren Lastwagen und Busse und mindern die Verkehrsgeschwindigkeit auf ein angenehmes Maß. Wenn es nicht genug Abfälle, Opfergaben und Papierfetzen zu fressen gibt, machen sie sich über die Stände der Straßenhändler her. Wenn gerade keine Kühe brünftig sind und sie sich nicht gegenüber Rivalen behaupten müssen, indem sie schnaubend, mit gesenktem Haupt auf andere Farren losrasen, geben sie sich unglaublich friedlich, so, als seien all die Menschen und Tiere des Bazars Teil ihrer Herde. Den Straßenjungen, die sie oft arg necken, verhalten sie sich wie den übermütigen Kälbchen gegenüber. Nur den Touristen, die anders riechen und sich ungewohnt verhalten, machen sie manchmal die Hölle heiß. Die Besitzer der ebenfalls heiligen Kühe lassen ihre Tiere durch die Gassen wandern und sich ihr Futter selbst suchen, und sie sind froh, wenn sie ein heiliger Stier regelmäßig mit einem Kälbchen versieht.

Wenn ein solcher Koloß stirbt, wird er mit allen Ehren, mit Blumen, Weihrauch und einem Trunk Gangeswasser verehrt, bevor er den Fluten des heiligen Stroms übergeben wird, wo sich Fische, Schakale und Geier an ihm weiden. Man glaubt, daß seine Seele als Mensch wiedergeboren wird.

Nun wissen wir, warum der Gott mit den 1008 Namen auch *Vrishavahana* (Stierreiter) genannt wird, und warum man ihn als *Vrishadvaja* (»der den Bullen auf dem Banner hat«) anrufen kann.

VIII. Die Zerstörung des Opfers

Unmerklich verschieben sich die Gestirne. Rund alle zweitausend Jahre rückt der Frühlingspunkt in ein neues Tierkreiszeichen, wodurch die Sonne neue Bildekräfte entwickelt. Verbunden mit diesem allmählichen Wandel verändert sich die große Natur-Evolution, nennen es die Gelehrten. Die großen Herden der Büffel, Wildpferde, Mammuts und Wollnashörner verschwinden und mit ihnen die frei wandernden Jäger. Tiere werden gezähmt, und Bauern bearbeiten den Erdboden, um Getreide und Früchte anzubauen. Die Bevölkerung gliedert sich in Kasten und Klassen. Städte werden gebaut. Man spricht vom Wandel vom goldenen Zeitalter zum silbernen, zum kupfernen und nun zum eisernen.

Ebenso verwandelt sich die seelische Innenwelt. Das unmittelbare Schauen wird durch priesterliches Handeln und dieses wiederum durch das kühle Denken ersetzt. Die tanzende, schalkhafte, erschreckende, persönliche, androgyne Schamanengottheit wird durch herrschaftliche Himmelsgötter abgelöst, die Saat- und Erntezeit regeln, und durch unnahbare, opferhungrige Erd- und Muttergottheiten. Der Urgott der Jäger schwindet oder teilt sich in viele Gestalten, wird zum Geliebten der Fruchtbarkeitsgöttin, zum Naturgott, zum Feuergott, zum Herdengott. Der Logos, den die Große Göttin dann in der Morgendämmerung der Neuzeit gebiert, leuchtet so hell und wird so transzendent, daß er immer schwerer zu fassen ist. Er scheint sich immer mehr im Ätherischen aufzulösen, daß die Seher von einer Götterdämmerung sprechen und daß es dem modernen Menschen vorkommt, als stehe er vor einem Nichts, bis er schließlich verzweifelt stoisch glaubt, er sei als Zufallsprodukt gefangen in einem unendlichen All von Materie und Energie. Aber gehen wir zurück nach Südasien und lesen in der »Akasha Chronik«, führen uns die Bilder vor das Seelenauge, die davon künden, was aus dem Schamanengott der alten Jäger im Laufe der Weltentfaltung geworden ist.

In Indien verschmilzt der Schamanengott als Rudra mit dem einheimischen, dravidischen Herrn der Tiere, von dem die Siegel aus Harappa im Industal künden. In dieser Verbindung gewinnt er in der Volksimagination so viel Macht, daß den arischen Opferpriestern, den Brahmanen, angst und bange wird. Wie ein Schwamm saugt er andere Götter auf; ihre Merkmale werden seine Masken. Er dehnt sich ins Unermeßliche aus, wird mit *Purusha,* dem väterlichen Urgeist, identifiziert, wobei die Göttinnen zu Strahlen seines feurigen Glorienscheins, zu seiner Kraft *(Shakti)* und seiner Illusionsmacht *(Maya)* werden. So allumfassend wird er, daß die arischen Himmels-, Licht- und Viehgötter neben ihm zu Wichteln verkommen. Die Brahmanen sehen sich gezwungen, den früher kaum erwähnten heulenden Sturm- und Totengott Rudra mit beschwichtigenden Namen, wie eben »Shiva«, der Gnädige oder der Gütige, anzurufen.

Die alten Volkserzählungen, die *Puranas,* zeugen von seinem Aufstieg und seiner Auseinandersetzung mit den arischen Sehern und Opferpriestern. In diesem Abschnitt wollen wir uns mit diesem Konflikt näher befassen. Wir werden sehen, wie sich Shiva Schritt für Schritt als *Mahadeva,* als Gott der Götter zu erkennen gibt. In den schwindelerregenden Höhen shivaitischer Mystik wird er zum absoluten *Satchidananda* (Sein – Bewußtsein – Wonne), das alles ist und alles erfaßt. Alle Gegensätze von Gut und Böse, Ich und Du, Sein und Nichtsein, Leben und Tod sind das ewige spontane Spiel *(Lila)* seiner Shakti, seiner tanzenden Gemahlin, die in Geste und Bewegung alles hervorbringt und wieder verschwinden läßt.

Da Mahadev alles ist, ist er kein eifersüchtiger Gott wie ein Jehova oder Allah, der keine anderen Götter duldet. Ihm sind alle Kulte und jede Form von Hingabe gefällig. Die vielen Religionen und Sekten spiegeln lediglich verschiedene Stadien auf dem Weg zu ihm. Noch stark im Wahn befangene Seelen brauchen wahrscheinlich laute, bunte, blutige Rituale und Götzen; andere brauchen Selbstpeinigung; wieder andere segeln auf den Schwingen gegenstandsloser Philosophie. Shiva ist allen gnädig, unter welchem Namen oder wie auch immer sie ihn anrufen mögen. Er kennt sie alle, denn in jedem von ihnen ist immer wieder nur Shiva, der Shiva anbetet.

Eine solche Gesinnung läßt Platz für alles, von den Kulten für die primitivsten Lokalgottheiten bis zu den vedischen Ritualen, die im hinduistischen Indien noch immer bei den verschiedensten Gelegenheiten, vor allem bei Taufen, Hochzeiten, Bestattungen und so weiter, durchgeführt werden. Auch Vishnu, Shivas Rivale als Gott der Götter, wird als Erscheinung des Einen aufgefaßt. Als *Hari-Hara, Haryardhamurti* oder *Shankarnarayana* ist Shiva mit Vishnu zu einer Gestalt verschmolzen, wobei Shiva stärker auf der rechten, männlichen Seite und Vishnu auf der linken, weiblichen Seite zum Ausdruck kommt. Die *Sanskrit Puranas* berichten dazu folgende Geschichte:[65]

Es begab sich einmal, da waren die Götter außer sich, daß es in der Welt so drunter und drüber ging. Überall war Streit, Hader und Unzufriedenheit. Eine Götterabordnung unter Führung Indras begab sich zu Vishnu, um zu fragen, warum dem so sei. Vishnu sagte ihnen: »Gehen wir zu Shankar, denn er ist weise!«

Als sie den Gipfel des Kailash erklommen hatten, sahen sie weder Shiva noch Parvati noch Nandi, den weißen Stier. Vishnu erklärte ihnen: »Eure Eigensucht hat euch blind gemacht, denn *Hara* (Shiva) ist anwesend! Ihr müßt euch reinigen, in Milch baden, das *Shatarudriya* (die Hymne der hundert Rudras) singen und drei Tage nur heißes Wasser, heiße Milch und heiße Butter zu euch nehmen, dann wird es euch wie Schuppen von den Augen fallen.«

Nachdem die verblendeten Götter diesen Rat befolgt hatten, konnten sie immer noch nichts sehen. »O Jagannatha«, flehten sie Vishnu an, »wo können wir Shambhu finden, daß wir ihm Ehre erweisen können?«

Vishnu antwortete: »Er ist in mir! Seht ihr ihn nicht?« Da öffnete er seine Brust und offenbarte das heilige Linga mitten in seinem Lotosherzen. Die Götter machten sich daran, das endlose, ewige, allheilige Zeichen mit Milch, gelbem Farbstoff, duftender Sandelholzpaste, dreiblättrigen Bel-Blättern und Lotosblüten sowie den kräftigsten aller Heilkräuter zu verehren. Dabei sangen sie die 1008 Namen Shivas, fragten sich aber insgeheim, wie es denn möglich sei, daß *Hari* (Vishnu) und *Ishvara* (Shiva) eins sein können, da der eine doch helle *(sattva)* und der andere dunkle *(tamas)* Eigenschaften habe. Vishnu erkannte ihre Gedanken und nahm Shivas Gestalt an. Der dreiäugige Gott mit dem Haarknoten und dem Schlangenschmuck wurde eins mit dem Gott, der die Wurfscheibe und die Seemuschel trägt. Alle Götter fielen in Anbetung nieder. Sie erkannten, daß beide Götter ein und derselbe sind.

Der arische Hintergrund

Die Arier Persiens (Iraner) und die vedischen Inder beteten, wie ihre nomadischen Vettern in den eurasischen Steppen, Naturgötter an. Dabei standen die lichten, strahlenden *Devas* (iranisch *daevas*, lateinisch *deus* = Gott und *devus, deva* = göttlich, abgewandelt zur *Diva* = Opern- oder Filmgöttin) und die Soma trinkenden Suras im Vordergrund. An ihrer Spitze stand der Himmelsgott *Varuna* (iranisch *Uruwna*, verwandt mit lateinisch *Uranus*), der Urahn und Hüter des ewigen Gesetzes (*Ritam*, iranisch *Arta, Asha*, verwandt mit lateinisch *ritus* und deutsch *Recht*). Auch die Götter hatten sich diesem Gesetz zu fügen. Mit Varuna befreundet war der Lichtgott *Mitra*, dem wir schon als Hüter der Eide und Verträge begegnet sind. Ebenfalls heilig war *Surya* (die Sonne), der Fürst der sich berauschenden Suras, zu dessen Ehren die »zweimal geborenen« Kastenhindus noch immer jeden Morgen und jeden Abend das *Gayatri* Mantra aufsagen. Als heilig galten alle Lichtgestalten wie beispielsweise die jungfräuliche Morgenröte *Ushas* (griechisch *Eos,,* lateinisch *Aurora*, germanisch *Eostera*, die Frühlingsgöttin). Heilig waren die heilkundigen, himmlischen Zwillingsbrüder, die *Ashwins*, deren blanke Rosse den Sonnenwagen entlang der Himmelsbahn zogen.[66] Dazu kommen Natur- und Wettergötter, wie der Donnergott *Indra*, dessen Blitzkeule den Bauch des Wolkendämons aufschlägt und den fruchtbaren Regen auf Felder und Weiden niedergehen läßt. Auch die Mutter Erde *(Prithivi Mata)*, die Gattin des Himmelsvaters, wurde in der Verehrung nicht vergessen.

Uns begegnet eine Naturreligion, die das Heilige im Wind, im Wort, im Wasser, im Blut und vor allem in Licht und Feuer erlebt und die weder Tempel noch bildhafte Darstellungen nötig hatte. In allem, was sie umgab, erlebten die Arier eine alles durchdringende kosmische, magische Kraft *(Brahman),* die durch Wort und Opfer bewegt werden konnte und deren Ausdruck die dreiunddreißig (oder 3339) Götter waren.

Das Opferritual (Sanskrit *Yajna*, iranisch *Yasna*) war die Brücke, die zu den Göttern führte. Das Opfer stand, wie bei den ebenfalls indogermanischen Römern *(sacrificium)* im Mittelpunkt des Kultes. Aus dem Opfer wurde die Welt erschaffen, durch das Opfer wurde sie bewegt. Im Freien, auf einer Grasmatte zwischen drei Feuern, wurde den Göttern die wertvollste Habe, Pferde, Stiere, Widder – in dieser Reihenfolge – angeboten. Besondere Priester, die »schönzüngigen« Hymnensänger *(Hotar)*, die pustenden Feuerschürer, die »schönhändigen« Zauberpriester *(Atharvan)*, die Bereiter des berauschenden Opfertrunkes Soma und die Brahmanen, die die Zaubersprüche aufsagten, leiteten die Zeremonie. *Agni* (das Feuer), der nimmersatte Mund der Götter, nahm die Gaben entgegen und vermittelte sie an die Himmlischen. Das Opfer der Arier wirkte als magische Kraft, die die Götter nicht nur friedlich oder gut gesonnen stimmte, sondern sie beherrschte, sie zwang, die Wünsche zu erfüllen. Der Fluch oder Segen eines Priesters, der die Zauberformeln kannte und dazu ein tadelloses, selbstbeherrschtes, dem *Ritam* folgendes Leben führte, hatte unglaubliche Macht. Vor ihm mußten sich Menschen, Götter und Dämonen gleichsam in acht nehmen. Noch heute werden in Indien Asketen und Brahmanen, die die Mantras kennen, als mächtig betrachtet, und ihr Fluch wird gefürchtet.

Die gewöhnlichen Toten wurden begraben und gingen zu *Yama* (iranisch *Yima,* verwandt mit dem germanischen *Ymir*), dem Urmenschen, der als erster Gestorbener zum König der Totenwelt wurde. Tote Fürsten und Priester wurden verbrannt und wie ein Opfer dem Feuergott Agni und der Lichtwelt übergeben, wodurch man sie dem Zwang der Wiederverkörperung entriß. Manchmal wurde auch ihre ganze Habe einschließlich ihrer Gattin dem Feuer übergeben. Eine Ehefrau, die freiwillig mit auf den Scheiterhaufen stieg und damit ihre Ehrwürdigkeit bewies, wurde als Sati, »die Tugendhafte«, bezeichnet. Die altarische Sitte der Witwenverbrennung wurde auch im Adel der heidnischen Skandinavier bis ins 10. Jahrhundert beibehalten.[67]

Meteorische Eisenstücke, die wie verdichtete Blitze mit einem Feuerschweif vom Himmel fallen, wurden von alten Völkern als »Donnerkeile« des Himmelsgottes verehrt. Wildpferde wurden überall gejagt, wo man sie antraf, aber die indogermanischen Stämme der asiatischen Steppe waren die ersten, die die Pferde zähmten und vor ihre leichten Streitwagen spannten. Die indogermanischen Hethiter, die nachweislich vedische Gottheiten anbeteten, schmiedeten im 2. Jahrhundert vor Christus an der Südküste des Schwarzen Meeres das erste Eisen. Diese martialischen Gaben des Kriegsgottes, Pferd und Eisen, ermöglichten eine gewaltige Machtentfaltung. In mehreren Wellen breiteten sich die Indogermanen über die ganze asiatische Steppe aus und drangen nach Europa, Kleinasien und ins Industal vor. Überall nahmen sie ihre Götter, Kulte, Zaubergesänge und Sitten mit, und da sie sich unter die Fremden mischten, versuchten sie alles Erdenkliche, um ihre heiligen Überlieferungen reinzuhalten.

Die Priester bemühten sich, das »reine Arische« von dem »unreinen Fremden« fernzuhalten. Die eroberten und zum Teil versklavten Völker wurden von den Riten ausgeschlossen, besonders von denen, die mit Heirat, Nahrungsaufnahme und Bestattungen zu tun hatten. Wir wissen um ähnliche Versuche, die die Priester der ebenfalls indogermanischen Griechen und Römer unternahmen, um die altüberlieferten Kulte und das Blut reinzuhalten. (Dem modernen Leser mögen sich an dieser Stelle die Haare sträuben, denn immerhin hat sich in der jüngsten Vergangenheit ein halbgebildeter Hitler verwandte Gedankengänge zu eigen gemacht und versucht, sie auf deutsche Verhältnisse zu übertragen.)

Die Hüter der Überlieferungen mußten aber zur Kenntnis nehmen, daß trotz aller Anstrengungen unaufhaltsam und fast unmerklich eine Anpassung und Eingliederung des Artfremden stattfand. Heimlich schlichen sich Veränderungen in die Aussprache der Zauberformeln ein. Trotz Verboten aller Art vermischte sich das Blut der Arier mit dem der *Anarya*, der Unterworfenen.[68] Unaufhaltsam stiegen die in den Untergrund verbannten einheimischen Götter und Geister wieder auf, verlangten ihre Kulte und vermischten sich mit den arischen Göttern. Es war die Furcht, daß die Sanskrit-Mantras ihre magische Macht verlieren, wenn sie falsch ausgesprochen werden, die *Patanjali* im 6. Jahrhundert vor Christus dazu bewegte, eine sorgfältige, den heutigen Wissenschaftskriterien standhaltende Grammatik zu schreiben. Es war die Furcht vor der Ausdünnung des Blutes, vor dem Unreinwerden, die die Brahmanen veranlaßte, das lockere indogermanische Dreiklassensystem – Priester, Kriegsadel und Volk – in das rigide, endogame Kastensystem umzuwandeln. Die oberen Kasten Indiens sind zwar immer noch etwas hellhäutiger, aber der Übergang ist so fließend, daß klar wird, daß die Rassenschranken nicht sonderlich gut funktioniert haben.[68]

Um den arischen Glauben zu festigen, wurden die mündlichen Überlieferungen niedergeschrieben. So entstanden die Weisheitsbücher, die Veden. Trotzdem bedurfte es unzähliger *Upanischaden,* um die Veden zu erklären und späteren Generationen klarzumachen, was damit eigentlich gemeint war. In den noch späteren Volkserzählungen, den *Puranas,* ist die Vermischung dann nahezu vollkommen. Viele arische Götter werden unbedeutend oder verschwinden ganz. Einheimische Götter schmücken sich mit arischen Merkmalen und werden zu den Beschützern der Veden erkoren. Wir sahen, wie beispielsweise der gehörnte, phallische Gott, der in Yogastellung auf den Siegeln von Harappa abgebildet ist, mit dem vedischen Sturmgott Rudra verschmolz. In der Geschichte, die nun folgt, erleben wir den Höhepunkt des gewaltigen Kampfes zwischen dem neueren Gottesverständnis und der alten arischen Opferreligion.

Dakshas Opfer

Daksha ist der Sohn des Schöpfers Brahma. Er entsprang dem Willen Brahmas, nach einer anderen Fassung seinem rechten Daumen. Sein Name bedeutet »der Rechte« (verwandt mit lateinisch *dexter* = rechts). Zehntausend Jahre lang erhitzte er sich in strengster Askese und wurde daraufhin von seinem Vater als Oberhaupt der *Prajapatis,* der Patriarchen und Hervorbringer der Geschöpfe, eingesetzt. Da Brahmas Kopfgeburten seinem Geist und Willen entsprangen und sich nicht vermehren konnten, beauftragte er Daksha, die geschlechtliche Vermehrung zu erfinden. Als Fürst der Opferpriester opferte Daksha die ursprüngliche androgyne, kosmische Einheit, teilte sie in »männliche« und »weibliche« Hälften und erschuf daraus die Götter, die Titanen, die Schlangenfürsten, die Rinder, die Vögel, die himmlischen Sänger und Tänzer und viele andere Kreaturen.

Als seine Söhne jedoch von dem dreiäugigen Gott Shiva hörten, verließ sie die Lust, sich zu vermehren. Sie wurden wandernde Entsager und verschwanden in den Weiten des Universums. Das erzürnte den Oberpriester und Schöpfer Daksha gewaltig. Er erschuf noch weitere Geschöpfe, darunter sechzig hübsche Töchter, von denen zehn mit dem Dharma, siebenundzwanzig mit dem Mond (Soma) und der Rest mit verschiedenen Göttern verheiratet wurden.

Die jüngste Tochter aber, die kluge, anmutige *Uma* (»Licht«), hat sich heimlich von ganzem Herzen in den dreiäugigen Shiva verliebt. Ihr ehrwürdiger Vater will davon absolut nichts hören. Hatte er nicht schon genug Ärger mit diesem Verrückten! Auf keinen Fall will er einen schmutzigen Bettler, einen wilden, ungekämmten, Rauschgift rauchenden, mit Asche beschmierten und mit zischenden Schlangen behangenen Außenseiter zum Schwiegersohn!

Als Uma ins heiratsfähige Alter kommt, wird sie nicht etwa, wie es beim gemeinen Volk üblich ist, verkuppelt, sondern als Prinzessin steht ihr ein *Svayamvara* zu, das heißt, sie darf ihren Ehemann selbst auswählen. Alle Fürsten der drei Welten werden eingeladen, um ihre Hand anzuhalten. Der unstandesgemäße Shiva wird selbstverständlich nicht benachrichtigt. Enttäuscht schaut sich Uma unter den vielen tausend Bewerbern um, von denen einer tugendhafter und schöner ist als der andere. Sie kann aber ihren Geliebten unter ihnen nicht ausmachen, um ihm als Ausdruck ihrer Wahl einen Blumenkranz um den Kopf zu legen. Mit einem Seufzer wirft sie den Kranz einfach in die Luft. Da erscheint Shiva auf wunderbare Weise und fängt den Kranz auf. Der Vater ist natürlich entsetzt, aber Brahma überredet ihn, die Vermählung doch zu segnen und die komplizierte Hochzeitszeremonie durchzuführen.

Wie es die arische Sitte verlangt, schenkt Daksha den beiden einen kräftigen milchweißen Stier, auf dessen Rücken sie nach Norden reiten. Als sie sich dem Berg Kailash nähern, werden sie vom Heulen der Wölfe, vom Fauchen der Gespenster, vom irren Gelächter und Gegröle der Waldteufel und Unholde enthusiastisch empfangen. Sie leben in der Wildnis auf dem Berg ohne ein Dach über dem Kopf und verbringen glückselige Tage der Liebeswonne.

Eines schönen Tages veranstaltet Daksha ein großes Opfer, ein *Yajna,* zu dem alle himmlischen Wesen, Rishis und Seher eingeladen werden. Alle anwesenden Götter und Göttinnen stehen ehrerbietig von ihren Sitzen auf, als der stolze Prajapati den Opferkreis betritt. Nur Shiva erhebt sich nicht, was den Oberpriester über alle Maßen in seiner Ehre kränkt. In Zukunft wird er diesen Flegel überhaupt nicht mehr einladen. Weder er noch seine heruntergekommene Tochter, von der gesagt wird, sie führe zuweilen gräßliche Tänze auf Friedhöfen auf, sollen von nun an einen Teil der Opfergaben erhalten. Dieser Beschluß steht fest! Als das nächste Opfer zelebriert wird, erfährt das geschmähte Paar erst davon, als bereits alle glitzernden Götterwagen zum Opferplatz fliegen. Uma ist über ihren Vater erbost: »Wie kann er sich erlauben, dir, der du das Universum selber bist, deinen Anteil an den Opfern zu verweigern?«

120

Shiva versuchte die Überschäumende zu beruhigen: »Ach, was soll's? Diese Opfer bedeuten mir wenig. Die, die mir ihre Hymnen in ihrem Herzen singen und mir ihre Seelen als Opfergabe geben, befriedigen mich viel mehr als das verbrannte Fleisch und das Gemurmel der strengen Brahmanen, wie dein Vater einer ist:!«

Die stolze Uma blieb untröstlich. Obwohl ihr Shiva davon abriet, rüstete sie sich mit ihrem Gefolge, um zum Pferdeopfer aufzubrechen. Man empfing sie eiskalt. Sie verbeugte sich ehrfürchtig vor ihren Eltern und berührte ihre Füße, wie es sich gehört, wurde aber nicht zurückgegrüßt. In Anwesenheit der anderen Götter fragte sie, warum man sie und ihren Mann nicht eingeladen habe. Das war zuviel für ihren Vater. »Dieser abscheuliche Aschemann! Dieser Fürst des Häßlichen! Nicht *Shiva*, »der Wohlwollende«, sondern *Ashiva*, »der, der Böses will«, ist er in Wirklichkeit! Verbannt sei dieser Teufel ein für allemal von den Opfern der Rechtschaffenen!« fluchte er.

In ihrem Zorn über diesen Fluch erhitzte sich Uma so sehr, daß sie auf der Stelle verbrannte und ihren Geist aushauchte. Andere Quellen berichten, sie habe sich in das Opferfeuer gestürzt und sei lebendigen Leibes verbrannt. So wurde sie die erste *Sati*. (Der Brauch, der von orthodoxen Hinduwitwen verlangte, sich auf dem Scheiterhaufen ihres toten Ehemannes mitzuverbrennen, heißt ebenfalls Sati. Er wurde im 19. Jahrhundert durch britische Gesetze verboten.)[69]

Umas erschrockene Begleiter und der Stier Nandi, auf dem sie angeritten war, wurden kurzerhand von den Priestern vertrieben, und das große Opfer wurde weitergeführt.

Als Nandi und die Sadhus Shiva von dem Ereignis berichteten, kannte dessen Zorn keine Grenzen. Er sprang auf, riß sich mit der Faust ein Büschel Haare vom Haupt, schlug damit auf den Boden, daß es dröhnte und die Haare zerborsten, wobei zwei schreckliche Gestalten aufsprangen. Vor ihm glühte unheilvoll die tausendköpfige, tausendarmige, mit allen Waffen und Reißzähnen versehene, bluttropfende, pechschwarze, bis zum Himmel lodernde Horrorgestalt *Virabhadras*, des sichtbar gewordenen Zorns. Daneben stand die schwarze, blutlüsterne, nur mit Schädeln und abgerissenen Gliedern bekleidete, auf einem von Mordgier getriebenen Tiger reitende *Bhadrakali*, die sichtbar gewordene Zerstörungswut. Mit einem »Dein Wille ist unser Befehl!« verbeugten sich die Schreckensdämonen vor ihrem Herrn. »Zerstört das Opfer der Brahmanen!« hieß der Befehl.

Inzwischen häuften sich die ungünstigen Zeichen am Opferplatz. Schakale heulten in den Atempausen, die beim Aufsagen der heiligen Mantras entstanden. Daksha spürte ein heftiges Seitenstechen in der linken Körperhälfte. Unheilschwangere, schwarze Wolken, aus denen Blitze wie Dreizacke zuckten, verdunkelten den Himmel.

Plötzlich brach der wilde Sturm herein. Die gräßlichen Horden Shivas, die heulenden Rudras mit Virabhadra und Bhadrakali an der Spitze, stürmten die heilige Opferrunde. Die Götter ergriffen ihre Waffen und schwangen sich auf ihre Reittiere, um den Angriff der trampelnden Horden abzuwehren. Der weise Rishi *Bhrigu* goß den Opfertrank in die Lohe und beschwor mit mächtigen Mantras eine schreckliche Dämonenarmee, die sich haßerfüllt auf die angreifenden Rudras stürzte. Es half aber alles nichts! Indra wurde verwundet. Vishnu bewußtlos geschlagen. Um der Wut zu entgehen, flohen die Götter zum Berg Kailash, um sich zu Shivas Füßen zu werfen und um Gnade zu flehen.

Inzwischen wurde das Opfergelände verwüstet. Es brannte lichterloh. Die Opferpfosten, die Priester und Sänger und die Opferpferde wurden in den Ganges geworfen. Dem alten arischen Gott *Bhaga* wurden die Augen ausgestoßen. (Seither wird Shiva *Bhaganetraghna* »Zerstörer von Bhagas Augen« genannt.) Dem Beschützer der Kühe, *Pushan,* trat das Monstrum Virabhadra mit dem Fuß sämtliche Zähne in die Kehle – seitdem kann er nur noch Brei und Bananen essen. Das heilige Feuer wurde entweiht, und zum Schluß schlug Virabhadra dem Oberpriester und Schöpfer Daksha den Kopf ab.

Eine weitere Fassung dieser Geschichte erzählt, wie der wutentbrannte Shiva in der Gestalt Rudras selber eingriff. Als Jäger trat er aus dem Sternbild Orion (der in griechischer Sage ebenfalls Jäger ist) hervor und jagte das vedische Opfer als flüchtiges Reh durch die Himmel, bis es seinen Pfeilen erlag. Ein Tropfen Schweiß fiel dabei als Feuerball von seinen Brauen auf die Erde und verwandelte sich in einen häßlichen, geduckten, schwarzen Mann mit roten Augen, dessen Haare gesträubt waren wie die eines tollwütigen Hundes. Er hatte Monsterzähne und trug die rote Kleidung eines zum Tode Verurteilten. Sein Name war *Jvara* (Fieber).

Nachdem sich die Lage etwas beruhigt hatte, bat Brahma, Shiva möge doch etwas gegen das Fieber tun, denn kein Geschöpf der Erde könne es überleben. Da zerteilte Shiva das Urfieber und verteilte es gleichmäßig. Es wurde zu den Kopfschmerzen der Elefanten, den Lavaflüssen der Vulkane, dem grünen Schleim im Wasser, der Faulheit der Schlangen, den unfruchtbaren Salzstellen auf dem Acker, der Blindheit der Kühe, der Verstopfung der Pferde, der Augenkrankheit der Kuckucke, dem Schluckauf der Papageien, den Leberkrankheiten der Schafe und natürlich zu all dem, was die Menschen Fieber nennen. So wurde das schreckliche Fieber erträglicher.

Inzwischen lagen die Götter zu Shivas Füßen, lobpreisten ihn mit gefalteten Händen und gestanden ihm den ersten Platz als *Mahadev*, »Gott der Götter«, zu. Mahadev gab sich zufrieden, verließ seine Rudra-Gestalt und wurde zum friedlichen Shankar. Nun baten ihn die Götter, ihren Kameraden Daksha wieder zum Leben zu erwecken. Auch dazu war Shiva bereit. Da Dakshas Kopf verschwunden war, entweder verbrannt oder von einem Monster aufgefressen, nahm Shiva den Kopf eines Ziegenbocks und setzte ihn auf die Schultern des Schöpfers. Von nun an wird der Prajapati mit einem Ziegenkopf abgebildet und sagt immer »Bom, Bom«, wie es die Ziegen zu tun pflegen.

Wieder lebendig geworden, betete Daksha nun Shiva an. Er hatte die Illusion des Größenwahns, die seinen Geist benebelte, endlich durchschaut. Nun belehrte Brahma, wie wir aus den *Sanskrit Puranas* wissen, seinen ziegenköpfigen Sohn: »Der Gnädige, dessen Flagge der weiße Stier ziert, hat dich von deinem Wahn befreit! Er ist derjenige, der in den Herzen aller Geschöpfe weilt. Er ist es, den die Sänger der Veden, die ganz im *Brahman* eingegangen sind, immer vor Augen hatten. Er ist das Selbst, der Same, das Ziel. Er ist es, den alle Mantras ansprechen. Wahrlich, diejenigen, die da glauben, daß Vishnu, der Schoß des Universums, ein anderer ist als Mahadev, irren und verstehen die Veden nicht.«

Andere Priester und Rishis – so die Legende –, die von dem unheilvollen Opferfeuer Dakshas versengt worden waren, blieben in ihrem Wahn befangen, daß Shiva minderwertig und unrein sei. Sie glauben bis zum heutigen Tag, daß nur Vishnu der Verehrung wert sei. Obwohl sie aufgrund ihrer Askese und tugendhaften Lebensführung immer wieder als Brahmanen wiedergeboren werden, werden sie bis ans Ende des *Kali Yuga* in ihrer Selbstüberheblichkeit und Ablehnung verharren.

Shiva, der Sünder

Soweit die Legende von der Unterwerfung des Schöpfers und Erzpriesters durch den Berserkergott Shiva. Der Konflikt war aber damit nicht beigelegt. Wie wir wissen, irrte Shiva, nachdem er seine Sati (Uma) auf diese Weise verloren hatte, befangen in der Dunkelheit *(Tamas)* seiner Wut und Trauer, wie ein Wahnsinniger durch die Welt. Als er in den Tannenwald kam, sahen die braven Einsiedler in ihm nichts als einen schmutzigen, nackten, sexgeilen Teufel, während ihre Frauen durch ihn in Versuchung gerieten. Diese Rishis stehen für den menschlichen Geist, ihre Frauen für die Seele. Beide sind im Wahn befangen und können Shiva nicht erkennen. Das Denken (die Rishis) projiziert die scheußlichsten Vorurteile auf ihn; das Fühlen (die Frauen) unterliegt einer unheilvollen Faszination. Shiva als Sinnbild des Selbst kann eben weder vom Denken noch vom Fühlen zum Objekt gemacht werden.

Die Spannung zwischen der vedischen Priesterreligion und dem wilden, unheimlichen Gott kommt noch in einer weiteren Geschichte zum Ausdruck, in der Shiva zum Brahmanenmörder wird. Das Töten eines Brahmanen war der schlimmste Frevel, den sich ein Arier vorstellen konnte. Der Mord an einem Adeligen *(Kshatriya)* konnte mit tausend Kühen gesühnt werden, der an einem einfachen Volksgenossen *(Vaishya)* mit hundert Kühen, der an einem Sklaven *(Shudra)* mit zehn Kühen, aber ein Brahmanenmord konnte nicht gesühnt werden![70]

Wie es zu der Freveltat kam, erzählen die *Sanskrit Puranas*: Zwischen den Schöpfungszyklen ruhte Gott – es handelt sich in diesem Fall um Vishnu – tief im Schlaf versunken auf der Weltenschlange im Urmeer. Plötzlich regte er sich. Der helle, reine Teil *(Sattva)* blieb bei ihm, der aktive, schöpferische Teil *(Rajas)* nahm die Gestalt des lotosgeborenen, fünfköpfigen Brahma an, und der träge, finstere Teil *(Tamas)* erschien mit drei Augen, Zottelhaaren und einer Nußperlenschnur in der Hand. Gleichzeitig entwand sich der erwachenden Weltenseele das schreckliche *Ahamkara*, der Egoismus, der sich der beiden letztgenannten Gestalten bemächtigte. So kam es, daß der finstere Rudra, in egoistischer Verblendung, den Großvater Brahma unhöflich ansprach: »Wo kommst du denn her, du alter Knacker?«, worauf der ebenfalls vom Eigensinn verblendete Schöpfergott im selben barschen Ton zurückfauchte: »Und du, woher kommst du?« Dabei verzerrte sich sein fünftes Antlitz fürchterlich und fing an, den luftgekleideten, dreiäugigen Rudra auf übelste Weise zu verleumden: »Ich werde dir sagen, wer du bist! Du bist der Dreck und die Dunkelheit selber! Ein Zerstörer bist du!«

Heute hätte er sicher: »Terrorist, Punk, Anarchist« oder dergleichen gesagt. Shiva reagierte dementsprechend auch wie ein Terrorist, indem er ihn mit dem bösen Blick fixierte und ihm dann mit dem Nagel seines kleinen Fingers den fünften Kopf absäbelte. Der Schädel des ermordeten Urbrahmanen blieb aber an seiner linken Hand kleben. Auf diese Weise ließ Shiva die glücklose Gestalt des Brahmanenmörders *Kalabhairava* entstehen, der auch *Kapalika,* der »Schädelträger«, genannt wird, und belegte ihn mit einem schweren Fluch: »Mißgestaltet, stinkend, hinkend und bettelnd mußt du ruhelos wandern. Von anderen verpönt, von der Rachefurie *Brahmahatya,* »Brahmanenmord«, einem flammenden Weib mit sperrangelweit aufgerissenem, mit Krokodilzähnen bestückten Rachen verfolgt, wirst du fliehen müssen, bis du eines Tages den heiligen Ort Benares erreichst. Dort, wo alle Sünden zu Asche werden, wirst du von dem Schädel, dem Zeichen deiner Schande, befreit werden!«

Nachdem er das vernommen hatte, wanderte der Übeltäter durch die drei Welten. Wer in ihm den großen Gott erkannte, wurde gesegnet. Doch die meisten Menschen konnten keine Nächstenliebe für ihn aufbringen. Sie haßten, fürchteten und mieden ihn.

Eines Tages kam er mit seinen gräßlichen Begleitern, den Gespenstern, Vampiren und anderen Höllenausgeburten bei Vishnu an. Er hielt die Schale hin, die er aus dem abgeschlagenen Schädel Brahmas gemacht hatte, und bat um eine Handvoll Reis. Der Torhüter *Vishvakshena* wollte ihn nicht einmal in der Nähe des Tores sehen. Wieder einmal tötete der Mörder, indem er dem Türhüter einfach mit dem scharf geschliffenen Dreizack den Kopf vom Rumpf trennte. Vishnu, der dazukam, erkannte in dem dunklen, mißgestalteten Bettler sogleich den großen Gott. Mit der Wurfscheibe spaltete der Gott, dessen Reittier der Adler ist, sein eigenes Haupt, so daß das Blut in Strömen floß.

»Großer Gott«, sagte er zu dem Dreizackträger, »dieses Blut sei meine Almosenspende!« Tausend göttliche Jahre lang strömte das Blut in den Schädel, der als Almosenschale diente, aber dieser wurde nie voll. Vishnu befahl der Rachegöttin, von dem Kapalika abzulassen, aber die Schreckliche ließ nicht locker. Erst als der Schädelträger in Benares einkehrte, dem Ort, wo in der Urzeit die Feuersäule erschienen war, fuhr die Furie laut kreischend in die Hölle zurück, und der Totenkopf fiel von seiner Hand. (Der Teich Kapalamochana, »der Ort, wo der Schädel fiel«, ist ein von sühnenden Pilgern viel besuchtes Heiligtum in Benares.)

Nun spaltete Shiva die Sündengestalt des Kalabhairava aus sich ab und tanzte einen wunderbaren Tanz auf der Schädelstätte, der alle Götter in Entzückung versetzte. Seither kann jede Sünde, und sei sie auch noch so schwer, in Benares gesühnt werden. Shiva verschwand wieder auf den Kailash, aber Kalabhairav ließ er als Stadtverwalter, Gendarm und Oberrichter zurück. Respektvoll nennen ihn die Bewohner der Stadt Benares den Sündenfresser *(Papabhakshana)*. Sie glauben, daß er, wie auch der Totengott Yama, alle ihre Vergehen in ein Buch einträgt. Um ihn aufzuheitern, feiern sie in den kalten Nächten der abnehmenden Mondhälfte im Monat *Margashirasha* (November/Dezember) ein Fest zu seinen Ehren.

Seit diesem Ereignis wenden sich alle Verbrecher, Mörder, Räuber und Diebe an Shiva oder an seine Begleiterin, die schwarze Kali, denn niemand kann ihre Seelennöte, Ängste und Verzweiflung so gut verstehen wie der Gott, der selber ein Brahmanenmörder, Heiligtumsschänder und Ausgestoßener war. Von welchem Gott könnte man sonst Gnade erwarten, als von ihm, der selber so lange sühnen mußte!

Dieser Gott der Sünder ist auch leicht zu erfreuen, leicht umzustimmen. Davon erzählen viele Geschichten, zum Beispiel die eines gewissen Durdhara, der wirklich der gemeinste Mensch war, den man sich vorstellen kann. Er achtete nicht einmal die heilige Kuh, sondern aß Rindfleisch, ohne mit der Wimper zu zucken. Er verpraßte sein Geld mit Weibern und Wein. Seine Stiefmutter vergewaltigte er, und er plante, einen unschuldigen Brahmanen umzubringen. Einmal ertappte ihn ein Gärtner beim Stehlen einer Blume, die er mit unlauteren Absichten der Frau eines anderen schenken wollte. Geschwind schleuderte er die Blume mit dem unbedachten Ausruf »Für Shiva!« weg und machte sich aus dem Staub. Diese kurze Anrufung Shivas brachte ihm, auf den das Höllenfeuer wartete, genügend Verdienste ein, daß er für einen Bruchteil eines Augenblicks in den Himmel blicken konnte. Dort sah er eine Himmelsjungfrau, deren liebevoller

Blick ihn so rührte, daß er alle seine Missetaten bitter bereute. Sie setzte sich auch dafür ein, daß er, ehe ihn der Höllenschlund verschluckte, noch einmal nach Benares gehen durfte. Ein Torhüter wollte den Sünder nicht in die heilige Stadt lassen. Da besprengte ihn die Himmelsjungfrau von einer Regenwolke aus mit Weihwasser, so daß er an dem Wächter vorbeigehen konnte. Als er nun die heilige Stadt Kashi betrat, fingen seine Sünden an, so lichterloh zu brennen, daß sich der Himmel davon blau färbte, aber seine Seele wurde gerettet.

Da Shiva leicht zu beschwichtigen ist, meinen sämtliche Missetäter noch heute, sie könnten durch Anbetung Mahadevs der Schicksalsvergeltung entrinnen. So kam es, daß Raubmörder wie die *Thugs*, die einst Pilger und Kaufleute überfielen, ausraubten und töteten, ihre »Arbeit« Shiva oder seiner Begleiterin Kali weihten. Noch heute stehen die *Dakoits* (Bauernbanditen), *Gundas* (Henkersknechte) und Taschendiebe dem Shivaismus nahe. Vergammelte Hippies – Treibgut der sechziger Jahre –, die nun in Goa, Bombay oder Kathmandu Rauschgift schmuggeln oder damit handeln, tätowieren sich gerne mit shivaitischen Motiven: Kobras mit aufgeblähten Hauben, Dreizacke und Shankar-Köpfe. Indische Kriminelle verkleiden sich gerne mit den roten Gewändern der Sadhus und geben sich als shivaitische Heilige aus, wobei sie oft leichtsinnige und neugierige westliche Touristen ausbeuten.

Swamis und Gurus warnen jedoch vor einer zu leichtfertigen Auslegung der Mythologie. Sie weisen schnell darauf hin, daß vieles, was einem in den Puranas und Sagen als moralisch anfechtbar vorkommt, nur Sinnbild ist: Wenn Shiva als »Herr der Diebe« bezeichnet wird, dann bezieht es sich auf die Gnade, die zu ungeahnter Stunde, wie ein Dieb in der Nacht, die Seele befällt. Shivas Grausamkeit richtet sich nicht gegen die Seele, sondern gegen die Wahndämonen, die die Seele plagen.

Eine spätere Auslegung, wahrscheinlich von einem um die Moral besorgten Swami geschrieben, rückt den Brahmanenmörder in ein besseres Licht.[71] Der fünfte Kopf Brahmas sei ein götterfressender Moloch gewesen. Die verängstigten Götter scharten sich um Vishnu, damit er sie beschütze, was er aber nicht vermochte. Shiva, der ja auch das Gift der Welt getrunken hatte, nahm die schwere Tat auch diesmal auf sich. Er schlug den ungeheuren Kopf ab, aber da dieser für die

Erde zu schwer war und den Ozean ausgetrocknet hätte, mußte er den Schädel beständig tragen. Aus Liebe zur Schöpfung trug er ihn, bis er sich seiner an der Schädelstätte zu Benares entledigte. (Für den vergleichenden Religionswissenschaftler ist es sicherlich interessant zu konstatieren, daß es auch in der christlichen Heilslehre die »Schädelstätte« (hebräisch *Golgotha*) ist, auf der Gott als gerichteter Verbrecher die Sünden der Welt tilgt.)

IX. Shiva als Teufel

Die vorhergehenden Bilder und Erzählungen künden von der Spannung zwischen den Geisteswelten der arischen Einwanderer und denen der dravidischen Ureinwohner, von der gelungenen Vermählung beider Traditionen und dem Aufstieg Shivas als Mahadeva. Im alten Persien dagegen keimte auf derselben indogermanischen Grundlage eine ganz andere Vorstellung auf. Wie in Indien erstarrte auch hier der alte arische Opferkult zum reinen Formalismus und konnte weder den Spannungen innerhalb der Gesellschaft noch den von außen kommenden Einflüssen mehr gerecht werden. Auch hier bedurfte das Seinsverständnis der Erneuerung. Diese Erneuerung verlief in entgegengesetzter Richtung als die bei den Vettern im Ganges- und Industal.

Zarathustra

Irgendwann vor dreitausend Jahren – die Gelehrten streiten sich noch immer um die genaue Zeit – erlebte Zarathustra (griechisch *Zoroaster*), der »Kamelreiche«, beim Hüten seiner Herden eine gewaltige, neuartige Gottesoffenbarung. Es war eine Vision, die die Welt bis heute nicht hat zur Ruhe kommen lassen. In der Einsamkeit der karstigen Gebirgssteppe erschien ihm eine Lichtgestalt, ein Engel des »weisen Herrn«, des *Ahura Mazda,* und offenbarte ihm die Wahrheit. Es ist diese Offenbarung, die die Wurzel des westlichen Religionsverständnisses bildet. Nicht nur die »Feueranbeter« Persiens und ihre Priester, die Magier *(Magi)* und die Parsen Indiens zehren noch heute von dieser Botschaft, sondern auch das Judentum, Christentum und der Islam sind seine Geisteskinder. Es kommt nicht von ungefähr, daß bei der Geburt des Jesus von Nazareth drei Magier, die sogenannten Weisen aus dem Morgenland, an der Krippe Pate standen.

In den östlichen Religionen gibt es Gut und Böse an sich nicht, außer als Täuschung *(Maya)* oder als Spiel Gottes *(Lila)*. So kann Shiva den Seelen, je nach ihrer Verfassung, als Gott oder als Teufel erscheinen, ohne daß dies ein Widerspruch wäre. Zarathustra aber sieht das anders. In seiner Schau zerfällt die Welt in die Gegensätze Wahrheit und Lüge, Weiß und Schwarz, Gut und Böse. Ein unversöhnlicher Gegensatz, eine Kluft ist aufgetan, die nicht zu überbrücken ist, sondern vom Menschen, von jedem einzelnen eine ethisch-moralische Entscheidung fordert.

Dem guten Schöpfer Ahura Mazda steht der »böse Geist« *Angra Mainyu (Ahriman)* gegenüber. Ahura Mazda verwaltet das *Asha* (Recht, Gerechtigkeit, Ordnung, Wahrheit), also das Dharma, während Ahriman den Trug *(Druj)* verbreitet. Die bedingungslose Schlacht zwischen diesen beiden Prinzipien wird im Makrokosmos der Natur ebenso wie im Mikrokosmos der einzelnen Seele ausgetragen.

Ahura Mazda ist Herr und Gott. Er hat keine Frau wie die indischen Götter, und keine besonderen Legenden und Geschichten umranken seine Lichtgestalt. Er ist der Schöpfer, der alles Gute erschuf: das herrliche Sternengewölbe, den Urstier, den Menschen, Kühe, Hunde, die Erde, die Engel und sämtliche Tugenden. Sein Widersacher, der Höllenfürst, dagegen verdarb die Schöpfung, indem er das Schlechte machte, das darin zu finden ist: bewegliche Planeten, Schlangen, Ratten, Reptilien, Fliegen und anderes Ungeziefer, alles Unreine und Verpestete, alles Häßliche und Tugendlose, allen Lug und Trug. Am Anfang der Zeit, zu Beginn der vier Weltenalter vor zwölftausend Jahren, drang Ahriman in die Welt ein. Er tötete den Urstier und den Urmenschen Gayomart, wobei die physische Materie, die Sexualität und die Leidenschaft entstanden. So wurden das Helle und das Dunkle, das Gute und das Böse arg durcheinandergemischt. Es ist die Absicht des Höllenfürsten, die Schöpfung restlos zu verderben, aber Gott und seine himmlischen Heerscharen *(Amesha Spentas)*, die guten Geister, vereiteln das.

Die Nachfolger der zoroastrischen Lehre glauben, daß sich die Lage ständig verschlechtere. Ahura Mazda vernahm das Seufzen der geschundenen Kreatur und schickte Zarathustra, um die rechte Lehre zu verbreiten. Er wurde von einer reinen Jungfrau geboren, die beim Baden in einem heiligen See, in dem seit Anfang der Zeit sein Samen aufbewahrt war, geschwängert wurde. Der Prophet verdammte die strenge Askese ebenso wie die rauschhafte Ekstase. Der beste Weg, um die in der Materie gefangenen göttlichen Lichtpartikel wieder aus der Dunkelheit herauszulösen, sei die nüchterne, schlichte Bauernarbeit, das Hegen und Pflegen des Viehs und der Äcker. (Weil Zarathustra für die Wertschätzung der landwirtschaftlichen Arbeit eintritt, feiern die theosophischen und anthroposophischen Esoteriker ihn als den großen Eingeweihten, der den landwirtschaftlichen Impuls aus höheren Ebenen ableitet.) Er spricht sich gegen den Rauschtrank und gegen blutige Opfer aus und für den Schutz der Kühe und die Reinhaltung der Elemente. (Seither dürfen die Leichen seiner Anhänger weder in der Erde begraben, im Wasser versenkt, noch im Feuer verbrannt werden.) Einen Endkampf, eine Apokalypse, prophezeit er, wobei der Teufel Ahriman und sein Gefolge geschlagen und auf ewig in die bodenlosen Tiefen der Höllen verbannt werden. Ein Heiland, ein *Saoshyant,* wird kommen. Die Toten werden auferstehen und zum letzten Gericht erscheinen. Dabei werden sie von ihrem Gewissen, das ihnen als weibliches Wesen erscheint, über eine messerscharfe Brücke geleitet werden. Den Guten erscheint es als Engelsgestalt und leitet sie ins Paradies. Den Bösen erscheint es in einer so schrecklichen Gestalt, daß sie das Gleichgewicht verlieren und Hals über Kopf in den brodelnden Höllenrachen stürzen. Zuletzt wird ein Strom aus glühendem Metall die Erde vernichten.

Interessant an der Vision Zarathustras ist die Umdeutung der alten Götter, der *Daevas* (Sanskrit *Devas*). Sie werden zu Teufeln, zu Gefolgsgeistern des Ahriman. Ausdrücklich werden die vedischen Götter angeprangert, wie der Donnerer Indra, die Himmelszwillinge *(Ashwins)* und *(Sarva),* der kein anderer als Rudra-Shiva ist. Den Deva-Anbetern wird mit der Hölle gedroht.[72] Die *Ahuras* dagegen, mit Ahura Mazda an der Spitze, werden zu den guten Gegnern der bösen Devas. (Ahura Mazda ist eigentlich kein anderer als der umgewandelte Himmelsherr und Ordnungshüter Asura Varuna.) In den alten vedischen Schriften erscheinen sie als *Asuras* (von Sanskrit *Asu* = Hauch, Luftzug) und sind, wenn auch Antigötter, weder sonderlich gut noch böse. Erst in den späteren Schriften *(Brahmanas)* treten sie als Gegner der Devas auf. In den *Upanischaden* heißt es, daß Devas und Asuras am Anfang gleich waren, aber die Götter wurden göttlich, weil sie die Wahrheit liebten, die Asuras wurden schlecht, weil sie ihren Vorteil bevorzugten. In den Volkserzählungen heißt es, die Götter seien dem Alten Prajapatis entsprungen, die Asuras dagegen seinem Darmwind.

Beim Buttern des Urozeans teilen sich die Götter und die Antigötter die Arbeit des Quirlens. Dabei werden die Asuras um den ihnen zustehenden Anteil am Trank der Unsterblichkeit geprellt. *Sura* ist ein berauschendes Getränk, ein Wein, der in einem Atemzug mit *Soma* genannt wird. Die Asuras sind demnach »Nicht-Trinker« *(A-Suras)*. Im Gegensatz zu den Göttern, die manchmal *Suras* genannt werden und die auf den Fittichen gehobener Stimmung schweben, sind die Asuras nicht »high«, nicht angetörnt (um es im Jargon der Szene auszudrükken). Wir sehen also eine völlige Umkehrung und Umwertung der übersinnlichen Soziologie, die sich unter Zarathustra vollzog. Für ihn und seine Nachfolger sind die Anhänger der Devas »Götzenanbeter«. Daß die Anhänger Shivas nach dieser Auffassung sogar zu Teufelsanbetern werden, steht wohl außer Zweifel.

Das Bild des Satans in den westlichen Religionen geht auf Zarathustras Verdammung der Devas, vor allem aber auf die Verdammung Shivas zurück. Shiva ist der hochmütige Luzifer, der sich nicht vor dem Schöpfer verbeugen wollte und deswegen aus dem Heiligtum ausgestoßen wurde. Der aschebeschmierte Ekstatiker, der gerne mit seinem wilden Gefolge auf den Scheiterhaufen der Verbrennungsstätte (Sinnbild für die vergängliche Welt) tanzt, wurde zum schmutzigen Teufel verkehrt, der um das Höllenfeuer tanzt, in dem die Verdammten schmoren. Sein Dreizack wurde zur Teufelsgabel und die Tierfelle, in die er sich kleidet, zu seinem Haarpelz. Auch seine scheinbar zügellose Sexualität, sein Phallus, seine Rauschsucht − Shiva genießt Ganja und Stechapfel −, seine Faulenzerei, das Betteln und die ihn schmückenden Schlangen wurden gründlichst dämonisiert. Die Mondsichel, die als Diadem seine Haarpracht ziert, konnte leicht zu Hörnern umgedeutet werden, wodurch er mit anderen hörnertragenden heidnischen Schamanengöttern identifiziert wurde.

Mahadevs Schlangen wurden in Zarathustras Augen zum reinsten Zeichen für das verabscheuungswürdige Böse. In älteren Kulturen dagegen war das Kriechtier Sinnbild des sich immer neu gestaltenden Lebens, der Heilung (beispielsweise Äskulapnattern) und der Fruchtbarkeit. Schlange und Muttergottheit gehörten zusammen wie Linga und Yoni. In Schlangengestalt kriecht die Gottheit in die dunklen Schlupflöcher der Erde und befruchtet die Erdenmutter.[73]

Noch heute lebt in Indien der Glaube, daß Kobras unfruchtbare Frauen fruchtbar machen. Zum Schlangenfest, dem *Naga Panchami*, werden giftige Brillenschlangen gefangen und von kinderlosen Frauen wie Gottheiten verehrt, bevor sie wieder freigelassen werden. Auch in der Bibel verführt die kluge Schlange das Weib, die Mutter der Menschheit am Weltenbaum. Eine persische Legende erzählt, daß die Frauen mit der Monatsblutung bestraft wurden, weil Eva mit der Schlange gebuhlt habe. Nach dem katholischen Glauben war es erst die unbefleckte himmlische Jungfrau Maria, die die »alte Schlange« wieder in den Staub trat.

Wie das Bild des im Feuer tanzenden Teufels, so entstammt auch das der reinen, mit Federschwingen beflügelten, lange weiße Gewänder tragenden Engel und Erzengel der Vorstellung des Zarathustra. Selbst unser Bild vom lieben Gott, den man sich als strengen, aber gütigen alten Mann mit wallendem Bart und im langen weißen Nachthemd vorstellt, geht auf zoroastrische Darstellungen Ahura Mazdas zurück.

Uns, die wir im jüdisch-christlichen Westen aufgewachsen sind, erscheinen diese Ideen gar nicht so fremdartig. Sie sind uns bereits aus dem Alten Testament geläufig, denn die alten Hebräer haben vieles von den Zarathustrapriestern übernommen. Als im Jahre 587 vor Christus Jerusalem von den babylonischen Götzen- und Muttergottheitsanbetern dem Erdboden gleichgemacht wurde, wurde das »auserwählte Volk« in alle Winde zerstreut. Viele kamen in die »babylonische Gefangenschaft«. Fünfzig Jahre danach schlug der zarathustrische Perserkönig Kyros II. die Babylonier, befreite die Hebräer und ließ die verwüstete Tempelstadt Jerusalem wieder aufbauen. Gleichzeitig gelangten viele Lehren seiner zarathustrischen Gönner in den jüdischen Glauben: Ein universaler, allmächtiger Gott ersetzte den stürmischen Stammesgott, der sich einst auf dem Sinai offenbart hatte. Es entstand der Glaube an den absoluten Gegensatz zwischen dem gerechten Gott und dem gefallenen Satan *(Shaitin)*, an die Engelshierarchien, an den kommenden Messias, an den »heiligen Geist«, der vom himmlischen Vater ausgeht, an die Entscheidungsschlacht *(Armageddon)* zwischen Gut und Böse, an die Auferstehung des Leibes am jüngsten Tage und das letzte Gericht, an die Belohnung im ewigen Himmel oder in der Hölle (Satans Hölle ersetzte den Glauben an einen unbestimmten Ort der Schatten, *Sche'ol*). Auch das enthaltsame, arbeitsreiche Leben der weißgekleideten Essenermönche, die in ländlichen Kommunen am Toten Meer den »Lehrer der Gerechtigkeit« erwarteten, trägt ganz das Siegel der zarathustrischen Weltanschauung. Johannes der Täufer und wahrscheinlich auch Jesus kamen aus solchen Gemeinschaften. Besonders in der letzten Zeit der römischen Besetzung schlug die Messias-Erwartung hohe Wellen.

Die Gestalt eines Zarathustra, eines vom Gerechtigkeitswahn besessenen, predigenden Moralpropheten, weicht sehr von der eines Sadhu, eines schamanistischen Ekstatikers oder eines buddhistischen Bettelmönches ab und lebte in den alttestamentarischen Propheten und allen darauf folgenden christlichen und moslemischen Eiferern fort. Wir sehen ihn in Mohammed ebenso verkörpert wie in Jean Calvin, dem Vater der Puritaner, in den amerikanischen Erweckungspredigern ebenso wie in dem moralisierenden Karl Marx. In der um Reinheit ringenden und dem Satan die Stirn bietenden Gestalt des Ayatollah Chomenei ist er wieder in seiner persischen Heimat aufgetaucht.

Nachdem der Heide »Alexander, der Verfluchte« (so bezeichnen die Parsen den mazedonischen Eroberer noch heute) das stolze Perserreich in Schutt und Asche legte und die heiligen zarathustrischen Schriften verbrennen ließ, begann der Stern dieser Religion zu verlöschen. Ihre Grundideen pflanzten sich jedoch erfolgreich fort, nicht nur im Judentum oder im Christentum, sondern auch in anderen Strömungen, wie dem Manichäismus, der seinerseits viele ketzerische und esoterische Bewegungen beeinflußte.[74] Auch der Islam, der dem Satan und allen Götzen den totalen Krieg angesagt hat, erweist sich, was seine Glaubensinhalte, das fünfmalige tägliche Beten und die abstrusen Reinheitsgebote und Obsessionen mit den Körpersäften (Speichel, Sperma, Mensis, Blut) betrifft, als wahres Enkelkind der Lehre des Zarathustra.

Die Botschaft ist immer wieder die gleiche, vom selben Dramatiker geschaffen, nur auf den verschiedenen Bühnen jeweils anders inszeniert. Das Drama nimmt seinen Anfang mit der Schöpfung und läuft geradlinig bis zum glücklichen Ende. Dazwischen liegt der spannende Kampf zwischen dem Schöpfer und dem Zerstörer, das Herabkommen eines Verkünders des wahren Wortes (Prophet oder Heiland) und die Aufforderung, persönlich am Endsieg des Guten mitzuarbeiten. Auch der Marxismus, eine moderne, säkuläre Ausgeburt dieses Geistes, weicht von dem Schema nicht ab: Paradieszustand (Urkommunismus), Sündenfall (Profitsucht), Kampf zwischen den Guten (wertschaffende Werktätige) und den Bösen (Ausbeuter), das Prophetenwort der Trinität Marx, Engels, Lenin, Endkampf (Klassenkampf), Gericht (Enteignung) und Endsieg des Guten (Zeitalter der allgemeinen Gerechtigkeit).

Die Erde läuft gut

Würde man sich zu einem aschebeschmierten shivaitischen Sadhu in den Schatten eines Pipalbaumes setzen und ihm dieses grandiose Drama darlegen – wie es so manche Missionare getan haben –, dann würde er wohl schmunzeln, den Kopf schütteln und sagen: »Das, was ihr da Wirklichkeit nennt, ist doch nur eine der unzähligen Wirklichkeiten in unzähligen Universen, und wenn sie von vielen geglaubt wird, ist das eben Massenwahn. Der Ablauf der Geschichte ist doch nur das Rad des *Samsara*, das ewige Kreisen der Illusionen, das Spiel Shivas. Wo soll es da einen Anfang, ein Ende oder gar eine Vollendung geben? Es ist doch schon alles vollendet.«

In gewissem Sinne hat Bhagwan Shree Rajneesh recht, wenn er meint, es gäbe im Grunde genommen nur zwei Religionen, und die »Wasserscheide« zwischen beiden sei das Hochland von Iran. Auf der einen Seite sind die verschiedenen Richtungen des jüdisch-christlich-islamischen Bekenntnisses, auf der anderen das vom indischen Denken ausgehende Weltbild Süd- und Ostasiens (Hinduismus, Buddhismus, Jainismus). Hier herrscht nicht die Vorstellung, daß Gut und Böse unversöhnbare Gegensätze sind, wobei man das Böse bis aufs Messer bekämpfen muß. Die Gegenüberstellung gilt als der wahnhafte Zustand unseres sich von der Ganzheit abkapselnden Egos. Nur das Ego – auch wenn es sich scheinbar selbstlos auf die Gemeinschaft überträgt – sieht sich in einem verzweifelten Kampf gegen Tod und Finsternis. Es steht schlecht um das sterbliche, beschränkte, wahnsinnige Einzelwesen! Das eigentliche Selbst (Shiva) weilt jedoch ewig im totalen Sein, im ungetäuschten Bewußtsein und in ungeteilter Wonne. Ist der Geist einmal aus seinem Ego-Gefängnis befreit – sei er nun im Leib oder außerhalb des Leibes (auch das ist Illusion) –, dann läuft alles, wie es soll.

Wolfgang Neuss, der einst bekannte Kabarettist mit der Pauke, der nun als unerkannter mitteleuropäischer Sadhu in Berlin, dem Scheiterhaufen des 20. Jahrhunderts, sein Chilam raucht, gibt diesem Gedanken Ausdruck in seinem Gedicht *Die Erde läuft gut*.[75]

> ...Die Welt sagt: »Die Erde läuft gut, wie sie läuft, die läuft gut.«
> »Seit Milliarden Jahren«, sagt die Erde, »läuft die Welt gut, wie sie läuft!« Ja, aber haste denn nicht Auschwitz gesehen – »Die Erde läuft gut, wie sie läuft, die Welt läuft gut.«
> Und jetzt kommen wir, wir Jungen, wir Alten, wir Menschen und sagen: »Aber Fortschritt muß doch sein!« Da sagt die Erde: »Die Welt läuft gut, wie sie läuft, die läuft gut. Das ist die Tatsache, ein Gesetz. Das ist der Urgeist, und da ist nichts dran zu rütteln. Die Erde läuft gut, wie sie läuft«...

Da die Erscheinungen das Spiel *(Lila)* der ewigen Wonne sind, kann das Selbst zu seiner Ergötzung jede Daseinsweise und Gestalt annehmen, auch die des furchtbarsten Teufels, des tollwütigen Hundes Bhairava oder der rasenden, blutschürfenden Kali. Gott kann als Brahmanenmörder erscheinen und in seinem vorgelebten Leid dem Verwirrten, der ebenfalls ungeheure Sünden gegen das Dharma begangen hat, den Weg nach Benares weisen, wo die Feuer der Reinigung brennen und die heilenden Wasser des Ganges am reinsten fließen. So kann Shiva als Teufel erscheinen und trotzdem von seinen Verehrern mit liebevoller Hingabe angebetet werden. Ebenso kann auch Buddha im Mahayana- und Vajrayana-Buddhismus als glotzender, feuersprühender Dämon erscheinen und verehrt werden. Es ist doch nur unser wahnhaftes, angstgetriebenes Ego, dem er so wie in einem Spiegel erscheint. All das ist nur das Selbst, das sich in unendlichen wunderbaren, schrecklichen, herrlichen Zauberbildern dem Selbst offenbart.

Der gerechte Kampf

Seit der große persische Magier seine Zauberworte ertönen ließ, werden in westlichen Kulturkreisen verzweifelt heldenhafte Anstrengungen unternommen, um das Böse völlig abzustreifen und die dunkle Gestalt der »alten Schlange« zu bannen. Dies ist auch die treibende

Kraft der Fortschrittsideologie, die alles Leiden, jede Krankheit und selbst den Tod besiegen will. Da aber das absolut Reine und Gute ohne seine gegensätzliche Ergänzung sinnlos, ja nicht existent ist – ebenso wie es keinen »Auserwählten« ohne einen Verdammten, keinen »Puritaner« ohne einen Abtrünnigen gibt –, beschwören sie in ihrem Eifer geradezu den Widersacher. Gegensätze gebären einander. Deswegen lauert das Böse überall, deswegen müssen sich die »Guten« ständig zur Wehr setzen. Es ist das Gesetz der Gegensätze, das im nimmer endenden Kampf der Götter gegen die Dämonen in der indischen Mythologie zum Ausdruck kommt, aber wehe der Seele, die darin befangen ist und vergessen hat, daß auch dies Maya ist.

Allzuleicht identifiziert sich das Ego mit dem Guten, allzuleicht läßt sich das Unheimliche im anderen erkennen, im Fremden oder Außenseiter, der nicht ins soziale Gefüge paßt. Als beispielsweise gegen Ende der Völkerwanderungszeit grölende, berauschte Wikinger aus ihren Drachenschiffen stürmten und friedliche Dörfer und Städte plünderten und brandschatzten – welcher wahre Christ mochte da noch am Teufel zweifeln! Sogar Hörner trugen die Heiden auf dem Kopf und bekannten sich zu dem Teufel Odin. Später, im Mittelalter, tauchte das dunkle, fremdartige Volk der Zigeuner[76] auf, die den »Teufel« und den Mond anbeteten, wahrsagten und unordentlich durch die Länder stromerten. »Wenn sie vorüberziehen«, so hieß es, »sterben die Kinder, siecht das Vieh dahin. Sie lassen einen Geruch nach Schwefel, einen Sog der Hölle hinter sich zurück. Sie sind die Abgesandten des Teufels...«[77]

Man brauchte aber gar nicht so weit zu gehen. Schon in den eigenen Reihen, besonders unter den Weibsleuten, gab es Teufelsvolk – die Hexen! In wilden, entlegenen Gegenden feierten kräutersammelnde Weiber, Hebammen und andere, die sich mit Hexenschmiere berauschten, orgiastische Feste zu Ehren eines stinkenden Bocks mit kaltem, aufrechtem Phallus und zauberten angeblich ihren Mitmenschen Schaden an. Diese heimtückischen, sinistren Gesellen wurden von Dakshas geistigen Nachkommen in Kirche und Staat mit allen Mitteln verfolgt. (*Daksha*, wir erinnern uns, bedeutet der »Rechte«, verwandt mit dem lateinischen Wort *dexter*, im Gegensatz zu *sinister*, was »finster, heimtückisch, links« bedeutet.) Tatsächlich huldigten die Hexen ihrem gehörnten Gott, dem Nachfolger des griechischen Pan oder des keltischen Cernunnos in einem uralten Fruchtbarkeitskult. Der Ausdruck »Bock« bezieht sich nicht nur auf ein gehörntes Tier, sondern auch auf den slavischen *Bog* (Gott), verwandt mit dem indischen *Bhag* (Gott, der Spendende).

Solche Beispiele lassen sich überall und zu allen Zeiten belegen. Doch nicht nur im Nachbarvolk oder bei den Abtrünnigen aus den eigenen Reihen, sondern sogar in der eigenen Seele, die zuweilen bis zur härtesten Selbstpeinigung geläutert werden muß, machen sich die Impulse des finstren Fürsten immer wieder bemerkbar: Sexualgelüste, unterdrückte Rachegefühle, Neid, Gier, Angst, Haß. Je mehr man sie unterdrückt, desto stärker drängen sie nach oben. Heimtückisch wie Giftnattern schleichen sie sich ein und betrügen den Menschen um seinen Seelenfrieden. Da hilft nur völlige Unterwerfung (Islam), peinliche Gesetzeseinhaltung (Judentum) oder Buße und das Flehen um Gnade (Christentum).

Kein Wunder, daß der shivaitische Tantriker Bhagwan Shree Rajneesh in Oregon, umgeben von christlichen Fundamentalisten, wie es sie nur in Amerika geben kann, fast ums Leben kam. Nicht im Widerstand gegen die Gelüste und Triebe, sondern in ihrem gottgeweihten Ausleben kommt der Mensch zu sich selbst, zu Shiva, und erlangt die Erleuchtung, lehrte er seine verspäteten Blumenkinder. Erst wenn die Feuer der Lust ausgebrannt sind – sei es Lust auf Geld, Macht, Drogen, viel Essen oder auf Sex jeglicher Art –, kann die gefährliche Urkraft *(Shakti)* sublimiert und vergeistigt werden. Diese Urkraft ist die *Kundalini*-Schlange, die in den niederen Leibesregionen schlummert, bis sie vom Geist erweckt wird und die dann, sich in die Göttin verwandelnd, nach oben steigt, um sich in Wonne mit dem Bewußtsein zu vermählen. Wer diese Kraft umkehrt, um sie gegen sich selbst, gegen die Triebe einzusetzen, wird frustriert bleiben und sich ständig bedroht fühlen. Das Verbotene wird nie überwunden und gereinigt werden, sondern eine ständige Faszination ausüben. Wie ein von einer Schlange gebanntes Kaninchen wird der Mensch seine Augen nicht davon abwenden können.

Wer auf diese Weise krampfhaft seine Shakti-Kraft unterdrückt, wird auch nicht bei sich selbst aufhören. Im Gegenteil, die drohende Gefahr des Bösen läßt sich immer viel leichter am anderen Ende des Zeigefingers ausmachen. Wenn sich mehrere Eiferer auf einer Linie zusammenfinden, entsteht ein System. Eine weitere, auf tönernen Füßen stehende, von Heuchelei durchsetzte, mit Ge- und Verboten gespickte und von argwöhnischen Priestern oder Funktionären überwachte Einrichtung (Religion, Sekte, Partei, Bewegung) betritt die irdische Bühne.

Rajneesh riet seinen Zuhörern, die Kundalini-Schlange ruhig aufsteigen zu lassen und sich des dunklen, furchteinflößenden Schattens, der im Seelenkeller schmachtet, liebevoll anzunehmen, denn auch das ist Shiva! In anderen Worten, er riet seinen Anhängern, den Dakshas (wir alle sind Dakshas, Schöpfer unseres eigenen Universums), den schmutzigen, langhaarigen, Rauschgift rauchenden Schwiegersohn, der sich anmaßt, sich an unserer jüngsten Tochter zu vergreifen, voll zu akzeptieren. Die zarte Tochter (das Bild unserer Seele) liebt ihn nämlich, und unter dem schmutzigen, rauhen Pelz des Bärenhäuters verbirgt sich – wie auch unsere Volksmärchen wissen – der Prinz (das Bild unseres wahren Selbst). Nur so würde der Friede nicht nur in die eigene Seele einkehren, sondern auch in die Welt!

Dieser Bhagwan muß wirklich verrückt gewesen sein, so etwas in einem Land zu lehren, wo der zarathustrische Geist in erstaunlicher Reinheit lebt. »Diese verrückten, orangegekleideten Hippies sind dem Teufel verfallen!« predigte es unablässig von den Kanzeln der umliegenden Gemeinden. Ununterbrochen wurde für sie gebetet. Straßenschilder wurden an den Einfallstraßen nach Rajneeshpuram, das einst Antilopeville hieß, aufgestellt mit der Warnung aus Dantes Hölle: »Laßt, die ihr eingeht, alle Hoffnung schwinden!«

Als Zarathustra die Welt in Gut und Böse zerlegte und dabei den alten Göttern – den alten Archetypen in unserem »Reptilienhirn« – den Kampf ansagte und versuchte, sie auf ewig in die dunkelsten Tiefen zu verbannen, da war es auch um die Natur schlecht bestellt. Die organische Lebenseinheit wurde mit dem am Stein falscher Vorstellungen gewetzten Messer des Intellekts in zwei Hälften gespalten. In der heiligen zoroastrischen Schrift, dem *Avesta*, werden die Kinder der Erdenmutter säuberlich in Nützlinge und Schädlinge eingeteilt – eine folgenschwere Einteilung, die wir in unserem Denken bis heute noch nicht überwunden haben. Als gut, nützlich und rein gelten die Pflanzen und Tiere der Hirten und Ackerbauer, vorwiegend Rinder und Hunde, Obst und Korn. Als ahrimanisch, bösartig und unrein gelten Schlangen, Spinnen, Skorpione, Wölfe, Frösche, Fliegen und derartige Geschöpfe. Weißbekittelte zarathustrische Magier verehrten Gott, indem sie ihre Tage damit verbrachten, Ungeziefer – Fliegen,

Lurche, Kriechtiere, Kerbtiere, Würmer – massenweise zu vernichten. Früher mag das nicht allzu viele ökologische Schäden angerichtet haben, aber was fangen wir heute an mit demselben Denkschema, mit unserem Arsenal an verheerenden »Pflanzenschutzmitteln« und Schädlingsvertilgern?

Das Töten anderer Lebewesen kommt weder für den shiva-bewußten Hindu noch für den Buddhisten oder Jainisten in Frage, denn jedes Lebewesen, auch die kleinste Fliege, hat ein Recht auf sein Dasein und damit eine Möglichkeit, sein Karma auf dem unendlich langen Weg zur Erleuchtung zu verbessern.

»Leben und leben lassen« ist ein Umweltverständnis, das in den sechziger Jahren durch erneute Begegnung mit indischem Denken und indischer Lebensweise verstärkt wurde. Alles, jedes Unkräutlein und jedes Geschöpf, das da kreucht und fleucht, hat seinen sinnvollen Platz im Ganzen. Der schreckliche Kampf gegen die Natur, gekoppelt mit einem Wirtschaftssystem, das ungebrauchte Ware überproduziert, ist ein Irrtum. Es ist ein Kampf gegen uns selbst, gegen unser Selbst. Es gilt, sich mit dem ungeliebten Teil der Schöpfung zu versöhnen, diesen unbequemen Shiva zum großen Opferfest des Daseins einzuladen, aber unsere Dakshanatur, der sture Ziegenkopf, der uns führt, kann sich nicht überwinden, kann nicht wie die Märchenprinzessin den kalten Frosch küssen, damit er zum Prinzen wird.

X. Die Göttin

In den heiligen Schriften der in das Industal einwandernden arischen Hirtennomaden spielen die weiblichen Gottheiten eine fast ebenso geringe Rolle wie in der Bibel der ebenfalls viehtreibenden Hebräer. Im Laufe der Zeit aber wurden alle Götter der Inder mit einer Göttin vermählt, bis dann schließlich, besonders im bengalischen Mutter- und Shaktikult, die Göttin als das ganze Universum verstanden wurde. Sie wird als *Maya* (die Täuschung des Daseins) aufgefaßt, die jede Gestalt annimmt, und als *Kala,* die ewig werdende und vergehende Zeit. Sie ist die Energie *(Shakti),* die alles in Bewegung bringt, erhält und wieder auflöst.[78] Shiva ist dabei nur der Beobachter, das Bewußtsein. Er ist das Selbst, und sie ist das Sein. Er ist der ruhende Pol, den sie mit unzähligen Hüllen und Schleiern, einer schöner oder schrecklicher als der andere, umtanzt. Da Shiva nur der stumme Zeuge ist, sie aber die Kraft selber, flehen die Devi- und Shaktiverehrer ausschließlich die große Göttin an. Sie wenden sich zu ihr als Mutter, die sie beschützt und ihre Wünsche erfüllt. Mit der Marienverehrung, wo der jungfräulichen Gottesgebärerin als Mutter aller Menschen gehuldigt wird, hat in Teilen des Christentums eine ähnliche Entwicklung stattgefunden.

Der indische Monismus verlangt, daß es nur einen Gott als Seinsmitte gibt und eine Göttin, die die Energie dieser Seinsmitte ausstrahlt. Beide sind eins und nicht voneinander zu trennen. Ihre Erscheinung jedoch ist überall und ohne Zahl. Also gibt es überall unendliche viele Götter und ebenso viele Shaktis. Die göttliche Einheit gliedert sich dreifach und nimmt in Brahma, Vishnu und Shiva-Rudra Gestalt an. Wie die Shakti aus diesem Göttertrio entstand, berichtet das *Varaha Purana:*

Der Schöpfer, der Erhalter und der Zerstörer trafen sich einst auf dem Berg Kailash, um über einige überhebliche Dämonen zu beratschlagen, die sie wie die Läuse im Pelz narrten. Im Brennpunkt ihrer zornig aufeinandertreffenden Blicke begann es zu rauchen, und plötzlich stand eine bezaubernd schöne Jungfrau vor ihnen, frisch wie eine blaue Lotosknospe, die durch die Liebkosungen der Morgensonne aufblüht. Schüchtern verbeugte sie sich vor den verblüfften Göttern, und als diese fragten, wer sie sei und wieso sie von weißer, roter und schwarzer Farbe sei, antwortete die lichtstrahlende Maid: »Kennt ihr mich nicht, edle Gebieter? Ich bin die Sammlung eurer Kraft, ich bin eure Shakti!« Brahma überwand seine Verlegenheit als erster und befahl ihr: »Hehre Göttin, zerteile dich entsprechend deinen drei Farben!«

So entstand die weiße *Sarasvati,* die sich Brahma als Frau nahm, die rote *Lakshmi,* die sich Vishnu nahm, und die schwarze *Parvati,* die sich Shiva auserkor. Was wir im Bild dieser drei Göttinnen vor uns haben, sind die drei Urstoffe *(Gunas),* aus denen die gesamte Schöpfung besteht: das helle, lichte Sattva, das bewegte, leidenschaftliche Rajas und das schwere, dunkle Tamas.[79] Es sind die Urmütter, die dynamische *Urmaterie,* aus der die Erscheinungswelt hervorgeht.

Sarasvati, die Weiße, die den Schwan als Reittier hat, wird als Flußgöttin verehrt, die auch den Rede- und Gedankenfluß der Dichter und Denker inspiriert. Als Muse der Künstler und Heilkundigen wird sie mit einer Laute *(Vina),* einem Rosenkranz und einem Buch abgebildet. Ihre Verwandtschaft mit anderen indogermanischen beziehungsweise keltischen und germanischen Flußgöttinnen und mit wahrsagenden, heilkundigen Schwanenjungfrauen ist unverkennbar.

Die rote *Lakshmi,* die als treue Gattin Vishnus Füße massiert, während er auf der Weltenschlange ruht, verkörpert das Glück selber. Sie ist die Fortuna mit dem Füllhorn, die jeder Geschäftsmann anbetet. Sie wurde aus dem Urozean gerührt – die Geschichte kennen wir schon – und ist, ebenso wie die schaumgeborene Aphrodite, eine Göttin der Schönheit. Wie die griechische Athene hat sie die Eule als Begleittier.

Wie es bei schönen Frauen oft der Fall ist, sind Sarasvati und Lakshmi eifersüchtig aufeinander und mögen nicht im selben Haus wohnen. Demzufolge tut sich mancher Künstler und Poet, der Sarasvati von Herzen liebt, schwer mit Lakshmi, und sein Leben wird nicht ohne Entbehrungen ausgehen. Umgekehrt mag der erfolgreiche Geschäftsmann wohl den Segen des Reichtums, aber weniger die künstlerische Muse genießen. Wer würde aber bestreiten, daß beide aufeinander angewiesen sind?

Wir wollen uns nun der schwarzen Göttin, die zur Gemahlin Shivas wurde, zuwenden. Ihr sind viel mehr Geschichten gewidmet als den beiden anderen.

Devi

Devi, »die Strahlende« oder auch »die Göttin«, haben wir schon als Uma (Sati), die Tochter Dakshas, die sich aus Protest im Opferfeuer ihres Vaters verbrannte, kennengelernt. Das *Kurma Purana*[80] bestätigt, daß sie von Anfang an mit Shiva verbunden war und Teil seines Wesens ist. Wir erfahren, daß Brahma zu seiner Verzweiflung feststellen mußte, daß seine aus dem Kopf geborenen Söhne sich nicht vermehren wollten. In seinem Zorn darüber erschuf er ein Zwitterwesen – halb Mann, halb Frau. Er befahl diesem, sich zu spalten und nannte die männliche Hälfte Rudra und die weibliche Sati. Diese wiederum machte er zur jüngsten Tochter Dakshas, die dann natürlich Rudra heiratete. Als sie ihren Flammentod starb, verkam Rudra zu einem verwahrlosten, wahnsinnigen Strolch, denn ohne seine Shakti kann kein Gott sein. Im *Vaivarta Purana* gibt der vom Trennungsschmerz verwirrte Shiva selber zu: »Steh auf, steh auf, meine geliebte Sati! Ich bin Shankara, dein Herr! Mit dir bin ich allmächtig, der Begründer der Dinge, die Quelle der Wonne, aber ohne dich, du meine Kraft, bin ich wie eine Leiche, schwach und unfähig. Wie, o Herrin meiner Seele, wie, o Mutter des Universums, kannst du mich verlassen? Siehst du mich nicht weinen? Warum hast du deinen Hochzeitseid vergessen?«

Während er so trauerte, verließen ihn seine Sinne vollkommen, daß er nicht einmal mehr wußte, wer er war. Als Vishnu ihn in seinem Zustand sah, wurde er vom Mitleid ergriffen und weinte ebenfalls. Aus seinen Tränen entstand ein See, den Pilger noch immer aufsuchen. In diese Trauer hinein erschallte Satis Stimme aus dem Himmel und sagte: »Bleib fest, Mahadev, Herr meiner Seele! Wo immer ich mich auch befinde, nie bin ich wirklich von meinem Herrn getrennt. Warte noch ein bißchen, ich werde als Tochter der Berge wiedergeboren und werde wieder deine Gefährtin!«

So geschah es. Der König der Berge, *Himavat*, und seine Frau *Mena* – die Swamis sehen in ihnen Verkörperungen des Äthers (*Akasha*) und des kosmischen Wissens – hatten zwei Töchter. Die ältere war *Ganga* und die jüngere Parvati, die in ihrem früheren Leben Sati war.

Wir wissen bereits, wie sie um den einzelgängerischen Asketen Shiva warb, wie sie ihn liebte und wie auf magische Weise ihr Sohn Karttikeya geboren wurde, der am siebten Tag seines Lebens den Dämonen tötete.

Oft wandern Shiva und Parvati als obdachsuchende Reisende oder als almosenbettelnde Arme unerkannt durch die Welt, um die Seelen zu prüfen. Vielen Hippie-Pärchen, die durch Indien zogen, kam das zugute, denn sie wurden von einfachen Bauern und Fischern wie Shiva und Parvati empfangen und bewirtet.

Meist lebt Parvati wie eine typische Hinduhausfrau mit ihrem Mann und ihren Kindern in ihrem Heim auf dem Gipfel des Berges Kailash. Da gibt es wie auch bei irdischen Familien öfter einen Ehekrach mit all seiner Dramatik und anschließender Aussöhnung.

Wie Männer es eben gerne tun, liest Shiva seiner Frau gelegentlich etwas vor und erklärt ihr die Bedeutung des Gelesenen. Es sind nicht die Morgenzeitungen, sondern die Veden, die er ihr vorliest und erläutert. Dabei hört sie auch gerne zu, nur wandern ihre Gedanken dabei hin und her. Einmal, nachdem ihr Shiva jahrelang die Veden ausgelegt hatte, merkte er, daß sie ihm nicht mehr zuhörte. Da wurde er ärgerlich und schalt sie: »Die Veden sind zu hoch für dich! Du hättest das Weib eines einfachen, dummen Fischers werden sollen!«

Da verschwand Parvati und wurde im selben Augenblick als quäkender Säugling unter einem Baum liegend von einer Gruppe südindischer Fischer gefunden. Der Häuptling dieses primitiven Stammes nahm sie mit nach Hause, wo sie auf den Namen »Parvati« getauft und liebevoll wie die eigene Tochter aufgezogen wurde. Allmählich entwickelte sie sich zur Schönsten im ganzen Dorf.

Shiva, der nun ganz allein war, fühlte sich hundsmiserabel und versank in Depression. Er bereute, sie gescholten zu haben. Der treue Stier Nandi bemerkte den Zustand seines geliebten Herrn und fragte: »Lieber Herr, warum gehst du nicht auf die Erde und holst sie dir wieder?« – »Ach, wie kann ich das, sie wird doch bald mit einem Fischer verheiratet sein«, antwortete Shiva voll Selbstmitleid.

Da kam Nandi auf eine Idee. Er verwandelte sich in einen riesigen Haifisch, der die Küste unsicher machte, die Netze zerfetzte und die Boote angriff. Die Ältesten der Fischer berieten, was zu tun sei. Der Häuptling versprach dem jungen Mann seine Tochter Parvati zur Frau, dem es gelingen sollte, das Meeresungeheuer zu töten. Da sie so

Zwei wichtige shivaitische Embleme sind der Dreizack und die stundenglasförmige Trommel (Damaru).

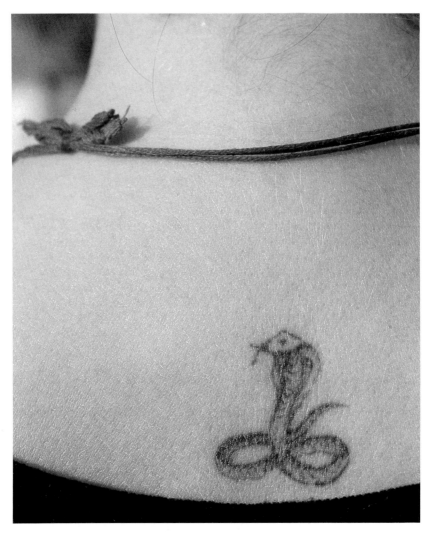

Die Kobra, ein Kennzeichen Shivas, als Tätowierung.

Der Name des Gottes auf einem Wirtshausschild.

Dreizack und Stundenglastrommel auf einem Waggon der indischen Eisenbahn.

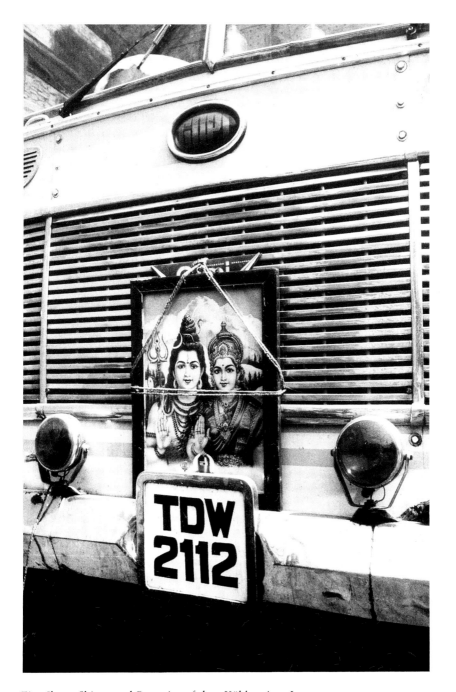

Eine Ikone Shivas und Parvatis auf dem Kühler eines Lastwagens.

Shivaitischer Asket mit Bettelgefäß und Schlangenstab.

Shivaitischer Asket mit Rudrakshaketten und einem Pfeil durch die Zunge.

Shivaitischer Asket mit Chilam.

einmalig schön war, kamen Bewerber von überallher, die bereit waren, Leib und Seele für sie zu riskieren, aber keinem gelang es, den weißen Hai zu fangen. Zuletzt baten die verzweifelten Küstenbewohner um göttliche Hilfe. Sie formten ein Shiva-Linga aus Sand, begossen es mit Milch, belegten es mit Blumen und beteten zu Mahadeva. Auch die Häuptlingstochter betete mit. Shiva erhörte ihre Bitten. Er nahm die Gestalt eines dunkelhäutigen Fischerjünglings an, der zufällig in das Dorf gewandert kam und sich bereit erklärte, den Hai zur Strecke zu bringen. Nun ließ Nandi sich leicht fangen und töten. Er war glücklich, daß der fremde Jüngling, der in Wirklichkeit sein Herr war, nun die Hand dieser Parvati gewinnen würde. In einem großen Fest wurden die beiden verheiratet. Während der Hochzeitszeremonie nahmen sie ihre wirkliche Gestalt an, segneten das einfache Fischervolk, bestiegen Nandi, der inzwischen wieder seine weiße Stiergestalt angenommen hatte, und begaben sich heim in die Berge des Nordens.

Ein anderes Mal spielte das göttliche Paar zum Zeitvertreib Würfel. Da sie nicht richtig mitgezählt hatten, begannen sie sich zu streiten, wer gewonnen hätte. Sie zankten sich immer heftiger, bis es Shiva zu dumm wurde und er in den Wald ging, um sich ein bißchen abzuregen. Narada, dem Clown der Götter, war diese köstliche Szene nicht entgangen, und er wollte sie noch etwas würzen. Mit seiner falschen Honigstimme flüsterte er der Gekränkten ins Ohr, er habe eben Shiva in der Gestalt eines jungen Waldläufers vom Stamm der Bhil gesehen, der sich nach einer rassigen Eingeborenenfrau umsah. Diesen Gedanken konnte Parvati nicht ertragen, denn sie ist ebenso eifersüchtig wie schön! Sie nahm selber die Gestalt einer blutjungen Waldbewohnerin an und eilte in den Wald. Ihre silbernen Arm- und Beinreifen leuchteten wie das Mondlicht auf ihrer geschmeidigen, dunklen Haut, bunte Federn schmückten ihr wallendes Haar, während sich ihr biegsamer Leib sanft wie Bambusrohr im Wind zu dem bezaubernden Lied wiegte, das sie vor sich hin summte. Ein Volltreffer mit den Blütenpfeilen des Liebesgottes Kama hätte nicht schlimmer sein können. Shiva war von dem Waldmädchen völlig gefangen. »Schönste, bitte werde mein Weib«, flehte er sie an. Die Eingeborene lächelte neckisch: »Aber du hast doch schon zwei Königinnen – Ganga in deinem Haar und die treue Parvati zu Hause!« – »Du allerschönste, ich werde Parvati zu ihren Eltern nach Hause schicken und Ganga zu deinem Dienstmädchen machen!«

Da sagte das Bhil-Mädchen: »Aber du mit deinen verfilzten, gelben Haaren und den häßlichen Schlangen, du hast ja nur einen Wanderstab und eine Laubhütte zum Leben.« – »Ich werde mich frisch rasieren und mir die Haare schneiden lassen, den Stab und die Schlangen weglegen und dir den prächtigsten Palast der Welt bauen lassen«, versprach er. »Nun gut«, sagte das Mädchen, »aber in unserm Stamm der Bhil ist es Brauch, daß der Freier einen Tanz aufführt, um das Herz der Geliebten zu erobern!« Da fing Shiva an zu tanzen, wie nur er es kann. Als er dabei ihre Hand zu erwischen versuchte, sah er plötzlich Parvati vor sich stehen und schämte sich bis ins Mark.

Als Parvati einmal die Arme um ihren weißhäutigen Gatten legte, bemerkte er so nebenbei: »Dein biegsamer Körper ist wie eine schwarze Schlange, die den weißen Stamm eines Sandelholzbaumes umschlingt! Du bist schwarz wie die dunkle Hälfte des Monats!« Obwohl das eher scherzhaft gemeint war, verletzte es ihre weibliche Eitelkeit sehr. Ihr Gesicht errötete, und ihre Augen quollen hervor: »Wie kannst du mich nur so beleidigen? Ich, schwarz! Als ob du keine Fehler hast! Aber habe ich je etwas gesagt?! Die ganze Welt kennt deinen Jähzorn, in dem du dem Bhaga die Augen ausgeschlagen hast... und dann deine schrecklichen Geister und Schädel... und wie du schamlos nackt herumläufst!«

Sie steigerte sich immer tiefer in ihre Wut hinein, daß kein »Aber Liebling« mehr helfen konnte. Parvati beschloß, Shiva zu verlassen und in der Wildnis so lange härteste Entbehrungen zu erleiden, bis Brahma ihr den Wunsch nach schöner, heller Hautfarbe erfüllen würde. Als Parvati den Berg Kailash verließ, rannten die Geister, darunter auch der weiße Stier Nandi, ihr nach: »Mütterchen, Mütterchen«, schrien sie, »wohin gehst du? Laß uns doch nicht allein! Du weißt, wenn du nicht da bist, können wir Shivas Launen kaum ertragen.« – »Macht euch keine Sorgen, meine Lieblinge! Wenn ich durch meine Bußübungen eine helle Hautfarbe gewonnen habe, komme ich zurück!« Sie wandte sich an Nandi: »Du, mein Sohn, bist der Wächter! Bewache das Tor, bis ich zurückkomme, damit er es während meiner Abwesenheit mit keiner fremden Frau treibt!« Dann nahm sie den kleinen Ganesh in die Arme: »Dich nehme ich mit, denn er macht sich über deinen Elefantenkopf ebenso lustig wie über meine Hautfarbe, der Unhold!«

So machte sich die Göttin auf den Weg. Nach einer Weile traf sie eine alte Tante, die Bergriesin *Kasumamodini* und erzählte ihr alles, was vorgefallen war. Dann bat sie die Tante, ab und zu ein Auge auf ihren Mann zu werfen, damit er sich während ihrer Abwesenheit mit keiner anderen Frau einlasse. Schließlich kam die Göttin in einen entlegenen Wald, kleidete sich in Baumrinde, fastete und setzte sich im Sommer zwischen vier Feuer und im Winter in eiskalte Bergbäche.

Inzwischen hatte der Dämon *Adi* erfahren, daß Parvati nicht zu Hause war. Er erkannte dies als einmalige Gelegenheit, sich an Shiva zu rächen, der seinen Vater *Andhaka* getötet hatte. Er fürchtete sich auch nicht, denn Brahma hatte ihm versprochen, daß niemand ihn töten könne, solange er in seiner eigenen Gestalt bliebe. Um aber an dem Türhüter Nandi mühelos vorbeischleichen zu können, mußte er Schlangengestalt annehmen. Dann verwandelte er sich durch die Kraft der Illusion in ein Spiegelbild Parvatis. Jedes Haar, jede Pore, jede Rundung war getreulich nachgeformt, nur seine Vagina versah er mit messerscharfen Zähnen. Hold lächelnd ging er auf Shiva zu. »Liebling, sei nicht böse, daß ich zornig wegging, aber ich habe deine Küsse so sehr vermißt, daß ich dir vergeben habe und zurückgekehrt bin«, heuchelte die falsche Parvati. Shiva wurde mißtrauisch, denn er wußte, daß seine Frau alles konsequent durchführte, was sie sich einmal vorgenommen hatte. Er betrachtete sie ganz genau. Alles, jedes Detail stimmte, aber dann bemerkte er doch ein einziges Haar, das nicht die rechte Krümmung hatte. Da durchschaute er die Illusion und wußte, daß er einen gefährlichen Dämon vor sich hatte. Er würde sich einen Spaß aus der Sache machen. Er befestigte gefährliche Waffen an seinem Penis, besprang den Dämon und durchbohrte ihn. Der Rakshasa schrie fürchterlich und verschied.

Zufällig hörte die alte Tante, die Bergriesin Kasumamodini, das Geschrei und ließ ihrer schlimmsten Vermutung freien Lauf. Sie verwandelte sich in einen Luftzug, um ihrer Nichte geschwind den Treuebruch zu melden. Die Göttin war zutiefst betroffen. Sie verfluchte Nandi, der seine Pflicht als Torwächter nicht erfüllt hatte. Ein herzloser, kalter Stein sollte er werden, denn er hatte ihr nicht gehorcht. Dann nahm ihr Zorn, gestärkt durch die Wirkung ihrer asketischen Übung, die Gestalt eines feurigen Löwen an, in dessen aufgerissenen Rachen sie sich stürzen wollte. Wie damals, als sie sich als Sati ins Feuer gestürzt hatte, wollte sie auch jetzt aus dem Leben scheiden.

Brahma, der ihr Guru (geistiger Lehrer) war, wußte jedoch, was in ihr vorging und hielt sie von der folgenschweren Tat ab. Er erfüllte ihren Wunsch nach einer hellen, angenehmen Hautfarbe sofort, wobei die schwarze Kali als selbständige Person aus ihr heraustrat, während sie eine goldene Farbe annahm. Seither wird Parvati auch *Gauri,* »die Goldene«, genannt. Gleichzeitig verhieß er ihr, daß sie mit ihrem Mann zu einer Gestalt als *Ardhanarishvara* oder *Uma-Shankar* verschmelzen würde. Der brüllende Löwe, der ihrer verzweifelten Wut entsprungen war, sollte der goldenen Göttin von nun an als Reittier dienen. Bald würden die Dämonen *Shumbha* und *Nishumbha,* der Büffeldämon und andere Unholde ihre Hände nach der Weltherrschaft ausstrecken, und sie würde als Devi mit dem Löwen ihre Pläne vereiteln.

Nun, da ihre Wünsche erfüllt waren, machte sich die Göttin auf den Heimweg zum Kailash. Als sie den himmlischen Palast betreten wollte, versperrte ihr Nandi die Pforte: »Hier darfst du nicht herein, Fremde! Bleib, wo du bist, und sage, was du willst! Ein Dämon in der Gestalt der Göttin hat sich hier hereingeschlichen, bevor mein Herr ihn tötete. Das soll nicht wieder vorkommen! Mein Gebieter hat mir befohlen, keine Frauen durch das Tor zu lassen. Nur Parvati, unsere liebe Mutter, darf herein!«

Da wußte Parvati, daß Shiva ihr treu geblieben war und daß ihre Tante, die Bergriesin, falsch beobachtet hatte. Es tat ihr leid, den guten Nandi verflucht zu haben, aber sie konnte den Fluch nun nicht mehr rückgängig machen. Nandi, der sie inzwischen erkannt hatte, beteuerte: »Liebe Mutter, auch dein Fluch ist ein Segen. Gern werde ich dir zuliebe ein Stein!« Er kam dann auf die Welt als Sohn einer Frau namens »Stein« und diente Shiva zeitlebens, ehe er wieder Torwächter des höchsten Himmels wurde.

Durga

Shivas Shaktis nehmen wie er selber helle und dunkle, gütige und schreckliche Erscheinungen an. Zwischen der mütterlichen Parvati auf der einen Seite und der schwarzen, grauenerregenden Kali auf der anderen tritt die edle *Durga,* »die Unnahbare«, hervor. Als Durga ist die Göttin weder Mutter noch Gattin, noch Teufelin, sondern eine erhabene, selbständige Amazone. Sie ist Kriegerin wie die griechische

Athene, die in voller Rüstung dem Haupte des Göttervaters Zeus entsprang, oder wie die Schildmaiden, die Walküren des Nordens. Als *Simhavahini* (Löwenreiterin) steht sie mit der Raubkatze in Verbindung, ähnlich wie auch verwandte weibliche Gottheiten des Altertums. (Die kleinasiatische Kybele hatte Löwen, die nordische Freya Wildkatzen vor ihren Wagen gespannt.) Wie eine Katze bringt sie ihre Beute, die Dämonen des Hasses, der Eitelkeit und des Egoismus, zur Strecke. Sie ist die Nemesis all derjenigen, die das ewige Dharma verletzen.

Die Göttin erhielt ihren Namen von einem Asura namens »Durga«, den sie bezwang. Dieser »Durga« hatte kraft seiner erbarmungslosen Selbstpeinigung so viel Macht errungen, daß er die Götter von ihren Himmelsthronen vertreiben konnte. Die Puranas erzählen, daß die Himmlischen in ärgste Not gerieten und als Bettler durch die Wüste ziehen mußten. Der Dämon verbot die Ausübung der Religion – nur ihn sollte man anbeten! Die Gesellschaft geriet in Unordnung, weil die Brahmanen sich nicht mehr trauten, die heiligen Veden zu zitieren. Er veränderte das Wetter nach seiner Willkür. Er leitete Flüsse um. Der Himmel wurde so trüb vom Rauch, daß man die Sterne nicht mehr sehen konnte. Die Jahreszeiten verschoben sich so, daß es Blüten und Früchte im Winter gab. Die geplagte Erde brachte zwar Rekordernten hervor, Getreide- und Butterberge, aber nur aus Angst vor dem Asura. Da erhoben sich die Stimmen der geschundenen Tiere, Menschen und Götter und weckten Shiva aus seiner Meditation. Der gnädige Mahadev übergab diese Aufgabe seiner Gefährtin. Auf dem Löwen ritt sie gegen das Dämonenheer. Hunderttausende schnaubende Riesen rissen Bäume und Berge aus dem Boden, um die Göttin damit zu erschlagen. Sie spaltete *Kalaratri,* die »schwarze Nacht«, aus ihrem Wesen ab, die mit ihrem heißen Atem die Monster zu Asche verbrannte. Andere Ungeheuer prasselten zahllos wie Hagelkörper im Gewittersturm auf die Löwenreiterin nieder, aber Shakti vernichtete sie alle. Schließlich war der Dämonenfürst »Durga« selber an der Reihe. Mochte er noch so geschickt seine Gestalt wechseln, mochte er als Elefant, groß wie ein Berg, als Büffel oder in Form anderer Ungeheuer auftauchen, jedesmal erwischte es ihn. Schließlich tötete ihn die Göttin in seiner eigenen tausendarmigen Gestalt. Zum Andenken an diese Tat nimmt Parvati, wann immer sie als hehre Kriegerin auf dem Löwen erscheint, den Namen Durga an.

Das *Vamana Purana* erzählt von Durgas größer Schlacht, in der sie den schwarzen Büffeldämonen, den König der Asuras, der die drei Welten knechtete, von seinem dämonischen Karma erlöst, indem sie ihn tötet. So mächtig war der Asura *Mahisha*, daß keiner der Götter allein mit ihm fertig werden konnte. Auf einer Götterversammlung konzentrierten sie ihren Zorn auf einen Punkt. Im Brennpunkt ihrer feurigen Blicke entstand eine Jungfrau, die hell wie tausend Sonnen strahlte. Drei Augen hatte sie, dunkle Haare und achtzehn Arme (in anderen Ikonen hat Durga gewöhnlich zehn Arme), die sie wie die Speichen eines schnell drehenden Rades umwirbelten. In jeder ihrer Hände hielt sie ein Herrschaftszeichen oder eine Waffe, die die bedrängten Götter ihr gegeben hatten. Von Shiva hatte sie den Dreizack bekommen, von Vishnu die Wurfscheibe, von Brahma eine Gebetsschnur und einen Wassertopf, von dem Meeresgott Varuna eine Schlinge, von dem Feuergott Agni eine Lanze, vom Windgott Vayu einen Bogen, vom Sonnengott Surya einen Köcher mit Pfeilen, vom Gewittergott Indra die Blitzkeule, vom Erdgott Kubera einen schweren Metallknüppel, vom Totengott Yama Schwert und Schild, vom Weltenbaumeister Vishvakarma eine Streitaxt, und so ging es weiter. In ihr war die Kraft sämtlicher Götter vereinigt. Es kam zu einem gewaltigen Kampf, wobei Durga auf den Rücken des Dämonen sprang und mit dem Schwert den Kopf vom Rumpf trennte. Das Ereignis wird in einer beliebten Ikone dargestellt, die jeder anbetet, der Kraft benötigt oder Macht anstrebt. Man sieht die strahlende Jungfrau auf dem Löwen, dessen Krallen den blutüberströmten Büffeldämon zerfetzen. Mit einer Hand hält sie den abgetrennten Kopf des düsteren Asura beim Schopf, in den anderen Händen trägt sie die Waffen und Hoheitszeichen der Götter. Ihr Gesichtsausdruck ist mild und friedlich, als ob sich überhaupt nichts ereignet hätte. Sie ist in sich gesammelt und zum Verlieben schön. Das Chaos scheint sich nur an der Peripherie abzuspielen.

Gegen Ende des dritten Zeitalters *(Treta Yuga)* erhoben sich zwei schreckliche Verkörperungen des äußerst verfeinerten Egoismus. Das *Markandeya Purana* erzählt folgende Geschichte von diesen beiden Asuras *Shumbha* und *Nishumbha*. Zehntausend Jahre lang unterzogen sie sich den schrecklichsten Kasteiungen. Sie ließen sich über dem Feuer aufhängen, hielten die Arme hoch, bis sie verdorrten und nahmen ähnlich grausame Martern auf sich, wie man sie manchmal noch heute bei Fakiren und Asketen am Ganges oder in den Tälern des Himalaja sehen kann.

Ihre unerbittliche Entschlossenheit machte den Göttern angst. Sie bangten abermals um ihre Throne. Um die Übenden abzulenken, schickten sie den Liebesgott Kama und die zwei schönsten himmlischen Freudenmädchen *(Apsaras)*, die es je gegeben hat. Kama schoß und traf die beiden Büßer mit seinen Blumenpfeilen. Als sie, im Herzen getroffen, von ihrer Meditation aufschauten, sahen sie die betörenden Nymphen, verliebten sich augenblicklich und vergaßen ihr Vorhaben. Erst nach fünftausend Jahren ungeteilter Fleischeslust erkannten sie, daß man sie um die Früchte ihrer Anstrengungen hatte bringen wollen. Sie vertrieben die Apsaras, schnitten sich Stück für Stück Fleisch von den Knochen und opferten es Shiva. Tausend Jahre lang taten sie das, bis sie reine Skelette waren. Alles opferten sie Shiva, nur ihren Stolz nicht. Mahadev war gezwungen, selber vom Götterberg herunterzusteigen, um mit ihnen zu verhandeln. Sie wollten die Unsterblichkeit, nichts anderes! Shiva machte ihnen klar, daß sie dann alles, auch ihren Stolz, opfern und in ihn eingehen müßten. Da sie das nicht konnten, gaben sie sich mit der Herrschaft über das Universum zufrieden. Sofort traten sie die Götter in den Staub, denn nichts außer ihnen sollte glänzen. Sie quälten die Himmlischen und alle Geschöpfe so sehr mit ihrer Ungerechtigkeit, daß es Brahma und Vishnu nicht mehr mit ansehen konnten. Sie begaben sich zu Shiva, um Einspruch zu erheben. Mahadev tauchte aus seiner Tiefenmeditation auf und erklärte ihnen, daß die Dämonen aufgrund ihrer angesammelten Verdienste weiterhin ihre Macht genießen könnten. Die bedrängten Götter sollten sich an Durga wenden, sie verehren und anbeten.

Durga hatte Mitleid mit den Geschöpfen. So kam es schließlich, daß sie als einfache Frau mit einem Krug auf dem Kopf durch die Gebirgstäler wanderte. Als die Späher der beiden Dämonenfürsten sie sahen, waren sie von ihrer einmaligen Schönheit so überwältigt, daß sie sofort ihren Herren davon berichteten. Die gelangweilten Weltherrscher hatten auch Lust, einen neuen Leckerbissen zu vernaschen. Sie befahlen den Boten, die Fremde in den Palast einzuladen. Dort würden ihr die Schätze der drei Welten zu Füßen gelegt werden. Die schöne Frau lachte aber nur, als sie das Angebot hörte und antwortete mit fast denselben Worten wie die stolze Brunhilde in der Nibelungensage: »Wer mich freien will, der muß mich erst im Kampf besiegen!«

Der Bote wurde ob dieser frechen Antwort zornig. Ob das Fräulein wohl nicht wisse, mit wem sie es zu tun habe? Sie aber lachte nur und ließ sich nicht bewegen. Shumbha empörte sich, als er davon hörte. Warum länger fackeln? Er werde ihr schon Manieren beibringen! Er schickte nun seinen Feldherrn, um das Mädchen einfach zu greifen, ob sie nun wolle oder nicht! Als der Feldherr und seine Schergen sie anfassen wollten, brüllte die zarte Jungfrau so laut, daß ihnen die Trommelfelle platzten und sie zu Staub zerfielen. Nur einige, die sich nicht so nahe herangewagt hatten, konnten fliehen und von dem Vorfall berichten.

Da schickten die beiden Asuras ein ganzes Heer, daß man sie in Ketten lege. Sie empfing das Heer, auf einem Esel sitzend, und lachte. Plötzlich verwandelte sie sich in eine rasende Bestie, stürzte sich auf die Krieger und verschlang sie wie reifes Obst. Dem Feldherrn trennte sie den Kopf vom Hals und trank sein Blut, wovon sie sich berauschte, daß ihr die Augen glühten.

Nun war Großalarm im Titanenreich. Riesige Armeen von Rakshas und Asuras wurden zusammengetrommelt, und die Verbündeten marschierten auf, daß es wimmelte wie in einem aufgestocherten Ameisenhaufen. Von allen Seiten gleichzeitig griffen sie die Göttin an, die nun auf ihrem Löwen ritt. Sie tötete alle mit Leichtigkeit. Schließlich stand ihr nur noch der mit schwarzmagischen Kräften ausgestattete Oberbefehlshaber *Raktavija* gegenüber und forderte sie zum Zweikampf auf. Sofort geriet er zwischen die Klauen des Löwen und blutete aus tausend Wunden. Das wäre wohl sein Ende gewesen, aber ein Wunder geschah. Aus jedem seiner Blutstropfen, der zur Erde fiel, sprang sofort ein neuer Dämon von gleicher Gestalt, Art und Stärke wie Raktavija kampfbereit auf. Die Götter, die dieses fürchterliche Toben von weitem betrachteten, begannen zu zittern.

Nun verdichtete sich der Zorn der Göttin zu einer unheimlichen schwarzen Schreckensgestalt, die als *Chandi* (oder *Kali*) aus ihr heraussprang. Sie war aus dem Gift gemacht, das Shivas Hals blau gefärbt hatte. Gierig stürzte sie sich auf das Blut und trank es, ehe es zu Boden fallen und sich in neue Riesen verwandeln konnte. Zuletzt tötete Durga die beiden Dämonenfürsten Shumbha und Nishumbha, während die schwarze Kali, deren Namen ja auch »Zeit« bedeutet, wie ein Schakal die Leichen fraß. Nun stieg die Göttin wieder in den höchsten Himmel, wo alle Geschöpfe sie lobpreisten.

Kali

Schwarze Göttinnen sind auf der ganzen Welt bekannt. Das klassische Altertum kannte sie schon, und im Christentum leben sie von Rußland bis Spanien als schwarze Madonnen fort, wobei die Schutzpatronin des polnischen Volkes, die schwarze Madonna von Tschenstochau, wohl die bekannteste ist. Alle sind Ausdruck der schwangeren, dunklen Urgründe des Seins, auch der dunklen Tiefen unseres eigenen Wesens. Keine ist jedoch so furchterregend wie die schwarze Kali, die schrecklichste Shakti Shivas.

Kali Ma, »die schwarze Mutter«, ist blutgierig und grausam wie ein menschenfressender Tiger, denn sie ist die Zeit, die gnadenlos alles zerstört. In ihr vergeht alles Erstandene. Wird nicht jeder Moment sofort zur Vergangenheit, der Vernichtung anheimgegeben? In wahrer Zerstörungswut frißt Kali, die Zeit, jede Sekunde. Für das Ego, das »Ich«, das sich behaupten, sich dauerhaftes Dasein und Denkmäler setzen will, ist sie schierer Terror. Eine schlimmere Teufelin kann es nicht geben. Die Alchemisten des Altertums suchten unermüdlich nach dem Trank der »ewigen Jugend«; immer noch faseln Chemiegläubige vom »Lebenselixier« in Form der Verjüngungspille. Man verspricht sich Lebensverlängerung von der Gentechnologie, und in Kalifornien lassen sich diejenigen, die es sich leisten können, im Augenblick ihres Todes in Trockeneis einfrieren, in der Hoffnung, daß sie in Zukunft eine weiterentwickelte Wissenschaft zu neuem Leben erweckt. Auch Sperma wird eingefroren. Immer wieder ist es das Ich, das sich dadurch behaupten will. Die schreckliche Schwarze aber saugt das Lebensblut und frißt Leichen!

Die Ikone zeigt Kali, wie sie, vom Blut berauscht und vor Zerstörungswut außer sich, wild auf dem Schlachtfeld in der Feuersbrunst über Trümmer und Leichen tanzt. Keiner kann sie von ihrer Raserei abhalten. Sogar Shiva liegt als bleicher, lebloser Leichnam unter ihren Füßen. Vier Arme hat sie. In einer Hand hält sie den abgetrennten Kopf eines Dämonen, in der anderen schwingt sie den blutigen Säbel. Ihre drei Augen glotzen blutunterlaufen. Sie ist nackt, bis auf einen Gürtel aus abgehackten Armen und eine Halskette aus fünfzig Schädeln. Ihre Ohrringe sind Kinderleichen. Aufgelöstes Haar umwirbelt ihren Kopf. Eine lange, rote, nach Blut lechzende Zunge hängt auf ihr Kinn herab.

Europäer finden Kali abscheulich und ebenso ihren Kult, bei dem Büffel und Ziegen geopfert werden – und früher sogar Menschen. Die Briten sahen darin eine willkommene Bestätigung der Primitivität ihrer indischen Untertanen und verboten die schlimmsten Auswüchse des Kultes per Gesetz. Die Swamis jedoch warnen uns vor voreiliger Ablehnung dessen, was uns auf den ersten Blick nur grausam erscheint. Ist nicht auch das Bild eines an einem Kreuz gefesselten Leichnams grauenhaft und deutet trotzdem höchste spirituelle Mysterien an?

Zweifellos übersteigt die Betrachtung der Göttin Sinne und Verstand. Schließlich ist sie *Tamas*, das Schwarze, aus dem alles kommt und in dem alles wieder versinkt. Das Ego, das sich dagegen sträubt, ist dennoch nicht unser wahres Selbst. In Wirklichkeit ist sie die liebende Mutter, die den dämonischen Wahn, daß wir abgekapselte Egos seien, durch ihre Kraft (die Zeit) zerstört. Man betrachte ihre beiden rechten Hände, die dem Gläubigen segnend in der *Abhaya Mudra* (»Fürchtet euch nicht! Ich bin eure liebende Mutter.«) und in der *Varada Mudra* (Erfüllung der wahren Wünsche) zugewendet sind.

Swami Harshananda vom Sri Ramakrishna Ashram (Bangalore) deutet die fünfzig Schädel ihrer langen Halskette als die fünfzig Laute der Sprache, durch deren Erklingen der Äther zu vibrieren beginnt und das Universum entsteht.[81] Nichts geht also je verloren! Ihr Gürtel aus abgeschlagenen Händen steht für die Taten, die wir selbstlos der Göttin geweiht haben, und an denen kein Karma mehr haftet. Das wilde offene Haar ist die Freiheit. Shiva, das allumfassende Selbst, ist in seine Shakti gehüllt, aber die Umhüllende wird vom Nichts umhüllt, deswegen erscheint sie nackt *(digambara)* und schwarz.

Natürlich interpretiert nicht jeder die Ikone auf so sublimierte Art und Weise. Bengalische Bauern feiern die große Göttin ganz konkret durch das Schlachten schwarzer Ziegenböcke oder Wasserbüffel. Das Blut, das die Erde dabei trinkt, soll diese veranlassen, ihre Früchte reichlicher hervorzubringen. Blutopfer an Göttinnen der Fruchtbarkeit sind Völkerkundlern und Kulturhistorikern sehr geläufig und bedürfen keiner weiteren Erläuterung.

Das Opfer kann auch als Sühne gelten. Als der Schriftsteller Niraud C. Chaudhuri um die Jahrhundertwende von seinen Studien in England in seine bengalische Heimat zurückkehrte, wurde ein Büffel vor der Statue der Göttin geopfert, und er wurde in dem Blut gebadet, um sich von den geistigen und seelischen Verunreinigungen zu säubern, die er im Lande der *Mlechhas* (unreine Barbaren) aufgelesen hatte.

Eine solch furchtbare Göttin kann man nicht bekämpfen. Man fügt sich ihrem Willen und beschwichtigt sie mit Opfern. Im *Kalika Purana* erklärt Shiva seinen »Söhnen«, den Bhairavas, daß man Kali mit dem Blut von Gazellen oder Nashörnern fünfhundert Jahre lang erfreuen kann, mit dem Blut eines Menschen aber tausend Jahre lang. In Kalkutta, der Stadt Kalis, befindet sich in einem Slum, der von obdachlosen Flüchtlingen aus Bangladesh bevölkert wird, der berühmte Kalitempel. Hier können sensationslüsterne Touristen, die den Spießrutenlauf durch Reihen von zerlumpten Bettlern, Krüppeln und Aussätzigen wagen, noch immer das Opfer von Tieren beobachten. Diese Gegend ist auch die Wirkungsstätte der fast schon heiliggesprochenen Mutter Theresa, deren weißgekleidete Nonnen wie Todesvögel ausschwärmen, um Halbtote und Sterbende aufzusammeln. (Weiß ist in Asien die Farbe des Todes.) In der Missionarin sehen die Inder ebenfalls eine Erscheinung der Göttin Kali, und deshalb verehren sie sie.

Für den bengalischen Asketen Sri Ramakrishna (1834–1886), der als einfacher, ungebildeter Tempeldiener im Kalitempel zu Kalkutta begann, war Kali die liebende Mutter aller Geschöpfe. Ramakrishnas Frömmigkeit erreichte die höchste ethische und moralische Vollkommenheit. In anderen Ausprägungen jedoch ist der Kali-Kult zur reinen Schwarzmagie verkommen. So kann es vorkommen, daß bei Beschwörungen der Kali ein Stier oder Ziegenbock unter Aufrufung des Namens eines Feindes abgestochen wird, damit dieser auf gleiche Weise verrecke. Auch Mörder und Kriminelle berufen sich auf die schwarze Göttin, unter ihnen auch die berüchtigten Thugs (auch *Phansigar*, »Würger«, genannt). Diese Gewalttäter waren ansonsten einfache, untereinander verschwägerte Bauern, die *Bhowani* (Kali) heimlich dadurch verehrten, daß sie sich gelegentlich unter Pilger und Reisende mischten, sie überfielen, meuchlings erdrosselten und dann ausraubten. Sie betrachteten sich als die Tiger der Göttin, die ihnen für ihre »Arbeit« genaue Rituale und strenge Tabus auferlegte und sie durch Omen und Vorzeichen leitete. Die Thugs führen ihren Ursprung auf die mythologische Schlacht der Göttin mit dem Asura *Raktavija* zurück, dessen Blutstropfen sich in immer neue Dämonen verwandelte. Um das zu verhindern, leckte Kali das Blut auf. Nach einer Weile jedoch wurde sie des vielen Bluttrinkens überdrüssig. Da schuf sie aus den Schweiß ihrer Arme zwei Männer – die ersten Thugs. Sie gab ihnen geknotete Handtücher und befahl ihnen, damit ihr göttliches Werk weiterzuführen. Die Opfer, die sie andeutete, sollten sie mit den Tüchern erdrosseln, ohne dabei auch nur einen einzigen Tropfen Blut zu vergießen.

Der grausame Kult muß sehr alt sein, denn schon altpersische Reisende berichten davon, und in den Höhlen von Ellora werden Thugs in allen Phasen ihres »Handwerks« abgebildet. Die ländlichen Gemeinden tolerierten sie, und einige Maharajas fanden es nicht unter ihrer Würde, einen Teil ihrer Beute als Steuer zu kassieren. Als die Briten von dem Geheimkult erfuhren, waren sie gehörig schockiert. Der geniale Armeeoffizier William Sleeman machte es sich zur Lebensaufgabe, die Thugs zu entlarven, ihre Verbände mit Spitzeln zu durchsetzen und sie schließlich am Galgen aufzuknüpfen. Die Thugs selber erlebten ihren Untergang als Kalis Strafe für das Nichteinhalten der Tabus und Vorschriften. Sie hatten gegen ihr Dharma verstoßen, indem sie auch Mönche, Frauen, Unberührbare und bestimmte Händler getötet hatten. Sleeman war erstaunt darüber, daß die meisten Thugs Moslems waren. Auf die Frage, wieso sie eine Hindugöttin nach heidnischer Art verehrten, erhielt er als Antwort, Kali sei keine andere als Fatima, die Tochter des Propheten. Ein typisches Beispiel für den indischen Synkretismus.

Auch die sogenannten *Dakoits,* Bauernbanditen, die Züge ausplündern, Villen überfallen ud sich mit der Polizei Feuergefechte liefern, stehen unter dem Schutz der Göttin. Bandenführerinnen, wie die »Dakoit Queen«, Phoolan Devi, die vor einigen Jahren das wilde, schluchtenreiche Hinterland von Uttar Pradesh verunsicherte, werden von den einfachen Bauern als Verkörperungen der Kali verehrt.

Die bekannteste Ikone Kalis zeigt sie im rasenden Tanz auf dem leblosen Körper Shivas. Die gewöhnliche Erklärung dafür ist, daß die Göttin, vom Blut berauscht, ihren Siegestanz über die Dämonen tanzte. Dabei wurde die Erde in ihren Grundfesten erschüttert, daß sie zu zerbersten drohte. Um die Tänzerin wieder zur Vernunft zu bringen, legte sich Shiva unter ihre Füße. Als sie merkte, daß sie über ihrem Mann stand – was ja keiner wohlgesitteten Hindufrau zusteht –, erschrak sie über ihre Schamlosigkeit und streckte reuig ihre Zunge heraus. Kulturhistoriker deuten die Ikone etwas anders. Für sie stellt sie den endgültigen Sieg der großen, schwarzen Göttin aus der ursprünglich matriarchalischen Kultur der Draviden über die eindringenden arischen (weißen) männlichen Götter dar.

Es gibt aber auch andere Möglichkeiten der Deutung. Der wie tot daliegende Shiva ist in tiefer, schamanistischer Trance *(Samadhi)*. Seine Anima ist aus ihm ausgefahren und vollbringt in der Gestalt Kalis wunderbare, weltrettende, übersinnliche Taten. Die für den westlichen Betrachter so schwer zu verstehende Ikone spiegelt aber auch das grundsätzliche Verständnis der indischen Theologie, daß Shiva der Hintergrund des Seins ist, auf dem die göttliche Energie *(Shakti)* den schillernden, illusionshaften, vielgestaltigen Tanz der Erscheinungen aufführt. Shiva, das Selbst, ist der ruhende Pol. Seine Shakti dagegen ist das sich ewig wandelnde Dasein.

Annapurna

Wie viele seiner Getreuen lebte Shiva auf Erden als Bettler. Er fütterte seine arme Familie durch, indem er jeden Morgen seine Bettelrunden drehte. Manchmal aber, wenn er zuviel *Bhang* (Haschischgebräu) getrunken hatte, brachte er nicht einmal das zustande. Die kümmerlichen Reisreste, die vom Vortag übriggeblieben waren, hatten Ganeshas Ratte oder Karttikeyas Pfau aufgefressen. Parvati und die Kinder mußten hungern.

Eines Tages kam Narada, der schelmische Götterbote, an der Hütte vorbei. Er neckte Parvati und schüttelte den Kopf: »Ja, ja, dein Alter ist ein *Bhoga* (Narr). Er haut sich den Kopf voll, während seine Frau und Kinder hungern!«

Da raffte sich die in ihrem Stolz getroffene Parvati auf, nahm ihre Kinder mit und machte die Bettelrunde selbst. Als Shiva nach einigen Stunden wieder nüchterner war, wollte er das Versäumte nachholen, aber niemand gab ihm etwas. Parvati war nämlich überall schon vor ihm gewesen. Enttäuscht und traurig kam er mit der leeren Schale nach Hause. Parvati empfing ihn mit einer vollen Schüssel Reis an der Tür und fütterte ihn. Seither kennt man die Erscheinung der Göttin als *Annapurna* (»die reich an Nahrung ist«). Shiva war so glücklich, daß er sie heftig an sich drückte und ihre beide Gestalten zu der halb männlichen und halb weiblichen Gestalt des *Ardhanarishvara* zusammenschmolzen.

In Benares, der Stadt der Bettler, steht ein berühmter Annapurna-tempel. Wer die hellhäutige Göttin, dargestellt mit Reisschale und Löffel, anbetet, wird wie Shiva niemals hungrig gehen müssen. Weil sie anwesend ist, heißt es, sei noch niemand in Benares verhungert.

Die Gestalt der nährenden Annapurna scheint auf eine alte indoger-manische Gottheit zurückzugehen. Auch die Römer kannten eine *Anna Perenna,* deren Fest im Frühling mit Weingelagen gefeiert wurde. Während der Standeskämpfe zwischen den Patriziern und den Plebejern nahm das Volk Zuflucht auf einen Berg außerhalb der Stadt, wo die Göttin es vor drohender Hungersnot mit selbstgebacke-nen Kuchen rettete.[82]

Ganga

Für die alten Indogermanen waren die Flüsse weibliche Gottheiten. In Indien ist das noch immer so. Für die Hindus ist *Ganga Ma,* die Mut-ter Ganges, wie sie liebevoll genannt wird, die himmlischste aller Flußgöttinnen. Sie gilt als Parvatis ältere Schwester und ist somit ebenfalls die Tochter des Bergkönigs Himalaja. Manchen Legenden zufolge hatte sich Uma (Sati) in zwei Hälften geteilt, um als Parvati und Ganga wiedergeboren und mit Shiva verheiratet zu werden. In ei-ner bengalischen Geschichte ist Ganga sogar die erste Frau Shivas, und mit Parvati trifft er sich heimlich im Garten. Auf jeden Fall sind beide als Mütter an der Entstehung von Shivas Sohn Karttikeya betei-ligt. In den lustigen Volkserzählungen erscheint die holde Flußgöttin als Nebenbuhlerin, die von der eifersüchtigen Parvati mit Schmähre-den überhäuft und verflucht wird, als unberührbare Prostituierte *(Chandali)* geboren zu werden. Ganga zahlt es ihr mit gleicher Münze heim, indem sie das Sandlinga, das Parvati gebaut hat, mit ihren Flu-ten wegspült und sogar versucht, Parvati selbst wegzuspülen.

Einst weilte Ganga als stolzes, eigenwilliges Mädchen im Himmel. Wie sie auf Erden herabkam, soll hier erzählt werden. Vor vielen Jah-ren lebte der große König *Sagara,* der sechzigtausend Söhne von einer seiner Königinnen und einen einzigen weiteren Sohn von einer ande-ren Königin hatte. Um den Göttern für die ihm erwiesene Gunst zu danken und seine Macht weiter zu festigen, wollte er ein großes Pfer-deopfer *(Ashvamedha)* zelebrieren.

Ein solches Ashvamedha war keine einfache Angelegenheit. Das auserwählte Pferd durfte ein ganzes Jahr lang frei und ungehindert umherschweifen, wo es wollte. Bewaffnete Fürstensöhne folgten ihm, damit es nicht verlorenging. Wagte ein anderer Fürst, sich an dem Pferd zu vergreifen, so bedeutete das Krieg. Der Verlust eines geweihten Pferdes brachte unsägliches Unglück.

Trotz aller Vorsorge geschah das Undenkbare: Das Roß des König Sagara verschwand eines Tages spurlos. Indra hatte es gestohlen und tief in der Erde versteckt, denn er fürchtete, daß dieser tadellose König zu mächtig werden könne. Ein König, der hundert Pferdeopfer veranstaltet hat, wird nämlich automatisch der nächste Indra, der nächste Götterkönig. König Sagara schickte seine sechzigtausend Söhne in die Welt hinaus, um das verlorene Opfertier zu finden. Sie durchkämmten alle Länder, durchsuchten sämtliche Meere und gruben schließlich tief in die Erde, bis hinunter, wo die Elefanten stehen, auf deren Schultern die Welt ruht. Das störte die Elefanten. Sie bewegten sich, und die Erde begann zu beben, was wiederum die Rishis und Götter ärgerte. Zuletzt stießen sie in einer tiefen Unterwelt auf das Pferd, das friedlich neben einem meditierenden Asketen graste. Sie nahmen sofort an, daß dieser das Pferd gestohlen hatte und fuhren den Weisen an: »Händige uns das Pferd aus, du Dieb!« Der Zorn des Alten, dessen Meditation gestört worden war, verdichtete sich zu einem Feuerball, der sich blitzartig entlud und alle sechzigtausend Brüder auf der Stelle zu Asche verbrannte.

Das einmal begonnene Ritual abzubrechen, wäre dem Bruch eines Gelübdes gleichgekommen, doch konnte auch der andere Sohn des Königs weder das Pferd noch seine Brüder finden. Nachdem viele Jahre vergangen und der König gestorben war, hatte sein Enkel, der einzige Sohn seines überlebenden Sohnes, schließlich Erfolg. Er folgte den Spuren seiner Onkel bis in die Unterwelt, wo er ebenfalls auf den Rishi stieß, neben dem das Pferd friedlich weidete. Er war jedoch höflicher als seine Vorgänger und sprach erst, als der Rishi ihn ansprach. Da erfuhr er, was mit seinen sechzigtausend Onkeln passiert war. »Sie haben ihr Schicksal verdient«, sagte der Rishi, »nun sind sie in der Hölle.« – »Großer Rishi, ist es denn nicht möglich, sie zu retten? Wie sollen sie denn je erlöst werden, wenn sie keine Enkel haben, die ihnen opfern?« fragte der Junge vorsichtig. »Es ist nicht möglich. Nur wenn Ganga, der reine Himmelsfluß, herunterfließt und ihre Asche benetzt, werden sie von ihrer Sünde gereinigt«, sagte der Alte. »Nun nimm das Pferd und geh heim!«

Es erforderte viele Jahre schwerster Bußübungen, um den Himmelsstrom in die unteren Welten herunterzuleiten. Erst *Bhagiratha*, der Urenkel des Königs, hatte die Fähigkeit und Reinheit zu dieser Anstrengung. Er begab sich in die Wildnis und meditierte ununterbrochen zehntausend Jahre lang, bis ihm Brahma erschien und ihn fragte, was er begehre. Als Brahma den Wunsch vernahm, schüttelte er den Kopf: »Das geht nicht! Die Erde könnte den Aufprall des mächtigen Stromes nicht verkraften. Nur wenn Shiva bereit wäre, ihn mit seinen Haaren zu bremsen, könnte es möglich sein.« Da verehrte der Asket Bhagiratha den Gott mit den verfilzten Haaren weitere zehntausend Jahre lang, bis dieser ihm erschien und seine Bitte erfüllte.

Ganga war keineswegs bereit, die Wonnen des Himmels zu verlassen, aber die Macht der Askese hatte sie bezwungen. Als sie Shiva sah, der sie auffangen wollte, sagte sie sich voller Groll: »Den werde ich einfach wegspülen!« Mahadev, der ihre Gedanken kannte, fing sie wie einen zappelnden Fisch in seinen Filzhaaren und hielt sie zehntausend Jahre lang gefangen, um ihren jungen Stolz zu brechen. Endlich lockerte er ein Härchen und entließ die Göttin siebenteilig, als die sieben großen Flüsse der Erde, aus seinen Locken. Seither wird Shiva auch *Gangadhara*, »Gangesträger« und der Fluß *Harashekhara*, »Krone Shivas« genannt.

Die Göttin ergoß sich über das trockene Land. Überall, wo sie erschien, blühten die Pflanzen auf und Menschen und Tiere freuten sich. Plätschernd und rauschend folgte sie Bhagiratha, der ihr den Weg in die Unterwelt zeigte, wo sie die Asche seiner verfluchten Vorfahren benetzen und neu beleben sollte. Auf dem Weg kam es zu einem weiteren Zwischenfall. Ihr Singen hatte nämlich den Rishi *Jahnu* aus seiner heiligen Versenkung aufgerüttelt. Zornig trank er, kraft seiner angesammelten geistigen Macht, den Fluß einfach auf. Alle Wesen, Menschen, Tiere, Pflanzen und vor allem Bhagiratha flehten den Rishi an, sie wieder zu entlassen. Aus Respekt vor der Askese Bhagirathas ließ er Ganga, noch reiner als zuvor, aus seinem Ohr fließen. Schließlich erreichte sie das Meer und füllte es mit ihren Fluten. Dann strömte sie in die Unterwelt und erweckte die Toten zu neuem Leben.

»Ganga« ist ein altes indogermanisches Wort, das etymologisch mit »Gang« und »gehen« verwandt ist und mit dem Element der Bewegung zu tun hat. Es ist Shivas Shakti als Strom des Lebens und der Weisheit. (Rudolf Steiner würde vom Strom der ätherischen Bildekräfte sprechen, der sich im biologischen Lebenskreislauf ebenso wie im lebendigen Strom der Imaginationen manifestiert.)

Durch das Opfer des Asketen Bhagiratha, der symbolisch für den heiligen Menschen steht, und durch die Gnade Shivas fließt der Strom voll jungfräulicher Kraft von den Himmelshöhen herab, um zu nähren und zu heilen. Wer im Ganges badet, reinigt nicht nur den Leib, sondern auch die mit Sünden befleckte Seele. Bis in die tiefsten Unterwelten und Höllen *(Patalas)* fließt er, um die Toten zu erlösen und wieder aufwärts zu tragen. Als Milchstraße fließt er am Sternenhimmel. Dort oben sitzen die sieben ersten Rishis, die sieben Hauptsterne des Großen Wagens *(arctos major)* an seinen Ufern und meditieren. Der Kreislauf schließt sich, wenn Ganga als Regen und in Form der Gebirgsflüsse mit neuen Lebenskeimen wieder auf die Erde kommt.

Ganga ist das Soma, das Lebenswasser, die Milch, die das ewig heiße Linga Shivas abkühlt. Ganga gehört ebenso zum Linga wie die erdhafte Yoni. So sind die beiden Schwestern Ganga und Parvati die Gefährtinnen Shivas. Bei jeder Lingapuja (Lingaverehrung) wird eine kühlende Flüssigkeit auf das Linga gegossen. Am besten eignet sich dafür das Wasser des Ganges.

Der Ganges ist auch der Strom des Bewußtseins, an dem der Meditierende in tiefer Versenkung die ewigen Urbilder schaut. Kaum ein Ort auf Erden wäre dazu besser geeignet als die heilige Stadt Benares, die die Inder *Kashi,* »die Leuchtende«, nennen. Dies ist Shivas Lieblingsort, wenn er auf Erden weilt. Wer seine Seelenpforten nicht verschlossen hat, spürt sofort, wie hier die geistigen Urbilder vor dem Seelenauge zu fließen beginnen. Deswegen kommen auch jährlich viele Hunderttausende, wenn nicht Millionen von Pilgern nach Benares. Es ist ein einmaliges Erlebnis, mit den Abertausenden im Ganges das Morgenbad zu nehmen, wenn die aufsteigende Sonne die Fluten in Gold verwandelt.

Unzählige alte Menschen erwarten ihren Tod hier am Gangesufer, denn wer mit Gottes Namen auf den Lippen in Benares stirbt, wird erlöst. Nie verlöschen die Scheiterhaufen. Immer wieder ertönt der Ruf der Leichenträger: »Rama nam sattje he« (Gottes Name ist Wahrheit). Liebevoll nimmt Mutter Ganga die Toten in ihren Schoß. Die Leichen unschuldiger Seelen, wie Kühe, Kleinkinder, Heilige oder

Aussätzige, deren Leiden ihre Sünden getilgt hat, werden direkt dem Fluß übergeben, die anderen werden verbrannt und als Asche in das Wasser gestreut.

Ashrams und Tempel säumen den Fluß. Wasserbüffel nehmen ihr Bad, Flußdelphine tauchen auf und unter. Pilger bauen kleine Lehm-Lingas und zünden Räucherstäbchen an, schwarzhäutige Fischer werfen ihre Netze aus, Wäscher klopfen die Wäsche und legen sie zum Trocknen aus. Schakale suchen nach Leckerbissen, die angetrieben werden, Adler und Geier ziehen hoch am Himmel ihre Kreise. Barbiere hocken auf den Ufertreppen und rasieren den Pilgern die Schädel kahl, Brahmanen lesen laut aus den heiligen Schriften. Andere Pilger, die andächtig *Om Shiva Maheshvara Mahadev* singen, werden vorbeigerudert, um einen heiligen, 226 Jahre alten Yogi zu besuchen, der mitten im Strom auf einem Bambusgestell sitzt. Wegen der treibenden Sandbänke unter dem Wasser kann kein Dampfer den Fluß befahren, und kein Motorengeräusch entheiligt die Stimmung.[83] Im Volksmund heißt es, nur ein Narr würde Shivas herrliche Stadt am Gangesufer wieder verlassen; aber es heißt auch: »Du kannst Kashi verlassen, aber Kashi wird dich nicht verlassen.«

Benares ist besonders heilig, weil der Fluß hier eine Biegung macht und sich wieder dem Norden, seinem Ursprung zuwendet, wie eine junge Braut, die sich auf dem Weg zum Haus ihres Bräutigams noch einmal umwendet, um ihrem Heimatdorf zuzuwinken. Die sichelförmige Biegung erinnert auch an die Mondsichel, die Shivas Locken schmückt.

XI. Tantra: Verborgen wie Milch in der Kokosnuß

In der Zeit, die unserem Mittelalter entspricht, verblaßten die alten vedischen Götter, während Shiva und ebenso Krishna-Vishnu mit ihren Gefährtinnen ihre Stelle einnahmen. Nicht mehr das götterzwingende Opfer, die Beschwörung, sondern die Liebesbeziehung wurde zur Metapher für das Verhältnis zwischen Gott und Mensch. Gott und Seele lieben einander wie Shiva und Devi in ewigen Flitterwochen. Krishna lockt die hübschen Milchmädchen mit seinen Flötentönen aus ihren Ehebetten, um sie heimlich nachts zu lieben. So wird auch die Seele von Gott persönlich geliebt und kann ihn als Liebhaber betrachten. Der Gläubige kann sich Gott völlig hingeben, wie es seiner persönlichen Vorstellung am besten entspricht – wie eine Frau dem Mann, wie ein Mann der Frau, wie ein Kind der Mutter oder wie die Mutter ihrem Kind. Man kann Gott als Baby Krishna selbst in den Armen halten und liebkosen. Man kann sich an der Brust der Mutter Kali geborgen fühlen, wie es der bengalische Heilige Ramakrishna tat. Man kann, wie es der Tantrismus bevorzugt, Gott wie einen Liebhaber oder eine Geliebte oder wie eine Tempelprostituierte lieben und von ihm geliebt werden. Wir kennen ja ähnliche Vorstellungen im Christentum von Maria Magdalena bis hin zu den Kantaten Johann Sebastian Bachs, wo die Seele als Braut und Christus als Bräutigam hingebungsvoll nach einander verlangen.

Inzwischen hat tantristisches Gedankengut nicht nur den Hinduismus, sondern auch den Mahayana-Buddhismus durchsetzt, wird aber von den orthodoxeren Richtungen noch immer nicht voll akzeptiert. Besonders der »linkshändige« Tantrismus, der im rituellen Kontext absichtlich alle Tabus und Vorschriften verletzt – es wird Fleisch gegessen, Alkohol getrunken und Geschlechtsverkehr geübt – macht so manchen Pandit oder Swami Schwierigkeiten. Wer den hinduistischen Puritanismus und seine panische Angst vor Verunreinigung kennt, wird das verstehen. Vor einigen Jahren mußten die Unberührbaren noch mit Glocken bimmeln, wenn sie auf die Straße gingen, um zu verhüten, daß ihr bloßer Schatten einen Kastenhindu beflecke. Im Tantrismus soll gerade mit einer Unberührbaren Sexualverkehr geübt werden, und sie, sei sie Wäscherin oder Straßenfegerin, soll dabei als die Göttin verehrt werden! Das hinduistische Gebot des *Ahimsa* verbietet jedes Töten, wogegen im Tantrismus Fisch und Fleisch verzehrt werden! Jeder Alkoholgenuß bedeutet nach Auffassung des Hinduismus ein Abstumpfen der feinempfindlichen Nerven, die man sich über mehrere Lebzeiten erworben hat – und der Tantrismus empfiehlt Weingenuß!

Weil, wie es im Sprichwort heißt, verbotene Früchte so süß schmekken, gilt es in diesem verworrenen, materialistischen Zeitalter gerade an solche verbotenen, grobsinnlichen Gelüste anzuknüpfen. Im Brennpunkt menschlicher Sehnsüchte, Interessen oder Faszinationen findet der Tantriker den Hebel, an dem er die Seele packen und der Weltlichkeit entreißen kann. Die alten Rituale, die Gebote und religiösen Ausübungen greifen beim modernen Menschen einfach nicht mehr. Wenn er überhaupt eine Religion ausübt, dann nur noch lustlos, automatisch, aufgrund eines ausgehöhlten Pflichtgefühls oder weil es die Gesellschaft von ihm erwartet. Es fehlt aber an intensiver Anteilnahme, denn diese gilt nicht mehr dem Göttlichen als solchem, sondern dem Sex, dem Bauch, dem äußeren Ansehen oder der persönlichen Macht. Hier gilt es also einzuhaken. Anstatt Sex und Habgier von vornherein als sündig zu verdammen und zu unterdrücken, werden sie geweiht, in das Ritual einbezogen, umgewandelt und als erste Schritte auf dem Weg zum wahren Selbst, zu Shiva, gewürdigt.

Die Tantriker halten ihre Lehre trotz aller Widerstände in diesem Zeitalter des Kali Yuga für die angemessene. Die Entsagung war im vorhergehenden Zeitalter angebracht, der Opferkult in dem davor, aber nicht mehr heute. Waren die *Veden* die rechten Schriften im goldenen Zeitalter *(Krita Yuga)*, die *Upanishaden* im silbernen Zeitalter *(Treta Yuga)*, die alten Volkserzählungen der *Puranas* im *Dvapara Yuga*, so sind für diese finsteren Zeiten die *Tantras* (oder *Agamas*) wegweisend.

Der orthodoxe und der agamische Standpunkt

Wie sich die Anhänger der Agamas von den orthodoxen Hindus unterscheiden, wollen wir hier untersuchen. Der klassische Hinduismus lehrt, daß es trotz der Vielfalt der Erscheinungen, trotz der unzähligen Götterbilder nur eine einzige Wirklichkeit gibt. Sie ist *advaita* (unteilbar). Die Vielfalt ist trügerischer Schein. Die Welt ist ein buntgewebter Schleier der Illusion, der das Eine – Gott, Selbst, Shiva, Vishnu, Brahman oder wie immer man es auch nennen will – verhüllt, die Seele narrt und sie zu immer neuen Taten *(Karma)* verleitet. In diesem Schein sind die Seelen gefangen. In dem Wahn, daß sie abgesonderte Individuen seien, versuchen sie für sich Vorteile, Genüsse oder Macht über andere zu erlangen und dem Tod zu entfliehen. Dadurch verstricken sie sich noch mehr im Wahn und befinden sich so in einem nimmer endenden Kreislauf von unzähligen Geburten und Toden, die immer neue Hoffnungen und neues Leiden nach sich ziehen.

Der monströsen Fantasiewelt der Unwissenheit, des ruhelosen Tuns, des Jagens nach Lust und vergänglichem Glück kann der Mensch ein »Nein« entgegensetzen. Er kann sich lösen, indem er von den Taten läßt, indem er Entsagung übt und in Askese verharrt. Wie eine Schildkröte ihre fünf Glieder in den Panzer zurückzieht, so kann der Entsagende seine fünf Sinne vom betörenden Tanz der Maya zurückziehen. Sein bewegter Geist muß sich beruhigen wie ein See. Wenn kein Wind mehr über ihn hinwegbläst, muß er spiegelglatt werden. Dann wird er die Einheit, den Einen, den ewigen Beobachter, den *Purusha*, erkennen und in seine Stille eingehen können. Auch wenn er noch im Leib ist, kann der Entsager den Schleier der Täuschung durchbrechen. Er ist dann ein lebendig Erlöster und hat kein Ego mehr. An ihm erledigt sich nur noch ein Rest unerlöstes Karma *(Prarabdha Karma)*. Wie der betagte Beamte, der nur noch auf die Pensionierung wartet, geht ihn der Betrieb nichts mehr an. Er geht in das Eine ein!

Dieses Einswerden war den daseinsbejahenden arischen Viehnomaden unbekannt, setzte sich aber im Laufe der Zeit in Indien durch. Es ist ebenso das Ziel der Yogaübungen des Patanjali wie der Lehre des hinduistischen Mönches *Shankaracharya*[84] und der der Buddhisten und Jains. Es ist die indische Weltflucht, von der man im Westen so oft in etwas überheblichem Ton spricht. Im Tantrismus stoßen wir jedoch wieder auf die Lebensbejahung, die aus dem Untergrund der indischen Seele frisch hervorsprudelt und die jeder Besucher des indischen Subkontinents zu spüren bekommt.

Auch der Tantrismus vertritt die Überzeugung, daß alles eins ist. Alles ist Shiva! Alles gehört dazu, auch die »Illusion«. Die »Welt« ist Shiva! Sie ist lediglich das Spiel *(Lila)* seiner unfaßbaren Energie *(Shakti)*. Der Tantriker versucht nicht, diesem Spiel zu entfliehen, sondern er akzeptiert und genießt es. Er kann es jedoch nur genießen – und darauf kommt es an –, indem er sich nicht mehr krampfhaft mit seinem ängstlichen Ego daran klammert und nicht mehr trennt zwischen dem Ich und dem anderen, zwischen Gut und Böse, zwischen Wissen und Unwissenheit. Der *Jivanmukti* (die erlöste Seele) nimmt alles an und liebt alles als das Selbst (Shiva). Liebe, nicht Abkehr befreit die Seele! Alles ist anbetungswürdig, alles kann genossen werden, aber es besteht kein Zwang, es zu tun.

In der orthodoxen Advaita-Philosophie ist der männlich gedachte Allgeist *(Purusha)* das, was in sich ruht. Die Natur *(Prakriti)* hingegen ist das verführerische Weib, die tanzende Kurtisane der Weltillusion, die ihn umkreist. »Das Tor zur Hölle ist die Frau«, warnt der entsagende Shankaracharya mit erhobenem Zeigefinger, »sie verstellt den Weg zur Erkenntnis Shivas!«[85] In der tantrischen Tradition dagegen ist die Frau die Göttin selbst. Wird ein Mädchen geboren, sagt man, die Devi sei ins Haus gekommen. Materieller Reichtum ist die Glücksgöttin Lakshmi. Musik, Poesie und schöngeistige Freuden werden als Göttin Sarasvati verehrt. Eine reichhaltige, vortrefflich gekochte Mahlzeit ist die Göttin Annapurna.

Wohlstand *(Artha)* und sinnliche Freuden *(Kama)* stellen keine Gegensätze zum rechten Lebenswandel *(Dharma)* und zur Erlösung *(Moksha)* dar, sondern sind Gaben der Shakti Shivas, aber auch Krankheit, Krieg, Not und Schrecken sind das Spiel der göttlichen Shakti. Die Pockengöttin *Shitala,* die den grauen Esel reitet, *Dhumavati,* die grausame, in graue Lumpen gehüllte Witwe, *Bhairavi,* die den Menschen das Fürchten lehrt, und die blutrünstige, rasende Kali werden ebenfalls als Shivas Shakti verehrt. An ihnen zu verzweifeln und ihretwegen die Schöpfung als schlecht und die Erde als Ort des Leidens zu verfluchen, hieße, sie zu verkennen. Auch in ihnen sieht der Shakti-Verehrer und der Tantriker die Mutter. (Bei den irischen Kelten konnte nur der König werden, der sich nicht scheute, mit einer häßlichen alten Hexe zu schlafen. Wenn sich der junge Edle der Vereinigung rückhaltlos hingab, verwandelte sie sich in die schönste aller Jungfrauen. Nur eine königliche Seele konnte eben ihre wahre Natur erkennen. Sie war die Anima des Landes, dessen König er wurde.) Die Welt als schlecht und unwürdig abzulehnen, hieße Shiva – und damit das eigene, wahre Selbst – abzulehnen.

Für den strengen Mönch sind *Bhukti* (Genuß) und *Mukti* (Erlösung), *Bhoga* (weltliche Erfahrung) und Yoga (Zucht), *Pravritti* (Aktivität, Werden) und *Nivritti* (Stille, Ent-werden), *Avidya* (Blödheit, Nichtwissen) und *Vidya* (Wissen) Gegensätze. Die Tantriker aber versichern uns, daß wir beides brauchen. Wir brauchen Wissen, um die Erleuchtung zu erlangen, und Nichtwissen, um die sterbliche Welt zu durchqueren. Alles gehört zum Spiel *(Lila).*

Das Spiel des Lebens ist das Spiel der Kinder. Im Versteckspiel beispielsweise versuchen sie, sich mit allen Mitteln und Schlichen »frei« zu klopfen, ganz so wie der Gottessucher versucht, die Befreiung (Moksha) zu erlangen. Wenn aber alle »frei« sind, macht es keinen Spaß mehr. Dann beginnt das Spiel von neuem. Das neurotische Kind, das das Spiel zu ernst nimmt, das mit seinem Ego so sehr darin verhaftet ist, kann es nicht genießen. Es ärgert sich, wird zornig, fühlt sich beleidigt und oder fängt an zu mogeln. Ebenso ist es mit dem Spiel unseres Daseins. Viele von uns haben die wahre Natur des Spiels und des Spielers vergessen und sind unglücklich, ergrimmt und entmutigt, verzweifelt oder verängstigt. Tantra versucht, das rechte Verständnis wiederherzustellen und die wahre Natur der Wonne im Dasein, in der Welt der Maya, zu offenbaren. Der Blick wird auf das Selbst (Shiva) gelenkt, denn was wir sehen und erleben, sind wir selbst.

Das Ego (oder der »Mind«), das die Ganzheit in Ich und das Andere teilt und alles unterdrückt, was als unangenehm empfunden wird, ist dabei das Hauptproblem. Das Überwinden des Egos bedeutet nicht, daß man das »Andere« nicht mehr wahrnimmt. Man nimmt es wahr, aber nicht mehr als das Andere. Der Geist des lebend Erleuchteten *(Jivanmukti)* ist wie die Sonne, deren Licht alles, die zarte Blüte wie den Kothaufen, ohne Unterschied anstrahlt. Er ist wie das Feuer, das den Unrat verbrennt und dabei doch reines Feuer bleibt.

Ziel des Tantra ist es, das Ego zu überwinden, dessen Starre den freien Fluß der göttlichen Energie blockiert und das glückselige Spiel des Daseins verdirbt. Alle Kraft kommt vom Selbst (Shiva), nicht vom

Ego. Das wußten selbst die großen Dämonen der indischen Mythologie. Sie alle beteten Shiva an und kasteiten ihr Ego. Dadurch floß ihnen Shakti-Energie zu, die es ihnen ermöglichte, sich der drei Welten zu bemächtigen. Diese Büßer blieben aber trotzdem Dämonen, denn sie weigerten sich, ihr ganzes Selbst zu opfern, sondern benutzten die auf diese Weise gewonnene Kraft, im ihr Eigendasein zu stärken, um es den »Anderen« entgegenzustellen.

Sieg über den Egowahn (Ahamkara)

Der Kampf mit der Eigensucht *(Ahamkara)* ist der schwierigste und eigentlich der einzige Kampf, den der Mensch zu kämpfen hat. Das Ego bezieht alles auf sich selbst, projiziert gleichzeitig sich auf alles andere und verfärbt und entstellt es dadurch. So verstrickt es sich immer mehr in Leid, Einsamkeit und Angst. Das Spiel Gottes wird todernst. Shiva vergißt sein wahres Wesen und streift als schmutziger, heruntergekommener, armer Irrer durch die Wildnis des Daseins. Wir kennen ja bereits den weinenden Shiva, der denkt, seine Sati sei von ihm gegangen. Was soll der Verirrte tun, damit er sich selbst wiederfindet und mit seiner einzigen Geliebten, seiner Shakti, wieder im vollkommenen Sein, Bewußtsein und Wonne *(Satchidananda)* vereint wird? Was hat Shiva in der Legende getan?

Zunächst verläuft er sich im düsteren Tannenwald, wo die Frauen der Rishis, die bis dahin Buße und Entbehrung geübt hatten, von ihm fasziniert werden, ihn begehren und verführen. Sie stellen die in die finstersten Ecken verbannten Sehnsüchte und Begierden dar, die nun ihre Befriedigung erfahren. Dadurch verstößt Shiva zwar gegen die Regeln des Anstands (versinnbildlicht durch die Rishis), aber – so lehren es die Tantriker – solange noch geheime Wünsche und unerfüllte Gelüste in der Seele rumoren, ist kein weiterer Schritt möglich. Was da unter Schloß und Riegel im tiefen Keller verbannt liegt, sind Kräfte (Shaktis), die eines Tages verhängnisvoll, pervers und zerstörerisch zum Ausdruck kommen werden. Sie müssen ausgelebt und erschöpft werden, wie Feuer, die ihren Brennstoff verzehren. Der Tantriker Bhagwan Shree Rajneesh ließ sich seine wohlstandsgeschädigten und liebesbedürftigen »Patienten« in Psychodramas und »Sexorgien« austoben, um die alten Begierden zu erschöpfen.

168

So fremdartig sollte uns diese »Therapie« gar nicht vorkommen. Wir kennen Ähnliches vom Karneval oder von Fastnacht (von *Fasel* beziehungsweise *visel* = männliches Glied)[86], einem Fest, das dem Menschen erlaubt, einmal im Jahr »die Sau rauszulassen«. Während dieser Zeit sind wahrhaftig die Teufel los. Man trägt Masken mit Hörnern, vermummt sich in Felle, Mädchen werden gefaselt, alte Jungfern verspottet. So werden Komplexe, Verklemmungen, Hemmungen und Schrulligkeiten abgebaut, die sich im harmonischen Zusammenleben als Störfaktoren erweisen. Gleichzeitig werden die Vorbedingungen für die Fruchtbarkeit der Menschen, des Viehs und des Ackers geschaffen.[87]

Nachdem der närrische, ithyphallische Shiva das Verlangen der Rishi-Frauen befriedigt hat, wird er von den Einsiedlern verflucht, sein Linga zu verlieren. Nun besinnt er sich. Er begibt sich in die Einsamkeit, spannt sich in das Joch des Yoga und übt stille Einkehr. Das bedeutet, daß der *Sadhaka* (der Schüler, der dem tantrischen Einweihungsweg folgt) den Karneval der Begierden im finstern Wald seiner Seele hinter sich gelassen hat und nun seine Triebe durch Selbstzucht veredelt. Auf allen Ebenen, der physisch-feinstofflichen, der mentalen und der geistigen, gibt er sich dem Yoga hin. Er meditiert, übt die mühsamen Verrenkungen des *Hatha-Yoga*, macht Atemübungen *(Pranayama)* und führt besondere Handgesten *(Mudras)* aus, die das Erreichte stabilisieren helfen. So werden Verspannungen in Leib und Seele beseitigt, damit die Energie *(Shakti)* fließen kann. Ein gesunder Körper wird als Grundlage für einen gesunden Geist angesehen. Heilige Silben *(Mantras)*, die als Klangverkörperungen der Götter gelten und tief auf das Unterbewußte und die Energiezentren *(Chakras)* einwirken, werden in rhythmischer Wiederholung *(Japa)* aufgesagt. Drei verschiedene Arten von Versenkung *(Dhyana)* werden geübt:

1. Konzentration *(Savikalpa)* auf einen Punkt. »Zentrieren« nennt es Rajneesh, indem er sich auf das *Vigyana Bhairava Tantra* beruft. Auf die Frage Parvatis: »O Shiva, was ist deine Wirklichkeit? Was ist dies von Wundern erfüllte Universum?«, antwortet Shiva, indem er 112 Methoden zur Sammlung des Geistes auf einen Punkt hin offenbart.[88]
2. Stillegen des Denkens *(Nirvikalpa)*. Dies ist die sogenannte Obergefreitenprüfung, die darin besteht, daß man eine halbe Stunde

lang aus dem Fenster schaut und dabei nichts denkt. Für den modernen Menschen, der von klein auf zu dauerndem Denken erzogen wurde, ist das überhaupt nicht einfach.

3. *Vimarsha*, der spontane, freie Fluß der Gedanken und deren Beobachtung, ohne dabei in irgendeiner Weise lenkend, zensierend, führend oder manipulierend einzugreifen. Das ist wahrhaftig eine königliche Meditation *(Raja-Yoga)*, die auch im Abendland mit dem König, und zwar dem Fischerkönig der Grallegende, verbunden wird.[89] Der Fischer ist der, dessen Blick unter die spiegelnde Oberfläche (der Erscheinungswelt) dringt und der aus den Tiefen Kostbarkeiten hervorholt. Auch die Jünger Jesu waren Fischer.

Der Sadhaka übt sich außerdem in ständiger Liebe, Andacht und Egolosigkeit, indem er sich Shiva, seinem wahren Selbst, bedingungslos überantwortet. Er begreift sich nun als *Shivadasya*, »Sklave Shivas«. Er scheint zwar noch eine Person zu sein, ist in Wirklichkeit aber schon eins mit allem. Im Fortschreiten des physischen, mentalen und geistigen Yoga fällt ihm die Dunkelheit *(Tamas)* wie Schuppen von den Augen und die Verschmutzung *(Malas)* von der Seele, während die Shakti-Kraft ihm immer stärker zuströmt.

Eines Tages öffnet der Meditierende die Augen und sieht die schönste aller Jungfrauen vor sich stehen. Auch sie ist mit der bitteren Asche der Askese geweiht und hat einen langen, entbehrungsreichen Weg hinter sich. Shankar erkennt seine Parvati! Nun kann die königliche Hochzeit gefeiert werden. In ihrer Liebe verschwinden alle Gegensätze. In Wonne verschmelzen Shiva und Shakti zu *Ardhanarishvara*.

Das Verschmelzen des Gottes mit der Göttin ist die Vereinigung von Sein *(Sat)* und Bewußtsein *(Chit)*. Je mehr Bewußtsein in das Sein einströmt, desto größer ist die Wonne *(Ananda)*. Die Erleuchtung ist die vollkommene Einheit von Sein, Bewußtsein und Wonne *(Satchitananda)*. Die Physiker des Abendlandes haben dem Sein bislang nur eine Raum-Zeit-Dimension zugestanden; Bewußtsein und Wonne galten als zweitrangige, unbeständige Zufalls- oder Begleiterscheinungen. Nicht so in der indischen Philosophie. Da gehört das Bewußtsein mit zum Sein, und in der Vereinigung der beiden entsteht die kosmische Wonne.

Jeder von uns kennt den Zustand dieser Einheit, wenngleich nicht auf einer so vollkommenen Ebene: Wenn unsere Lebensumstände mit unserem Bewußtsein übereinstimmen, ohne daß sich falsche Ideen, Vorstellungen und unreale Hoffnungen dazwischenschieben, dann sagen wir, »es stimmt«, dann kommen wir unserem wahren Selbst näher und empfinden eine Art Glückseligkeit. Wenn die stille Überlegung mit unserem Tun übereinstimmt, dann entsteht Freude.

Satchidananda ist immer und ewig im Hier und Jetzt gegenwärtig. Shiva und Shakti sind immer in Seligkeit verbunden. Sie sind eins, ebenso wie der Vater (Sein), der Sohn (Werden) und der Heilige Geist (Weisheit, Bewußtsein) in der mystischen Theologie des Christentums eins und ewig sind. Ihr getrenntes Dasein ist nur scheinbar. Es ist die Illusion, die zum Zustand des egohaften Daseins gehört.

Shakti

Shiva ist der ruhende Pol, das Auge des Wirbelsturms, der *Purusha*, der auf dem Gipfel des eisigen Weltenberges, in Schnee und Kälte unbewegt in tiefster Kontemplation verharrt. Shakti ist der tanzende Wirbelsturm der Elemente. Sie ist die lebendig bewegte Feuerkraft, die tief unten, im heißen Süden, ihren Ursprung hat. Sie ist das vom Wind *(Prana)* angefachte Feuer, das das Eis des Nordens zum Schmelzen bringt, den welterquickenden Nektar heraustauen läßt und schließlich als Ganga aus den kosmischen Höhen wieder in die Tiefen fließt, wo sie die Asche der Toten zu neuem Leben erweckt und die zahllosen Keime und Samen benetzt, keimen und wachsen läßt. Shakti ist auch der warme Schoß der Erde, tiefgründig und dunkel, der zu Füßen des im ätherischen Blau des Weltberges weilenden Shivas liegt. Als *Kuja*, »die Erdgeborene«, ist die Allmutter schwarz, bis sie durch ihre Vereinigung mit Shiva zur goldenen Gauri wird. In ihrer Erscheinung unter den Menschen zur Zeit des Ramayana wurde sie als *Sita* aus der Erdscholle geboren und verschwand wieder in der Erde, nachdem sie ihre Reinheit durch mehrere Feuerproben bewiesen hatte.

Shakti ist auch das Meer und die Flüsse, die sich lebenspendend durchs Land schlängeln. Der Pilger, der in der Jamuna, Ganga oder einem anderen Fluß badet, taucht nicht in einen Wasserstrom aus H_2O, wie es die Chemiker verstehen würden, sondern in den lebendigen Strom der göttlichen Energie. Auch wenn noch so viele Abwässer hineinfließen, Shakti bleibt ewig, jungfräulich rein. Wer in Benares ertrinkt, den hat die Göttermutter zu sich genommen, ebenso wie die Asche und die Leiber verstorbener Menschen und Tiere. Sie ist der wäßrige Schoß, der die Geschöpfe aufnimmt und wieder neu gebiert.

In der Volksimagination wird die Shakti gerne als das sich ständig häutende, mit Lebenskraft erfüllte, mit schillernden Schuppen bedeckte, mit todbringenden Giftfängen und zischender, gespaltener Zunge begabte Urreptil dargestellt. In den sich durch die Landschaft schlängelnden Flüssen ist ihre Schlangennatur besonders evident. Besonders im Süden Indiens wird sie in dieser Erscheinung verehrt. In Kanyakumari, an der Südspitze der bewohnbaren Erde, entstieg die Göttin als reine Jungfrau *(Kumari)* dem schäumenden Meer.[90] Alles in diesem üppig grünen Land trägt ihr Siegel: Der dampfende Dschungel und die frisch grün leuchtenden Reissaaten quellen von Leben über. Den allgegenwärtigen Nattern und Kobras *(Nagas)* setzt man unter jeden der mächtigen Baumriesen, unter deren Äste schwarzhäutige Dorfbewohner Schatten suchen, in Stein gemeißelte Standbilder. *Nagaraja,* der König der Schlangen, und *Manasa,* die Schlangengöttin, regieren hier als Truchsessen der Shakti.[91]

Die Bauern glauben, Shakti lebe als Schlange unter den Wurzeln dieser heiligen Bäume ebenso wie in den Quellen und Brunnenschächten. Nicht anders liegt die Göttin in jedem einzelnen Menschen als zusammengerollte Kundalini-Schlange an den Wurzeln des mikrokosmischen Baumes, dem Rückgrat. Wenn diese Shaktischlange im Menschen erwacht, kriecht sie langsam nach oben in Richtung des kühlen Himalajas unterhalb der Schädeldecke, um bei Shiva zu wohnen. In gleicher Weise zieht die Jungfrau, die Shiva als Braut abholt, von der Südspitze der Welt in deren Zentrum, also nach Norden auf die eisigen Gipfel des Weltenberges.

Nach südindischer Tradition war es in Suchindrum, unweit von Kanyakumari, wo Parvati als Kumari ihre Bußübungen machte, um den Mann ihres Herzens zu gewinnen. Am heutigen Wallfahrtsort Kanyakumari fand dann auch die Hochzeit statt. Der Wallfahrtsort, zu dem täglich Abertausende pilgern, um den Segen der Jungfrau zu empfangen, befindet sich dort, wo der Golf von Bengalen mit dem Arabischen Meer zusammenströmt. Nie ist das smaragdgrün leuchtende Meer still. Unheimlich mutet das ewige Brodeln und Schäumen an. Es ist der einzige Ort in Indien, wo man an Vollmondtagen die

Sonne und den Mond gleichzeitig sehen kann. Hier schwamm einst Swami Vivekananda hinaus, um auf einem aus dem Meer ragenden Felsen zu meditieren. Dort verwandelte sich der einfache Mönch in den großen Philosophen und Reformer, der 1893 den Vedanta dem *World Parliament of Religions in Chicago* vortrug.

Der felsige Strand ist von roten, weißen, schwarzen, gelben, grünen und braunen Sandadern durchzogen. Die Sage erzählt, daß Devi Kumari schrecklich enttäuscht war, als der ersehnte Bräutigam nicht zu der günstigen Stunde, die die Astrologen bestimmt hatten, zum Hochzeitsfest eintraf. Mißmutig kam es ihr über die Lippen: »Ach, mögen all die Speisen und der bunte Reis zu Sand und Steinen werden!« Seither nimmt jeder Pilger eine Handvoll von dem bunten Sand als Andenken mit und hat damit sozusagen Anteil am Hochzeitsschmaus.

Als sie da in ihrem Hochzeitsstaat wartete – im bunten Sari, mit Goldringen, Blumen und Edelsteinen geziert, das Gesicht mit Sandelpaste bestrichen –, strahlte sie so hell, daß die Schiffer bei ihrem Anblick das Segeln vergaßen und – wie bei der Lorelei – an den Klippen zerschellten. Wenn ein Schiff im brodelnden Wasser des Kap Komorin untergeht, meint man noch immer, der Schiffer sei von ihrem glitzernden Nasenring geblendet worden. Während sie so wartete, erspähte sie ein fürchterlicher Asura. In seiner Gier, sich ihrer Jungfräulichkeit zu bemächtigen, vergaß er die Verheißung, daß nur eine Jungfrau ihn töten könne. Konsequent schlug Devi ihm den Kopf ab.

Schließlich kam der lang erwartete Bräutigam. Die Hochzeit wurde gefeiert, und dann zog das Brautpaar nach Norden. Heilige Tempel und Badeplätze entstanden entlang ihres Weges.

Eine Legende besagt, daß Devi auf dem Weg Schritt für Schritt ihre Schlangennatur ablegte. Das Bild eines Urreptils, das sich in eine strahlende Göttin verwandelt, mag uns recht fremdartig vorkommen, ist jedoch archetypisch. Es ist das Bild der Seele, die sich mit dem Selbst vermählt, der *Anima Mundi,* die eins mit dem göttlichen Geist wird. Auch in der christlichen Mythologie beginnt die Urmutter Eva mit der Schlange am Baum des Lebens und findet ihre Vollendung in der sternengekrönten Himmelsgöttin, die ihre Schlangennatur mit Füßen tritt. Im Mittelalter ist es die unschuldige Jungfrau, die der Ritter Georg von ihrer Lindwurmnatur befreit, die sie gefangen hält. Im Märchen ist es die Meerjungfrau, oben Mensch, unten Fisch, die, vom Fischer geliebt, zur ganzen Frau wird. Wenn sich das hübsche, junge

Ding dann in der Ehe in den schnaubenden Hausdrachen verwandelt, der den Ehemann ins Wirtshaus treibt, haben wir es mit einer gegenläufigen Entwicklung zu tun.

Mit Shiva vereint, wird Shakti zur strahlenden, hehren Göttin, aber wenn sich Shakti von Shiva entfernt, wird sie zu einer schrecklichen, zerstörerischen Kraft. Dann kennt man sie als *Mahamaya,* die große Illusion. Sie wird zum Ouroborus, zur Midgardschlange, die sich in den Schwanz beißt, zum Symbol des vielschichtigen Zauberwahns, des Samsara, der verhängnisvollen Täuschung im endlosen Kreislauf von Leben und Tod, der Aufsplitterung in Raum, Zeit und Egobewußtsein. Doch auch das ist nur Shivas ewiges Spiel *(Lila).* In all ihren Erscheinungen, als keusche Jungfrau, gütige Mutter oder als Schreckensbestie wird sie von den Hindus verehrt. Alles wird ihr als zu ihr gehörend zu Füßen gelegt, jede Not, jeder Schrecken und jede Angst. Außer ihr gibt es keine Kraft, die damit fertigwerden könnte. Nur mit ihrer eigenen Kraft kann die unberechenbare Shakti gezähmt werden, wie auch immer sie erscheinen mag – als Erdbeben, Krieg, Dürre, Überschwemmung, Wahnsinn, Atomexplosion oder unheilbare Krankheit. Im inneren Mikrokosmos des Menschen ist es wie in der großen Natur. Dunkle, unberechenbare Leidenschaften steigen aus brodelnden Tiefen auf, und die Sexual- und Triebgewalt kommt so manchem vor wie eine nicht zu bändigende Riesenschlange. Da hilft kein Unterdrücken oder Wegrennen. Eben diese Triebgewalt muß man nutzen, um Ausgeglichenheit und Lebensfreude wiederherzustellen. Das Bild des Vishnu, der gelassen auf der Weltenschlange ruht, oder des Krishna, der frei auf dem Kopf der Schlange tanzt, will besagen, daß allem Sein diese schöpferisch-zerstörerische Shaktikraft zugrunde liegt.

Sigmund Freud nannte die alles durchdringende Vitalkraft »Libido« und wußte, daß man sie nicht einfach unterdrücken kann. Der alte Meister aus Wien hat zwar tief geschaut, aber Tantra ist älter als die Psychoanalyse. Als »Wissenschaft« und Methode zum Umgang mit der Schlangenkraft wurde Tantra von Shiva persönlich offenbart. Mit dieser Wissenschaft kann man den schillernden Schuppenpanzer (die Macht der Täuschung) in Erkenntnis umwandeln, die geifernden Reptilienfänge (den Terror des Daseins) in Wonne, die gespaltene, zischende Zunge der Zerrissenheit und Entzweitheit in Einheit und das ständige Häuten (Geburt und Tod) in die Erkenntnis des wahren

Seins. Tantriker fangen dabei »ganz unten« an, beim tierisch Groben, ebenso wie der Alchemist beim Goldmachen mit Kot und Unrat anfängt, oder wie der Gärtner, der aus Mist und Jauche die prächtigsten, wohlriechenden Blüten züchtet. Niemand kommt um die Shakti-schlange herum, wie auch der fromme Kaufmann Chanda in der folgenden Geschichte erfahren mußte.

Manasa Devi, die Schlangengöttin, ist eine Verkörperung der Shakti. In der Legende erscheint sie als eine Tochter Shivas, die er auf einer seiner Wanderungen auf Erden mit einer Sterblichen gezeugt hatte. Manasa glaubte, es sei ihr gutes Recht, ebenfalls als Göttin mit auf dem Berg Kailash zu wohnen. Ihre Stiefmutter Parvati mochte sie aber nicht und vertrieb sie. Unaufhörlich sehnte sich die verwaiste Schlangenfrau danach, als Göttin anerkannt und von den Menschen angebetet zu werden. Besonders auf den ansehnlichen, reichen Kaufmann Chanda hatte sie es abgesehen. Er sollte sie anbeten. Chanda ließ sich aber nicht dazu bewegen, denn er verehrte nur Shiva. Auch als sie in ihrem Zorn seine Freunde totbiß und seinen Prachtgarten verwüstete, gab er ihr keine Achtung. Da nahm sie die Gestalt einer bezaubernden Jungfrau an. Obwohl er glücklich verheiratet war, verliebte er sich augenblicklich und wollte sie zu sich nehmen. »Nur wenn du mich als Göttin anbetest«, antwortete sie auf sein Verlangen. Dieser Versuchung widerstand er. Ein anderes Mal verursachte sie einen Sturm, in dem sein reich beladenes Kaufmannsschiff sank und er nahezu ertrank. Manasa erschien mitten in dem Wellengetöse auf einem Lotosthron, auf den er sich hätte retten können, wenn er ihr gehuldigt hätte. Er wollte aber lieber aus dem Leben scheiden, als das zu tun. Die Schlangengöttin ließ den Vielgeprüften aber nicht ertrinken, sondern löste eine Welle aus, die ihn an Land trug. Sie war jedoch schrecklich erbost, lauerte seinen Söhnen auf und gab ihnen den Todesbiß. Seine fünf Söhne starben einer nach dem anderen. Der sechste und letzte ließ sich ein schlangensicheres Stahlhaus bauen, um ihr zu entrinnen. Doch die Göttin drohte dem Baumeister, sie würde seine ganze Familie auslöschen, wenn er nicht ein Schlupfloch lassen würde, durch das eine Kobra kriechen kann. Als nun der sechste Sohn an seinem Hochzeitstag mit seiner Braut in dem neuen Haus im Bett lag, schlich sich Manasa Devi hinein und spritzte ihr tödliches Gift in seine Adern. Chandas Mutter und die Braut verehrten Manasa Devi jedoch heimlich. Sie baten und flehten den unbeugsamen Kaufmann an, er möge der Göttin doch endlich Ehre erweisen, damit kein weiteres Unglück die Familie befalle. Mißmutig gab er schließlich nach. Lustlos warf er mit der linken Hand (der unreinen) eine welke Blume auf ihr Bild und wendete sich ab. Dieses kleine bißchen Hinwendung genügte aber bereits, um die Schlangengöttin glücklich zu machen. Sie ließ sofort alle Söhne wieder auferstehen (ihr Gift ist nämlich gleichzeitig Arznei) und machte allen Schaden mehrfach wieder gut. Seitdem wird Manasa Devi als Beschützerin vor Schlangenbissen angebetet und als *Vishahara* (Zerstörerin des Giftes) verehrt.

Der Weg der Kundalini-Schlange durch die Chakras

Im Makrokosmos ruht die juwelengekrönte, tausendköpfige Weltenschlange tief im Meer unter den drei Wurzeln des Weltenbaumes, zu Füßen des Weltberges Meru. In ähnlicher Weise liegt die Kundalini-Schlange fest zusammengerollt, mit dem Kopf nach unten, am Wurzelchakra *(Muladharachakra)* zwischen After und Geschlechtsorganen. Ihre schlummernde Kraft reicht aus, um das banale »tierische« Leben, das aus Essen, Geschlechtsverkehr und Selbstbehauptung besteht, in Gang zu halten.

Einem Gottsucher wie dem Yogi oder tantrischen Sadhaka genügt das jedoch nicht. Er versucht, diese gefährliche Kraft zu wecken, daß sie nach oben steigt und alle Seinsebenen mit Energie durchströmt, um sich schließlich mit Shiva zu vereinigen. Damit sich die Schlange in Bewegung setzt, muß sie erst vom Lebensatem *(Prana)* angehaucht werden, der in unsichtbaren Kanälen *(Nadis)* den Leib durchfließt. Die beiden Hauptkanäle sind der Mondkanal *(Ida)* und der Sonnenkanal *(Pingala)*, die sich, ausgehend vom linken und rechten Nasenflügel, wie die zwei Schlangen des Äskulapstabes um das Rückgrat winden. Leider sind diese Kanäle durch den Schmutz unserer schlechten Gewohnheiten und die Trübungen des alten Karmas blockiert und müssen erst wieder gereinigt werden. Dazu sind *Hatha-Yoga*-Übungen – richtiges Atmen *(Pranayama)*, geeignete Körperstellungen *(Asanas)* und Gesten *(Mudras)* – erforderlich. Noch heute kann der Reisende Yogis am Gangesufer sitzen sehen, die stundenlang Ida und Pingala reinigen, indem sie mal durchs eine, mal durchs andere Nasenloch atmen und erstaunliche Körperverrenkungen durchführen.

176

Wenn der Lebensatem die Kundalini schließlich erreicht, hebt das Reptil den Kopf. Das Muladharachakra, das man sich in der Meditation als vierblättrigen, rotblühenden Lotos vorstellt, beginnt aufzublühen und zu vibrieren. Indem die Übungen fortschreiten und die Schlange langsam an Kraft gewinnt, zieht sie durch den mittleren Kanal *(Sushumna)*, der das Rückgrat durchläuft, und erreicht das höchste Chakra unterhalb der Schädeldecke, den tausendblättrigen, purpurn leuchtenden *Sahasrara*-Lotos. Auf ihrem Weg von der Wurzel zum tausendblättrigen Lotos durchquert sie fünf weitere Chakras, die sie zum Aufleuchten bringt. Dabei durchläuft sie alle Elemente und alle Göttersphären, denn die Götter und Elemente wesen ebenso im Mikrokosmos wie im Makrokosmos. Der Weg dieser mystischen Schlange ist nichts anderes als der Weg des Pilgers zu Gott, der Weg des Suchers zu seinem Selbst.

Das Wurzelchakra gehört dem Element Erde an und gilt als Sphäre des Schöpfers Brahma. Es ist auch das Tor, das Ganesha hütet. Es stellt eine Bewußtseinsebene dar, die als dumpf, stur und träge bezeichnet werden kann. Der vierblättrige rote Lotos zeigt in seiner Mitte ein gelbes Quadrat (Erdelement), in dem ein Dreieck mit der Spitze nach unten (Yoni) und ein von einer Schlange achtmal umwundenes Linga enthalten ist. Die Schlange verschließt mit ihrem Maul die Öffnung zum Sushumna-Kanal.

Überwindet die Schlange den Widerstand der untersten Ebene, kann sie zu ihrem »Lieblingsort« *(Svadhishthanachakra)* aufsteigen. Hier blüht ein gelboranger Lotos mit sechs Blütenblättern, in dessen Mitte ein weißer Halbmond und ein Samenkorn *(Bija)* liegt. Dieses Energiezentrum, das auf der Höhe der Geschlechtsorgane liegt, wird dem Element Wasser zugeordnet und stellt die Sphäre Vishnus dar. Das Bewußtsein dieser Ebene ist das des Gefühls und der Sexualität.

Wird die Schlange weiterhin mit Lebensatem gefüttert, dann durchdringt sie die »Juwelenstadt« *(Manipurachakra)* in Höhe des Nabels. Das Element ist Feuer. Öffnen sich die zehn rauchfarbenen Blätter, dann sieht man in der Mitte Rudra auf dem Stier sitzen. Das Bewußtsein auf dieser Ebene ist verwandt mit Hunger und Verdauung, es ist ein sich behauptendes, habgieriges, aggressives oder stierhaftes Bewußtsein. Ein Napoleon, ein aggressiver Manager oder ein reicher Bauer bezieht seine Kräfte aus diesem Chakra.

Der Pilger, der nicht von der Macht verführt wird, die ihm das Verweilen in der Juwelenstadt gibt, kann die magische Schlange höher steigen lassen. Sie kommt zur Lotosblume »Ungetroffen« *(Anahata-chakra),* wo der Laut entsteht, der nicht durch Zusammenschlagen zweier Gegenstände verursacht wird. Hier, auf der Herzebene, blüht rotgolden der zwölfblättrige Lotos mit dem sechsspitzigen »Salomonssiegel«, in dessen Mitte Shiva als *Ishvara,* als »persönlicher Herr und Gott«, thront. Sein Element ist die Luft; er entspricht einer Bewußtseinslage, die symbolisches und imaginatives Schaffen umfaßt.

Wer nicht bei diesem Wunder verharren und sich nicht mit den magischen Fähigkeiten *(Siddhis),* die aus diesem Chakra fließen, begnügen will, der ebnet den Weg der Kundalini-Schlange zum »Ort der Reinheit« *(Vishuddhachakra)* in der Kehlkopfregion. Hier vereinigen sich die Elemente zur Quintessenz, zum reinen Äther *(Akasha).* In der Mitte des sechzehnblättrigen, lila blühenden Lotos thront der halb silberne, halb goldene Sadashiva. Der Mystiker, dessen Geistesohr die heilige Silbe OM vernimmt, zieht seine Kräfte aus diesem Chakra.

Steigt die Shaktischlange höher, dann kommt sie zum »Ort der Herrschaft« *(Ajnachakra),* dem weißen, zweiblättrigen Lotos, der zwischen den Augenbrauen an der Nasenwurzel blüht. Auf dieser Ebene, wo der »höchste« Shiva, der Parama-Shiva, seinen Sitz hat, verbrennen alle Samen des alten Karmas. Hier sieht der Sucher Gott von Angesicht zu Angesicht und erlangt das höchste Bewußtsein vor dem Eingehen ins Nirwana.

Wenn Shakti endlich das tausendblättrige *Sahasrarachakra* durchflutet, verschmelzen alle Gegensätze zur ursprünglichen, ungeschaffenen Einheit. Was gibt es dazu noch zu sagen? Buddha, dessen Locken nichts anderes darstellen als die vibrierenden, purpurn leuchtenden tausend Blütenblätter dieses Lotos, lächelt nur rätselhaft wie die Sphinx oder die Mona Lisa und schweigt.

In dieser Chakra-Lehre werden, ebenso wie in der »Planetenlehre« der Alchemisten und Philosophen der europäischen Renaissance, alle Seinsebenen miteinander in Beziehung gebracht.[92] Innen und Außen, Mensch und Natur, Leib und Seele, Mikrokosmos und Makrokosmos werden miteinander verbunden. Alle kosmologischen Bereiche, die Elemente und die Göttersphären, sind im Körper enthalten und in ihm zugänglich. Wie der Musiklehrer seine Stimmgabeln, so benutzt der Tantriker heilige Mantras, mystische Buchstaben und Rituale, um die verschiedenen Ebenen zum Stimmen zu bringen.

Die Gleichungen lassen sich überall nachvollziehen. Das Körperschema spiegelt sich beispielsweise in der Geographie Indiens wider: Die Südspitze des Subkontinents stellt die Füße der Gottheit dar, der Himalaja ihren Kopf. Dazwischen liegen die heiligen Pilgerorte als die Lotosblüten (Chakras) dieses geographischen Leibes. Wie den Chakras werden jedem dieser Orte bestimmte Elemente und Gottheiten zugeschrieben. Die Flüsse und Bäche sind die Energiekanäle (Nadis), die diesen Leib durchziehen. Der Ganges, die Jamuna und der mythische Fluß Saraswati sind die Hauptströme, *Ida, Pingala* und *Sushumna.* Am berühmten Wallfahrtsort *Prayaga* (Allahabad), einige Meilen stromaufwärts von Benares, fließen die Ströme zusammen, so wie die drei mystischen Kanäle im Ajnachakra an der Nasenwurzel zusammenfließen.

Dasselbe Schema zeigt sich in der sakralen Architektur. Der Tempel repräsentiert den Leib mit seinen sieben feinstoff-ätherischen Zentren. Das innere Heiligtum, das *sanctum sanctorum (Garbhagrha),* »wo Gott gegenwärtig ist« und wo sein Zeichen, das Linga – Yoni, aufgestellt ist, wird mit dem Herzchakra (Anahata) in Verbindung gebracht. Die unteren Chakras (der »Wurzelgrund«, der »Lieblingsort« und die »Juwelenstadt«) befinden sich auf waagerechter Ebene vom Eingangstor des Tempels bis hin zu eben diesem Herzzentrum. Die höheren Chakras erheben sich dann über dem Herzschrein senkrecht nach oben, wobei die oberste Kuppel *(Kalasha)* als die tausendblättrige Lotosblüte verstanden wird. Auf diese Weise ist jeder Tempel ein sakraler Leib – und jeder Leib ein Tempel.[93] Gleichzeitig ist der Tempel ein Abbild Indiens mit seinen Tiefebenen und Bergmassiven.

Der Gläubige geht also in den Tempel wie die Kundalini durch die Chakras. Beim Eintreten berührt er ehrfurchtsvoll die Torschwelle, die Ganesha hütet, mit der rechten Hand oder gar mit seiner Stirn. Damit berührt er die Füße der Gottheit, ebenso wie man voller Demut die Füße der Eltern, der Meister und der Gurus berührt. Wer also nicht durch innere Versenkung zum Herzchakra findet, vollzieht den Weg dorthin äußerlich nach, indem er in den Tempel geht oder eine Wallfahrt zu einem heiligen Ort unternimmt.

Die Ent-werdung

Das Herabfließen der Shakti-Energie von oben nach unten bedeutet Entfaltung *(Pravritti),* Schöpfung, Vervielfältigung, Evolution, Fruchtbarkeit und schließlich Erschöpfung, Trägheit, Wahn und Tod. Der Aufstieg der Energie zurück zum Zentrum, zu Shiva, bedeutet die Wiederherstellung des ursprünglichen Zustandes. Der Yogi, der sein Selbst sucht, ist im wahren Sinne des Wortes ein Abgekehrter. Er will den Strom vom Ursprung zur Schöpfung aufhalten und umkehren. Der Fluß der Ganga, das heißt, der Fluß des Atems, der Fluß des Denkens und der Fluß des roten und weißen Samens soll rückgängig gemacht werden. Shakti soll mit Shiva innig verbunden bleiben, denn nur so wird Leben und Tod *(Samsara)* überwunden und das Verharren im Satchidananda ermöglicht.

Das Werden fließt vom Himmel aus der schwangeren, potenten Leere. Es rührt den Äther, bewegt die Luft, dann das Feuer, dann das Wasser und erstarrt endlich zur festen Materie. Mit dem Erwachen der Kundalini verläuft der Strom in entgegengesetzter Richtung: Es ist ein Ent-werden *(Nivritti),* eine Rückkehr, eine Heimkehr. Samen, Atem, Worte, Gedanken und Taten werden aufgesogen und im Urzustand, vereinigt mit dem unbeweglichen Beobachter, dem Purusha oder Shiva, zum Stillstand gebracht. Einige Babas treiben sich einen kleinen Pflock durch den Penis, als Zeichen dafür, daß die ihre Samenkraft bei sich behalten. Andere werden *Munis,* das heißt, sie werden stumm. Andere lassen sich die Fingernägel durch die Hand wachsen zum Zeichen dafür, daß sie aufgehört haben zu tun. Wiederum andere halten den Atem unwahrscheinlich lange an oder lassen sich sogar lebendig begraben, um nach einiger Zeit von ihren Jüngern wieder ausgegraben zu werden. (Wenn sie dann tot sind, hatten sie eben doch nicht so viel yogische Kraft, wie sie dachten.)

Andere Yogis, die der tantrischen Tradition näherstehen, vereinigen sich in sexuellen Ritualen mit einer Yogini. Wie das Linga in der Yoni, bleibt der erigierte Penis unbewegt, wonnenhaft in der Scheide und verausgabt sich nicht. Die Samenkraft soll nicht nach außen vergeudet werden, sondern in entgegengesetzter Richtung durch das Rückgrat *(Sushumna)* hinauf zum tausendblättrigen Lotos schießen, um so die Erleuchtung auszulösen.

Der Yogi lernt in der Meditation, das stete Ein- und Ausatmen der

Folge von Tag und Nacht, Sommer und Winter, Leben und Sterben, lichten und dunklen Zeitaltern, und schließlich von Erschaffung und Zerstörung des Alls gleichzusetzen. Die Ruhepause zwischen dem Ein- und Ausatmen, zwischen der Zerstörung und Schöpfung ist das *Pralaya,* der nicht bedingte, zeitlose Urzustand. Hier ist absolute Leere. Nichts ist außer Shiva. Es gibt hier weder Werden noch Vergehen.

In dieser Gleichung sehen wir, daß Schöpfung und Vernichtung eins sind. Der Same, der den Nachkommen erzeugt, bringt ebenfalls Tod und Leiden. Gesprochene Worte setzen den Äther in Bewegung und schaffen Zustände, die der Vergänglichkeit unterworfen sind.

Das alte vedische Opfer war ein absichtliches Schöpfungsritual. Durch umständliche magische Handlungen, verbunden mit Zaubergesängen, Gesten und Libationen wurden erwünschte Zustände erzeugt: Die Götter wurden bewegt, Kinder, Kühe, gutes Wetter, reiche Ernten, Erfolg, Sieg und Heil zu verleihen. Nachdem aber der arische Jugendoptimismus versiegt war, nahm die Einsicht überhand, daß alles, was entsteht, auch wieder vergehen muß. Warum also sollte man das ganze Karussell weiter kreisen lassen, fragten sich einige Denker der späteren Upanishaden.

Aus derartigen Überlegungen entstand das ganze strenge Asketentum. Noch immer genießt in Indien der Mensch die allergrößte Achtung, der sich entschieden hat, die Zucht des Yoga oder die Entbehrungen der Entsagung *(Sannyas)* auf sich zu nehmen. Wer seine schöpferischen Kräfte nicht veräußert, wer also Same, Wort und Tat bei sich behält, der erwirbt eine mächtige Ansammlung von Shakti-Kraft. Der Fluch eines solchen Sadhus ist ebenso gefürchtet wie sein Segen begehrt ist, denn beides wird unweigerlich eintreten. Hat nicht ein einziger Blick des Kapila genügt, um die sechzigtausend Söhne des König Sagara auf der Stelle zu verbrennen? Der einfache Mensch kann einen solchen Asketen nur als Gott anbeten, denn er ist Gott geworden oder auf dem Weg, seine Göttlichkeit zu realisieren. Selbst die Götter haben die Macht eines solchen Yogis zu fürchten. Er könnte sie mit seiner angesammelten Kraft von ihren Himmelsthronen stoßen. Die Devas schicken deswegen Versuchungen aller Art – Macht, Reichtum und am liebsten wonneversprechende Himmelsnymphen –, um die Büßer von ihren Gelübden abzulenken, um sie zur Verausgabung ihrer Samenkraft zu verleiten und um die Shakti wieder in den Schöpfungsprozeß zu verwickeln.

Die Tantriker gehen jedoch einen Schritt weiter als die Asketen. Sie lehren, daß der Erleuchtete immer im Zustand des Samadhi, der wonnevollen Einheit von Shiva und Shakti verweilen und trotzdem voll in der Welt leben kann. Er kann reden, singen, tanzen, lieben, denken, essen wie er will. Sein Handeln ist karmalos, denn er haftet an nichts. Das Ego, das sich verstricken könnte, ist nicht da, denn es ist in Shiva aufgegangen. Immer im Zustand des höchsten Samadhi verweilend, begibt sich Mahadev in die Welt, die ja sein Spiel *(Lila)* ist. Dabei nimmt er unzählige Formen an. Die Erleuchtung ist kein Auflösen und Verschwinden, sondern ein unbeschwertes Dasein. Sie akzeptiert alle Wünsche und Begierden, läßt sie aber rein und problemlos, also »heilig« werden.

Der rechte und der linke Pfad zur Erleuchtung

Die Methoden, die die Tantriker entwickelt haben, um den Einklang und die Spontaneität zu erreichen, die der Erlösung gleichkommen, wurden in Form von Zwiegesprächen zwischen Shiva und Devi niedergeschrieben. Es gibt auch hier zahlreiche Wege und Ansichten, von der sublimsten Spiritualität bis zur reinen Schwarzmagie, die sich alle als Tantra bezeichnen. Oft scheint es, als widerspreche sich ein und derselbe Guru selbst. Dem einen Schüler sagt er dieses, dem anderen genau das Gegenteil – eine Inkonsequenz, die vor allen Dingen den logisch denkenden Europäer stört. Der Meister widerspricht sich jedoch nicht, auch ist er nicht einfach ein raffinierter Lügner. Die Menschen sind lediglich verschieden, auf unterschiedliche Weise in ihrer Illusion gefangen und brauchen daher verschiedene Methoden, die ihnen entsprechen, um den Weg zu ihrem Selbst zu finden.

Unter den Anhängern des Tantrismus und den Anbetern der Shakti gibt es die *Dakshinmargis,* die den »ordentlichen«, rechten Pfad gehen, und die *Vamamargis,* die dem geheimen »linken« Pfad folgen. In den Zeremonien der Dakshinmargis haben die fünf »M«, die fünf verbotenen Dinge – Wein *(Madya),* Fisch *(Matsya),* Fleisch *(Mamsa),* Zaubergeste *(Mudra),* Geschlechtsverkehr *(Maithuna)* – rein symbolische Bedeutung. In den linken Schulen jedoch werden diese, von den orthodoxen Hindus mit strengen Tabus belegten Dinge absichtlich ganz konkret genommen. Die Vamamargis oder *Kaulikas* (die *Kaula*

Upanischad ist ihr heiliger Text) lehren, daß die Vorschriften der Veden in diesem dunklen Zeitalter nicht mehr genügen. Gerade den Dingen, die sonst die Menschen verführen und verderben und wie Motten ins Kerzenlicht locken, soll im Kali Yuga der Stachel genommen werden. Im *Kaulnava Tantra*[94] heißt es: »Der Herr der Tränen (Rudra) hat im linken Pfad offenbart, daß der geistige Fortschritt gerade durch die Mittel vorangebracht wird, die gewöhnlich des Menschen Untergang bewirken.« Also wird die Erlösung in geheimen Kreisen, die sich vor der Öffentlichkeit »wie das Wasser in der Kokosnuß« verbergen, ausdrücklich mit Alkohol, Rauschgift, dem Verzehr getöteter Tiere, Zaubergesten und Geschlechtsverkehr geübt. Diese gefährlichen Dinge werden nicht im gewöhnlichen Sinn gebraucht – »wenn das so wäre, würde jedes Tier in der Brunftzeit die Erleuchtung erlangen!« –, sondern im sakralen Kontext. Dabei ist der Mann kein anderer als Shiva, und die Frau ist die Devi selbst! Der nackte Körper ist der Tempel, in dem alle Götter und Himmelssphären enthalten sind. Die von den Brahmanen verpönten Speisen und Praktiken werden hier im Kult geheiligt. Nichts ist mehr profan. Der Kaulika erfährt einen geweihten Seinszustand, ehe er als normaler Mensch in das Alltagsleben zurückkehrt. Dort fügt er sich wieder brav in die gesellschaftlichen Normen, behält aber das stille Wissen um die grundlegende Heiligkeit allen Daseins.

Es gibt aber auch grauenhafte, ausschweifende Sekten, die nicht vor Blutopfern oder gar Mord zurückschrecken. Kali, die schreckliche Göttin dieses Zeitalters, lechzt nach Blut. Manches, was man über geheime nächtliche Treffen auf den Leichenverbrennungsplätzen hört, erinnert an die schwärzesten Messen der Satanisten. Einige tantrische Texte, wie die Vorschriften des buddhistischen *Guhyasamaja Tantra*, sind gruselig, wenn sie wörtlich genommen werden: Eine Diät aus Menschenfleisch, Exkrement, Urin, Menstrualblut und Samenflüssigkeit wird dem Sadhaka vorgeschrieben. Er soll ohne Rücksicht töten können, ohne Gewissensbisse alle Frauen vernaschen und die, die sich an herkömmliche Moralvorschriften halten, verhöhnen. Richtig verstanden, geht es lediglich um den Versuch, festgefahrene Verhaltensmuster und gewohnheitsmäßige Vorstellungen, die uns unser »Mind« als Realität vorzaubert, zu brechen, damit die grundlegende Heiligkeit des Seins, die Einheit hinter der Zerrissenheit des Gut-Böse und Richtig-Falsch bewußt werden kann.

Viele, die diesen ausgefallenen Weg zu gehen versuchten, scheiterten kläglich. Die freigesetzte Energie ihrer Shakti hat sie überwältigt. Es ist ihnen nicht gelungen, sie auf rituellem Weg in die rechten Bahnen zu leiten und mit dem innewohnenden Selbst zu verbinden. Psychoanalytisch ausgedrückt sind sie von der Libido, die aus den Tiefen ihrer Persönlichkeit aufquoll, überwältigt, überflutet worden. Sie werden von den Archetypen, die sie nicht beherrschen, besessen.

Es ist erforderlich, den Weg mit äußerster Vorsicht zu gehen. Für jeden Menschen stellt sich das anders dar. Im Grunde genommen gibt es aber nur drei Pfade, entsprechend den drei Menschentypen, die jeweils die drei Grundqualitäten, die das Universum durchpulsen, widerspiegeln. Es gibt erstens Menschen, die von den hellen, geistigen Eigenschaften *(Sattva) durchdrungen sind; das sind die Divya,* die »Heiligen«. Zweitens gibt es die Tatenmenschen, erfüllt von der Eigenschaft des aktiven Tuns und Handelns *(Rajas)*; das sind die *Vira,* die »Helden«. Schließlich gibt es die *Pashus,* die »Herdenmenschen«, die im gewohnheitsmäßigen Trott, mit verdunkeltem und trägem Geist *(Tamas)* ihren animalischen Gelüsten und Ängsten folgen. Für jeden Typ muß das Tantra anders gehandhabt werden.

Der heilige Gottesmensch, der Divya, braucht kein äußeres Ritual. Er weiß, daß mit Wein *(Madya)*, der einen »trunken macht, bis man hinfällt«, das Rückfließen der Energie zum Zentrum gemeint ist, wodurch man gegenüber der Welt taub und hinfällig wie ein Trunkener wird. Madya ist das berauschende Wissen um die Seligkeit. Die Fleischmahlzeit *(Mamsa)* bedeutet, daß man das Fleisch und all seine Eigenschaften Gott weiht. Die verspeisten Fische *(Matsya)* sind die dem Shiva geopferten fünf Sinne, die im Meer der Erscheinungen ruhelos hin- und herflitzen. Es sind ebenfalls die Energieströme, die zur Einheit zusammenfließen. Für den Divya bedeuten die Gesten *(Mudra)* das natürliche, spontane Benehmen, das unmittelbar zur rechten Zeit das Richtige tut. Die geschlechtliche Vereinigung *(Maithuna)* ist die Wonne des geglückten Yogas, die Vereinigung der Shakti mit dem Selbst. Dieser Heilige muß nicht mehr besondere Handlungen im esoterischen Ritual vollziehen. Er muß seine blinde Sexualkraft nicht mehr in vorgezeichnete Imaginationen umwandeln. Er hat es nicht mehr nötig, sich in Bildern und Symbolen vorzustellen, wie die Kundalini-Schlange die Lotosblüten durchdringt, denn die Vorstellung ist bei ihm bereits Wirklichkeit geworden.

Der Tatenmensch, der Held, der seine Furcht und Kleinmütigkeit überwunden und gleichzeitig seine Tugend gewahrt hat, kann die esoterischen Geheimnisse noch nicht auf eine solch sublime Weise begreifen. Er braucht konkrete Anhaltspunkte. Er muß dem Verbotenen, dem Verabscheuten unverdrossen in die Augen schauen. Nur dann kann er es überwinden, indem er es akzeptiert und heiligt. Der Vira, der Held, faßt die fünf »M« ganz handfest als Weintrinken, Fisch- und Fleischessen, Zaubergesten und Intimverkehr auf und macht sie zum Tor zur Erleuchtung.

Für den Herdenmenschen, den Pashu, dessen Trachten vorerst auf die Befriedigung seiner Triebe (Lust, Sicherheit, Macht) gerichtet ist, ist weder der Weg des Divya noch der des Vira geeignet. Die subtilen geistigen Gleichungen erfaßt er nicht, und den direkten physischen Zugang kann er nicht ohne Verwirrung ertragen. Für ihn bleiben die fünf »M« weiterhin fünf verbotene Dinge. Er feiert das tantrische Ritual ganz wie einen Gottesdienst *(Puja)* in Achtung und Hingabe, im Glauben, daß die Götter sich freuen und sich ihm gnädig erweisen werden, was auch der Fall ist, denn auch durch die symbolische Handlung werden die Archetypen (die Götter in den Seelentiefen) angesprochen und animiert. Für den Pashu bedeutet also »Wein« Kokosnußmilch oder Kuhmilch, »Fleisch« weiße Bohnen, Ingwer, Sesam, Salz oder Knoblauch, »Fisch« roter Rettich, roter Sesam, Aubergine oder ein anderes Gemüse, »Mudra« geröstetes Korn, und »Maithuna« wird als »kindliche Unterwerfung unter die Lotosfüße der Göttin« gedeutet.

Der Held jedoch schreitet zur eigentlichen Handlung vor, auf die er sich schon lange durch Meditationsübungen und Yoga vorbereitet hat. In einigen Schulen werden verschiedene Partner benutzt, in anderen vollziehen nur verheiratete Paare das Ritual. Die Sadhaka bereiten sich mit einem Bad vor. Der geheime Ort wird mit Kerzen geschmückt und mit Weihrauch eingeräuchert. Die Körper werden mit belebenden Essenzen (Moschus, Sandelholz, Zimt, Kampher und so weiter) eingerieben. Fisch wird gegessen, um die rote Kraft (rot = Blut, Menses) der Shakti anzuregen, und Fleisch, um die weiße Kraft (weiß = Soma) des Samens. Schritt für Schritt wird der Mann zu Shiva und die Frau zu Parvati. Weihrauch, Blumen und Speisen werden geheiligt, die Shiva seiner Göttin und die Göttin ihrem Shiva liebevoll darbringt.

Bei der gewöhnlichen Puja, wie sie täglich in den Tempeln und

»Hergottswinkeln« gefeiert wird, wird die schlafende Gottheit durch Musik, Glockengebimmel und das Blasen der Seemuschel geweckt und mit der Kraft der Imagination aus den Seelentiefen auf die steinernen Statuen oder Altarbilder übertragen. Die veräußerlichte Gotteserscheinung wird mit Verbeugungen und zusammengelegten Handflächen willkommen geheißen und angebetet. Wie ein lieber, ehrenwerter Gast wird die Gottheit gebadet und mit guten Düften, süßen Speisen, Blumenkränzen und Gesängen bewirtet. Nach geraumer Zeit geht sie wieder, zieht sich wieder in den göttlichen Urgrund zurück, nachdem den Anbetern ein *Darshan,* »eine Wahrnehmung des Göttlichen« beschieden war. Das gleiche geschieht im tantrischen Ritual, nur manifestiert sich das Göttliche nicht in einem leblosen Bild oder einer steinernen Statue, sondern im Partner, der leibhaftig als Shiva oder Parvati erscheint. Die dargebrachten Speisen und der Wein werden nicht von gewöhnlichen Sterblichen genossen, sondern vom höchsten Götterpaar selbst.

Um die hochheilige Atmosphäre Schritt für Schritt herbeizuzaubern, um dahin zu kommen, wo das Ego für eine Zeitspanne hinwegschmilzt und das wahre Selbst sich offenbaren kann, um die Zeitlichkeit aufzuheben, so daß die Ewigkeit hindurchleuchten kann, werden neben den sonst verbotenen Speisen und Getränken auch Pflanzendrogen – oft Süßigkeiten oder Getränke aus Hanfblüten und Stechapfel – eingenommen. Der Krug mit dem Liebestrunk, der »Nahrung der Kundalini-Schlange«, und den bewußtseinsverändernden Drogen *(Aushadhi)* wird in der Mitte einer auf den Boden gemalten heiligen Zeichnung *(Yantra)* dem Gott und seiner Shakti geweiht.

Nach und nach schwebt das gesegnete, nackte Paar in höhere Gefilde. Der Fortgang wird durch Mudras, heilige Fingerstellungen, unterstützt. Auch wir kennen Handgesten, die eine bestimmte Stimmung oder Wahrgenommenes auffangen und unterstreichen, wie zum Beispiel das Öffnen der Handfläche, um freudiges Erstaunen auszudrücken, das zornige Ballen der Faust oder die »Feige« zur Abwehr des bösen Blicks. Mudras sind solche unterstreichenden Gesten, sie können aber ebenfalls als geröstete, kräftigende, aphrodisiakische Samen (Mohn, Kardamon, Sesam, Pinienkerne, Cannabis, Datura, Anis und so weiter) verstanden werden, die die göttlichen Menschen einander reichen.[95] Die Chakras werden, angefangen mit der Yoni, dem Feuersitz der Shakti, liebevoll und ehrfürchtig mit der Hand berührt, und dazu werden entsprechende heilige Silben und Mantras gesprochen.

In der Zeremonie malt der Mann mit Reismehl ein Yantra auf den Boden. Die Figur besteht aus geometrischen Linien, die das gesamte Weltall in abstrakter Weise nachbilden, und enthält alle Götter und Energien. Vierecke stellen die Erde dar, Kreise den Himmel, nach unten zeigende Dreiecke die weibliche Energie, nach oben zeigende die männliche. In die Mitte des Yantras setzt sich der Shiva reglos in den Lotossitz. Die Göttin betet das Linga an, dann streift sie ihre Yoni darüber. Nun findet die Hierogamie, die Nachvollziehung der Urhochzeit statt. So vereint, ohne tierische Bewegung, die sich abreagieren will, erlebt das Paar die Ureinheit (Satchidananda), aus der alles entsteht und in die alles wieder zurückfließt.

Dabei beginnt die feurige Shaktikraft zu steigen. Zuerst ist sie eine winzige Flamme. Beim Durchgang durch die Chakras nimmt ihre Macht zu, bis der ganze Körper ein Flammenleib ist und sich schließlich das ganze Universum in ein Flammenmeer verwandelt. In dieser Feuersbrunst geht die geschaffene Welt unter. Nun beginnt das Soma, der Nektar der Unsterblichkeit, in der Mondschale auf Shivas Kopf zu schmelzen und langsam herunterzutropfen. Allmählich wird das Rinnsal zum reißenden Strom, zum Weltenmeer, das die Feuersbrunst löscht.

Nun ist die heilige Zeremonie vollkommen. Der Sadhaka hat seine Göttlichkeit erfahren; er hat seine »niederen Instinkte« gewürdigt, sie zu Gottes Thron getragen und damit die alles trennende Dualität überwunden.

Tantrischer Einfluß

Etwa zu der Zeit, als in Europa die höfische Minnedichtung aufblühte und in Persien Dichter wie Omar Chayam Liebesverse schrieben, unterwanderte der Tantrismus in Indien die strengen, asketischen Lehren der Brahmanen. Anders als an den Riten des konservativen Hinduismus konnten an denen des Tantrismus alle teilnehmen, ohne Rücksicht auf Rasse, Kaste oder Geschlecht. Die tantrischen Texte (*Agamas*) durften, im Gegensatz zu den Veden, von allen gelesen werden, von Frauen ebenso wie von Männern, von Unberührbaren ebenso wie von Kastenreinen, von Häretikern (Buddhisten) ebenso wie von Rechtgläubigen.[96] So kam es, daß tantrische Lehren auch den Mahayana-Buddhismus unterwanderten und sich tantrische Riten von Ceylon bis nach Sibirien, China und Japan ausbreiteten. Die erotischen Tempelskulpturen in Konarak und Kajuraho, die das Klicken der Touristenkameras nicht verstummen lassen, zeugen von tantristischer Inspiration.

In schwer zugänglichen Klöstern hoch oben im Himalaja entdeckt man von brennenden Butterlampen geschwärzte, uralte Wandgemälde und feine Holzschnitzereien, die der sakralen Kunst des europäischen Mittelalters in keiner Weise nachstehen. Man erblickt erotische Abbildungen innig aneinandergeschmiegter göttlicher Paare, die, Mund an Mund, Brust an Brust, Geschlecht an Geschlecht, im wonnigen Höhepunkt der Liebe verharren und irgendwie gar nicht in die düsteren, kalten Hallen und zu den zölibatären Mönchen zu passen scheinen. Es handelt sich um sogenannte *Yab-Yum*-(Mutter-Vater-)Darstellungen. Hier wandelten sich Shiva und Parvati in Buddha und Prajna-Paramita (»Weisheit vom jenseitigen Ufer«) oder in den tausendarmigen Gott der Erbarmung *Avalokiteshvara* (»der Herr, der gütig herabblickt«) und seine Gefährtin, die Retterin *Tara*.

Avalokiteshvara, der höchste Bodhisattva, der Meditationsbuddha *(Dhyanibodhisattva)* unserer Zeit, lehnte aus Mitleid für alle leidenden Wesen das Nirvana für sich selbst ab und tauchte zum Heil aller wieder in das Meer des Leidens *(Samsara)* ein. Da sein Eigenwesen »erloschen« ist, kann er jede Gestalt annehmen und – so sagen die Anhänger des Diamantenfahrzeugs *(Vajrayana)* – den Vishu-Anbetern als Vishnu und den Shaivas als Shiva erscheinen. (In Tibet inkarniert er sich als der Dalai-Lama.) Da er »leer« *(shunya)*, also karmalos ist, werden die drei Welten zu seinem Spiel *(Lila)*. Für ihn sind Tugend und Laster, Armut und Reichtum, Leid und Freude gleich. Daher kann der Bodhisattva-Anwärter auch die verbotenen Dinge, die fünf tantrischen »M« genießen, denn auch von deren Genuß bleibt nichts haften. Es ist kein Ego da, kein Spiegel, auf dem sich Staub ansammeln könnte.

In der tantrischen Yab-Yum-Vereinigung wird die Dualität überwunden. Nirvana und Samsara werden eins! Die große Leere und die Energiefülle der Shakti gleichen einander aus, verschmelzen zur Ruhe des *Mahasukha*, der großen Wonne, des »Soseins« *(Tathata)*. Dabei wird das allgegenwärtige buddhistische Mantra OM MANI PADME HUM (»Juwele in der Lotosblüte«) ganz und gar tantristisch ausgelegt. Das Juwel *(Mani)* oder der Donnerkeil *(Vajra)* ist das Linga, die umhüllende Lotosblüte die Yoni. Die Erleuchtung wird durch Vereinigung erlangt.

Shiva, der sich auf dem Dach der Welt in Avalokiteshvara verwandelte, machte auf seiner weiteren Reise nach Nordosten einen Geschlechtswandel durch. Seine Shakti-Natur in den Vordergrund stellend, wurde er in China zur himmlischen Jungfrau, zur vielgeliebten Volksgöttin der Barmherzigkeit *Kuan-Yin* (japanisch *Kwannon*).

Auch im Abendland ist der Tantrismus nicht mehr nur die geheime Leidenschaft einiger weniger Gelehrter. Infolge des rapiden technologischen Wandels und sich radikal verändernder Umwelt- und Lebensbedingungen geraten die traditionellen Verhaltensmuster und Rollen ins Wanken. Besonders junge Menschen sind von den Widersprüchen betroffen, auf die weder Schule noch Kirche, geschweige denn die Staatsorgane, die nur auf Sicherheit und Berechenbarkeit bedacht sind, eine Antwort geben können. Auch Eltern und Großeltern können kein Vorbild mehr sein, wie das in traditionelleren Gesellschaften noch immer der Fall ist. Man hat zwar genug zu essen, kann sich toll anziehen und »Entertainment« am laufenden Band genießen, aber über den Sinn des Lebens und Ziel der Sexualität, das Rollenverhalten von Mann und Frau und den Umgang mit Gefühlen und Trieben ist sich niemand mehr im klaren.

Trotz Liberalisierung der Gesetze, die mit freier Liebe, Abtreibung, Scheidung und Pornographie zu tun haben, sind die Industriegesellschaften nach wie vor lust- und lebensfeindlich. Man reagiert seinen Frust lediglich verwegener, pikanter und teurer ab. Letzten Endes profitiert das Wirtschaftswachstum – auf Kosten der Umwelt – von der allgemeinen Frustration. Nur Unbefriedigte müssen so viel konsumieren, so viel kaufen, so viel verschleißen, um das Loch in ihrem Herzen zu füllen. Ersatzbefriedigung schafft Umsatz. Wer mehr küßt, muß weniger Schokolade essen. Wer besser »abfährt«, muß weniger Auto fahren. Wer aber den kosmischen Gesetzen entgegenlebt, wird unweigerlich von Angst und Furcht befallen. In seinem Wahn muß er sich ständig gegen vermeintliche Feinde wehren. So wird sogar der Sex zur Waffe des in die Enge getriebenen Egos.

Die Bücher über den Tantrismus, die in letzter Zeit vermehrt in den

Buchläden auftauchen, drücken die Sehnsucht ausgehungerter Seelen aus, die genug haben vom Krieg der Geschlechter und von verwundeten Gefühlen. Wäre es nicht möglich, das höchste Göttliche in der erotischen Vereinigung zu erfahren und wenigstens vorübergehend mit dem Shiva-Shakti-Urgrund eins zu werden?

XII. Blütenstaub und Asche

Der Mensch soll Shiva ständig lobpreisen und sich seine Allgegenwart bewußt machen, aber es gibt Zeiten, die für die *Harpuja* (Shivaverehrung) besonders günstig sind: die Zeit des Sonnenaufgangs, die Mittagszeit und vor allem die Abendstunden. In der aus Europa eingeführten Siebentagewoche ist es der Montag (*Somavara* = Mond-Tag), der ihm am meisten Freude macht. In der alten indogermanischen Doppelwoche, die mit der »dunklen« Hälfte des abnehmenden Mondes beginnt und mit der »hellen« Hälfte des zunehmenden Mondes ausklingt, ist ihm besonders die Abenddämmerung des jeweiligen dreizehnten Tages (sowie der darauf folgende vierzehnte Tag) heilig. In guter Laune und daher ansprechbar und leicht zugänglich findet man Mahadev, wenn es auf Vollmond zugeht. Da feiert man *Pradosha Vrata*, indem man wacht und fastet.

Eine alte Geschichte erzählt, wie ein Einsiedler einer verbannten Königin und ihren Söhnen das Geheimnis dieses Brauchs offenbarte. Er wies die beiden Königssöhne an, den Tag zu durchfasten, vor Sonnenaufgang ein Bad im Fluß zu nehmen, die fünf Familiengötter Shiva, Parvati, Ganesha, Skanda und Nandi anzubeten (*Pancayatanapuja*) und das Wasser, in dem sie die Götterbilder gebadet hatten, in einer Schale in die Mitte eines *Mandalas* (magischer Kreis) zu stellen. Das Wasser sollten sie am Morgen austrinken, nachdem sie die Nacht durchwacht hatten. Dabei sollten sie die Hymne des großen Besiegers des Todes (*Mahamrityunajaya*) singen und sich die Stirn mit heiliger Asche einreiben. Nachdem die Prinzen das Pradosha-Vrata-Fest achtmal auf diese Art und Weise gefeiert hatten, gewann der eine Königssohn den Nektar des ewigen Lebens und der andere die Hand der allerschönsten Himmelsprinzessin. Sie gewannen ihr Reich zurück und gingen schließlich in Shivas Himmel ein. Seither begehen viele Hindus das Fest in gleicher Weise und erlangen dadurch die Erfüllung ihrer Wünsche. Es wird gesagt, daß sämtliche Götter dieser Shivaverehrung beiwohnen.

Dieses Fest, das zwei Tage vor Vollmond begangen wird, ist nicht die Kopfgeburt irgendeines Priesterkollegiums oder Staatsrates, sondern beruht auf der Wahrnehmung eines kosmobiologischen Geschehens, nämlich des Zusammenspiels elektromagnetischer und »ätherischer« Kräfte von Sonne, Mond und Erde. Feinfühlige Menschen und solche, die sich durch Meditation und Alkohol- und Fleischabstinenz sensibilisieren, empfinden die besondere Qualität dieses Zeitpunkts. Exakt durchgeführte Untersuchungen beweisen, daß Samen während dieser Nacht besonders keimfreudig sind, wenn genügend Feuchtigkeit und Wärme vorhanden sind.[97] In dieser Zeit werden Lurche, Kriechtiere und Kerbtiere lebendiger, munterer und sexuell aktiver. Tiere werden allgemein begattungsfreudiger, und auch der Mensch fühlt sich unruhiger, manchmal benommen, leidet unter Kopfschmerzen und Schlaflosigkeit und träumt bunter. Die Liebessehnsucht steigt (statistisch nachweisbar), und die Geschlechter suchen einander.[98]

Bei alledem spielt das »dritte Auge« (Zirbeldrüse) des archaischen Reptilienhirns eine Rolle, das auf die zunehmende Helligkeit der Nachtstunden reagiert und den Hormonausstoß anregt. Es kommen dabei Urrhythmen, die sich tief im unterbewußten, voregohaften Seelengefüge erhalten haben, zum Ausdruck. An diesem dreizehnten Tag der Urwoche sind die Fantasie und der Liebeszauber am einfachsten zu entfachen. Vorstellungskraft, Erotik und Mond hängen ja bekanntlich zusammen. Poeten, Liebhaber und Verrückte gelten noch immer als »mondsüchtig«. Der Zusammenhang mit Shivas drittem Auge ist nicht zu verkennen. Mit der Feuerkraft dieses Auges hat er den Eros zu Asche verbrannt, also den organischen Trieb in geistige Fruchtbarkeit, schaffende Imagination umgewandelt. Daher streicht man sich am folgenden Morgen, am Ende des Festes, Asche auf die Stirn über das Scheitelauge.

Auch unsere indogermanischen Vorfahren, insbesondere die Kelten, deren druidische Kultur viele Übereinstimmungen mit der vedischen aufweist, feierten dieses Fest. Er war der Urfreitag der ursprünglichen Doppelwoche, an dem gefastet und den Göttern geopfert wurde. Die Germanen weihten den Tag der Liebesgöttin Freya (Sanskrit *Priya* = Geliebte). Die katholische Kirche hat das Freitagsfasten übernommen, aber auf den von kosmischen Rhythmen losgelösten siebten Tag der Woche übertragen. Vom Freitag, dem 13., bleiben uns nur noch kümmerliche Reste im Bewußtsein, die mit Recht als Aberglauben bezeichnet werden können.

Natürlich hat auch jeder andere Tag der Urwoche seine besonderen Eigenschaften und ist einer bestimmten Gottheit geweiht. Am vierten Tag des jeweiligen Mondzyklus wird beispielsweise der elefantenköpfige Ganesha verehrt, am sechsten sein Bruder Skanda, am achten Durga. Jeder Tag stellt eine Stufe in den Versenkungsübungen des *Shiva-Raja-Yoga* dar[99] und einen Schritt auf dem Weg vom Wachbewußtsein über das Traum- und Tiefschlafbewußtsein zum Überbewußtsein. Diese Stadien werden ihrerseits schematisch unterteilt, so daß sich von Neumond zu Vollmond folgende Abfolge ergibt:

1. Tag: waches Tagesbewußtsein (Neumond)
2. Tag: waches Traumbewußtsein
3. Tag: waches Tiefschlafbewußtsein
4. Tag: waches Überbewußtsein
5. Tag: träumendes Tagesbewußtsein
6. Tag: träumendes Traumbewußtsein
7. Tag: träumendes Tiefschlafbewußtsein
8. Tag: träumendes Unterbewußtsein
9. Tag: tiefschlafendes Tagesbewußtsein
10. Tag: tiefes Traumbewußtsein
11. Tag: tiefes Tiefschlafbewußtsein
12. Tag: tiefes Überbewußtsein
13. Tag: überbewußtes Tagesbewußtsein (Shivas Tag)
14. Tag: überbewußtes Traumbewußtsein...

Oberflächlich betrachtet scheint dies ein typisch vorwissenschaftlicher Versuch zu sein, dem Zeitphänomen Sinn und Ordnung zu verleihen, der Yogi jedoch weiß, was er unter dieser Einteilung zu verstehen hat. Für ihn sind dies Schritte in die Tiefen des mikro- und makrokosmischen Seins. Am dreizehnten Tag kommt das Überbewußtsein unserem alltäglichen Wachbewußtsein am nächsten. Da kann man das Aufleuchten des übersinnlichen, weißen Lichts im Ajnachakra, dem dritten Auge, am leichtesten erleben. Es ist, als erwache man aus dem tiefsten Tiefschlaf und tauche plötzlich in das Strahlenmeer des Überbewußtseins ein.

Shivas Blumengarten

Die Seele ist der Prachtgarten des höheren Selbst, und die Blumen, mit denen man sein Zeichen, das Linga, schmückt, sind äußerer Ausdruck dessen, was darin wächst. Es sind die Gedanken, Hoffnungen, Wünsche und Träume, die uns blühen. Deswegen soll man Shiva die allerschönsten, frischen Blüten, möglichst aus dem eigenen Garten, opfern. Nicht gestohlen oder erbettelt sollen sie sein, denn das würde Unglück bringen, auch darf man nicht daran riechen. Shiva, der Herr der Pflanzen und Kräuter, segnet alle, die ihm ihre Seelenblüten opfern. Es heißt, daß die Blumen, die man mit liebender Fürsorge im eigenen Garten gezogen hat, den Wert von zehn vedischen Pferdeopfern haben, wenn man sie ihm gibt. Wer ihm tausend Kränze aus blauem Lotos (Nymphea stellata) windet und sie reinen Herzens darbringt, der wird mehrere Millionen Jahre in Shivas Himmel verbringen können.

Da die »Stengelgeborenen« Lebewesen sind, die sich im Kreislauf des Samsara inkarnieren müssen, ist ihre Darbringung ein richtiges Opfer. In ihnen leben die Götter: Brahma in den Wurzeln, Vishnu in den Stengeln, Shiva in Blüten und Samen. Blütenstaub und Samen sind das letzte, was die Pflanze in ihrer physischen Form hervorbringt. Sie sind sozusagen die Asche des Lebensfeuers, das als Pflanze aufloderte und nun, dem Gott geopfert, vergeht, um in ihm zu ruhen.

Wie in unserem Mittelalter, wo jede Blume eine mystische Aussage hatte, wo die Rose noch von den fünf Wunden des Heilands, die Lilie von der unbefleckten Jungfrau und das Veilchen von der Demut sprach, hat im hinduistischen Indien noch heute jede Blüte ihre besondere Bedeutung. Jede Blumenart hat ihre Aufgabe, eine bestimmte Zeit, zu der man sie darbringt und einen bestimmten Zweck, den man mit ihr erreichen will. Ganz allgemein spendet man weiße Blüten, um Frieden und Ruhe zu bekommen, denn sie haben *sattvische* (lichte, helle) Qualitäten. Rote Blumen geben Kraft zu Unternehmungen, weil sie *rajasisch* (aktiv) sind. Dunkle, *tamasische* Blumen helfen, schwarze Gedanken (wie beispielsweise einen Racheschwur) zu verwirklichen. Wer gelbe Blumen spendet, wird genug zu essen finden.

Heilige Schriften wie das *Shiva Dharma Samgraha* machen genaue Angaben über die Wirkung verschiedener Blumengattungen bei der Linga-Puja. So werden beispielsweise vielerlei Wünsche erfüllt, wenn man das Linga mit Indigoblüten (Indigofera enneaphylla) belegt. Ein

Gewinde aus dem süßlich duftenden Oleander (Nerium indicum), den man nur nachts darbringen darf, bringt Reichtum. Die weißen Trichter der Engelstrompete (Stechapfel) führen zur Erlösung. Mit dem roten Lotos erwirbt man Königreiche, mit dem weißen Lotos wird man Herrscher. Die feuerroten Arkablüten (Calotropis gigantea) machen es möglich, andere Menschen günstig zu beeinflussen. Wer die großblütige Jasminblüte (Jasminum grandiflorum) opfert, wird innerhalb von sechs Monaten ein heiß begehrtes Fräulein heiraten können. Eine Familienzusammenführung wird durch das Schmücken des Lingas mit Ashokabaumblüten in Aussicht gestellt. Mönchspfeffer (Vitex negunda) befreit von Knechtschaft. Gelbsucht vertreibt man, indem man dem Shiva-Linga Magenwurz (Acorus calamus) weiht. Wer Pferde, Arbeitselefanten und andere Haustiere begehrt, soll Shiva mit der Kubjakblume (Rosa moschata) verehren. Wer Kampherblüten (Cinnamomum camphora) opfert, dessen Feinde werden vernichtet! Diese Liste könnte beinahe unendlich weitergeführt werden, aber wir wollen uns mit diesen Beispielen begnügen.

Nicht alle Gewächse erfreuen Mahadev. Einige mag er überhaupt nicht! Dazu gehören Agave, Bandhuk (Pentapetes phoenica) und die bittere, stachelige Jayapushpa (Premna integrifolia). Wir erinnern uns, daß sich am Anfang der Zeit Brahma und Vishu darüber stritten, wer von ihnen wohl der größte sei, als plötzlich Shiva als riesige Feuersäule erschien. Damals legten diese drei Pflanzen falsches Zeugnis für Brahma ab. Auch Dill, einige Jasminsorten und weiße Rosen mag Shiva nicht, und wehe den umnachteten Seelen, die ihn damit angehen wollen. Sie bleiben in ihren jeweiligen Höllen gefangen.

Nicht nur die Art der Blumen und die Tageszeiten, an denen man sie spendet, sind rituell festgelegt, sondern auch die Jahreszeiten. Im Monat *Jyeshtha* (Mai/Juni) soll man das Linga in Buttermilch baden und mit Lotosblüten schmücken, um der Wonne der Jahreszeit teilhaftig zu werden. Im Monat *Vaishakha* (April/Mai) erlangt man Verdienste, wenn man dem Linga Butter und die weißen Blüten des Trauerbaumes (Nyctanthes arbortristis) weiht. Singt man dem Shankara während des Frühlingsmonats *Chaitra* (März/April) schöne Lieder und opfert ihm die blühenden Rispen des Darbhagrases (Cynodon dactylon), dann wird man reich. Im *Phalguna* (Februar/März) kann man mit parfümiertem Wasser und Dronablüten (eine Mimosenart) den halben Thron Indras gewinnen. Im *Magha* (Januar/Februar) fliegt man im Sonnen- und Mondenwagen, wenn man das Linga mit den Blüten des Bel- oder Bilvabaumes (Aegle marmelos) schmückt. Man kann höchsten gesellschaftlichen Rang erwerben, wenn man den Herrn im *Pausha* (Dezember/Januar) mit Stechapfelblüten verehrt. Geschwind überquert man die drei Welten und erreicht *Shivaloka*, »Shivas Himmel«, wenn man ihm im *Margashirsha* (November/Dezember) Indigoblüten bringt. Wer im *Karttika* (Oktober/November) das Linga mit Milch wäscht und gleichzeitig mit Jati (Jasminum grandiflorum) schmückt, wird ein glückliches Shiva-Darshan erleben. Im Monat *Ashvina* (September/Oktober) wird der im Pfauenwagen durch die übersinnliche Welt fliegen, der das Linga mit Arka (Calotropis gigantea) verehrt. Im folgenden Monat *Bhadrapada* wird ihn der Schwanenwagen durch die Lüfte tragen, wenn er die Puja mit Apamargablüten (Achyrantes aspera) vollzieht. Wer ihn im *Shravana* (Juli/August) mit Oleanderblüten verehrt und sich dabei auf eine einzige Mahlzeit pro Tag beschränkt, gewinnt tausend Kühe, und wer im *Ashadha* (Juni/Juli) den Gottesdienst mit Sandelblüten begeht, der wird bestimmt eines Tages Brahmas Himmel erreichen.[100]

Bel – das Blatt Shivas

Das dreiteilige Blättchen, das oft wie zufällig auf dem Linga liegt, so als habe es der Wind dorthin getragen, stammt vom *Bel-* oder *Bilva*-Baum (Aegle marmelos; Sanskrit *Shriphala*, »reiche Frucht«), der wie die Zitrusfrüchte zu den Rautengewächsen gehört. Dieser Baum ist Shiva besonders heilig und wird häufig neben dem Shiva-Heiligtum angepflanzt. Nach ihrem Morgenbad bringen die Gläubigen Wasser in Messingtöpfen herbei und begießen die Wurzeln des Baumes, wobei sie heilige Sprüche murmeln. Auch mit Reis, rotgelbem Farbpulver *(Sindur)* und kleinen Butterlämpchen wird Shivas Baum verehrt. Damit ihre Wünsche in Erfüllung gehen und vor allem, damit ihre Männer gut zu ihnen sind, umarmen oder umwandeln die Frauen den Baum, winden rote Fäden um den Stamm oder flechten sich einige seiner Blätter in den Zopf. Um Shiva nicht zu erzürnen, wird das Holz des Bel-Baumes nie verbrannt.

Auch die Glücksgöttin Lakshmi ist mit dem Baum verbunden. Die Volkssage erzählt, daß Lakshmi so lange in inniger Anbetung verharrte, daß sie Wurzeln schlug und sich in den früchtetragenden Baum verwandelte. Wer Shiva mit dem Blatt dieses Baumes verehrt, dem kommt Lakshmis Verdienst zugute. Eine andere Geschichte führt den Ursprung des Baumes darauf zurück, daß Lakshmi – die wie viele Muttergottheiten die Gestalt der Kuh annehmen kann – einen Kuhfladen ausschied, aus dem der erste Bel-Baum wuchs.

Das wichtigste am Baum ist jedoch das dreigefiederte Blatt. Wie beim Kleeblatt, mit dem der heilige Patrik den heidnischen Iren die Dreifaltigkeit erklärte, kommt im Bel-Blatt die Urdreiheit – drei Gunas, drei Welten, Trinität von Schöpfung, Erhaltung und Zerstörung – zum Ausdruck. Ein Schwur über einem Bilvablatt darf ebensowenig gebrochen werden wie bei uns der Schwur auf die Bibel.

Bhangeri Baba

Shiva *Aushadhishvara* ist der Herr der Rauschdrogen und Heilkräuter. Besonders Hanf und Stechapfel liebt er. Er ist der einzige Gott im ganzen Götterpantheon, der immer »high« ist. Schon die alten Schriften, wie das *Bhagavata Purana,* bezeugen das. Es wird erzählt, wie Shiva, um einen seiner Verehrer zu retten, »halb die weibliche Gestalt Parvatis annahm, sein ungepflegtes Haar aufband, seinen Körper mit Asche einrieb, große Mengen Hanf, Seidenpflanze und Stechapfel verzehrte, sich eine weiße Schlange als Brahmanenschnur, eine Elefantenhaut und ein Halsband aus Totenschädeln anlegte. So ritt er auf Nandi in Begleitung seiner Gespenster, Teufel, Schratten und halbtierischen Kreaturen, mit dem Mond auf der Stirn und blutroten Augen aus, um seinen Anbeter zu rächen.«[101] (Daß hier die Seidenpflanze auftaucht, beruht wahrscheinlich auf einer Verwechslung. Das altpersische Wort »Haoma« [für Soma] wird heute von den Parsen als Bezeichnung für eine der gummimilchhaltigen Seidenpflanzen [Asclepiadaceae] verwendet. Da diese Pflanze überhaupt keine psychedelischen Eigenschaften aufweist, kann man annehmen, daß ursprünglich die Gummimilch des Schlafmohns gemeint war.)

Seither hat sich Shivas Ruf nicht gebessert. In Auslegung des tantristischen Textes *Vigyana Bhairava Tantra* erzählt Bhagwan Shree Rajneesh seinen Zuhörern: »Devis Vater war nicht gewillt, seine Tochter an diesen Hippie zu verheiraten. Shiva war der Urhippie. Devis Vater war total gegen ihn, und kein Vater der Welt hätte diese Ehe zugelassen, keiner!... Dann kam die ganze Hochzeitsprozession. Es heißt, daß alle rannten, um Shiva und seine Prozession zu sehen. Das gesamte *Barat* mußte LSD genommen haben, Marihuana. Alle waren angetörnt. Und wirklich, LSD und Marihuana sind kleine Fische: Shiva mit seinen Freunden und Schülern waren im absoluten Psychedelikum: *Soma rasa.* Aldous Huxley hat den Inbegriff aller Drogen nur Shiva zu Ehren ›Soma‹ genannt. Alle waren angetörnt, tanzten und schrien und lachten.«[102] (Das von Albert Hoffmann herauskristallisierte Alkaloid LSD war sicher nicht im Spiel – es sei denn in göttlicher Vorwegnahme – wohl aber jede andere Droge.

In den Geschichten, die man sich in indischen Dörfern abends am Feuer erzählt, macht man sich gerne lustig über diesen Schalk, dessen Augen immer rot sind, weil er zuviel von dem sonderbaren Kraut raucht. Es wird gesagt, er sei faul, rasiere sich nicht, stinke wie ein Ziegenbock und habe keine Lust auf einen anständigen Lebenswandel. Es ist dermaßen süchtig, daß er sogar Parvatis Schmuckstücke verhökert, um sich Stoff zu kaufen.

Ganz unschuldig ist die Ehefrau daran auch nicht. Als sie gerade verheiratet waren – so erzählt eine Geschichte –, wanderte Shiva gern allein durch Wälder und Berge und vernachlässigte seine junge Braut. Da braute ihm die kräuterkundige Frau ein Getränk aus den zerstampften Blättern der blühenden, weiblichen Hanfpflanze. Das nagelte ihn fest. Nachdem er einige Schlucke davon getrunken hatte, stellte er plötzlich fest, daß es keine schönere Frau als Parvati gäbe und keinen schöneren Ort als an ihrer Seite. Eine andere Fassung der Geschichte erzählt, daß Shiva dauernd Hunger hatte und etwas essen wollte. Da die Hausfrau mit den Kindern genug zu tun hatte, machte sie es sich leicht. Sie kochte ihm einfach *Bhang* (Hanfblätter), und seither ist er zwar verlottert, aber zufrieden. Eine weitere Geschichte erzählt, daß er zum »Trunkenbold« wurde, weil er sich den Fluch seines Schwiegervaters Daksha zu sehr zu Herzen genommen hatte. Trotz seiner schlechten Angewohnheiten liebt ihn Parvati über alles und nennt ihn zärtlich ihren »*Bhola*«, ihren Narren.

Shivas Anhänger, die Sadhus, die in *imitatio dei* wie ihr Herr aschebeschmiert, ganjarauchend, zottelhaarig und schelmisch die Weiten Indiens durchwandern, nennen ihren Gott liebevoll »*Bhangeri Baba*«. Sie nehmen die Droge, um »abzuheben«, um den philosophischen Abstand zu wahren und als Meditationshilfe. Es hilft ihnen, sagen sie, beim *Brahmacharya,* der sexuellen Enthaltsamkeit, die so wichtig ist, um die Shaktikraft zu sammeln.

Der Wahnsinn Shivas und seiner Anhänger, das ständige Berauschtsein kann aber auch anders gedeutet werden, und zwar als »Gottestrunkenheit« im biblischen Sinn. Shiva schenkt denen, die ihn lieben, den »heiligen Wahnsinn«. Er leert sie aus und füllt sie bis ins Knochenmark mit himmlischer Ambrosia, mit der Ekstase der Erlösung.[103] Ein solcher Seliger wird von allen, die noch in der Illusion des Samsara befangen sind, als Wahnsinniger *(Pittar)* bezeichnet. Die Aussprüche dieser Pittar für den normalen, weltlichen Menschen sind ebenso rätselhaft wie die des haschischrauchenden Exkabarettisten Wolfgang Neuss, der den Bundesbürgern erklärt: »Der gesunde Menschenverstand ist reines Gift!«[104]

Manikkavacakar, ein shivaitischer Heiliger aus Tamil Nadu (9. Jahrhundert nach Christus) singt:

Obwohl die Welt mich verhöhnt,
Mich einen Teufel nennt,
Schäme ich mich nicht!
Das böse Geschwätz der Nachbarn
Verwandelt mein Geist in Ehrenschmuck!

Entzückt singt der »Verrückte« weiter:[105]

Wir sind keine Knechte mehr!
Was haben wir noch zu fürchten,
Wir, seine Verehrer?
Wieder und immer wieder tauchen wir
In das Meer seiner Wonne ein.

Der Rausch des Shivaiten – besonders in der südindischen Prägung, die seit dem Mittelalter besteht – ist das totale »Verliebtsein« *(Bhakti)* in Shiva, den Liebhaber der Seelen. Der Mensch, der Gott liebt, sieht kein Problem darin, daß er seinen seelischen Höheflug durch Tanz, Gesang und Drogen bis zum äußersten steigert. Hat Shiva Aushadhishvara den Menschen nicht deswegen Gesänge und Kräuter geschenkt? Helfen sie nicht, die zu Gefängnismauern erstarrten Vorstellungen und Fixierungen zu sprengen? Manikkavacakar, dem Shiva in der Hafenstadt Perunturai als menschlicher Guru erschien, dem er sich bedingungslos unterwarf, singt:[106]

Der Vater, der Herr von Perunturai
Erfüllte mich mit Verrücktheit *(Pittu)*,
Zerschnitt meine Wiedergeburt,
Kam und machte meinen Geist unbeschreiblich berauscht
Und nahm mich an, als seinen Sklaven. Er, meine Medizin,
Schaute mich mit seiner unendlichen Gnade an
Und kam als nimmerendende Wonne zu mir.

Dem Abendland ist diese Art von göttlicher Besessenheit nicht völlig fremd, aber doch eher suspekt. Schon das alte Testament – einer der Eckpfeiler unseres Weltverständnisses – lehnt Rausch und Ekstase, die in den eher matriarchalen, orgiastischen Festen der kanaanäischen Nachbarn eine Rolle spielten, entschieden ab. »Im Rausch ist der Mensch außer sich, ohne in Gott zu sein.«[107] Im alten Griechenland scheint der *Logos*, (Rede, Vernunft), in Rom die *Ratio* (Errechnung, Rechenschaft, Erwägung, Vernunft) einen höheren Stellenwert gehabt zu haben als der Rausch – abgesehen von den Zirkusspielen, die als veräußerlichte Spektakel mehr der Herrschaftssicherung als der religiösen Erlösung dienten. Es hat zwar hin und wieder Schwärmer im Christentum gegeben, aber seit Paulus herrscht ein nüchterner Grundton vor: »Saufen, Fressen und dergleichen, von welchen ich habe Euch zuvor gesagt und sage noch zuvor, daß, die solches tun, werden das Reich Gottes nicht erben.« (Galaterbrief 5,21) Die Hexenverfolgungen waren im Grunde genommen ein Feldzug gegen ein ekstatisches Bewußtsein, das ebenfalls mit Drogen (Hexenschmiere) verbunden war. Mit dem Sieg der Aufklärung in der französischen Revolution wurde (unvernünftigerweise) die Göttin der Vernunft (Ratio) in Paris als steinerne Statue auf den Sockel gestellt. Man versuchte, die Herrschaft des Intellekts vollends zu etablieren. Der große deutsche Soziologe Max Weber spricht von einer »Entzauberung der Welt«, die damit stattfand. Der Alkohol ist zwar nötig, um ab und zu mal die eingekerkerte »Sau rauszulassen«, aber selbst da werden Kosten und Nutzen genau abgewägt, denn Selbstkontrolle ist Bürgerpflicht. Der Ernst des Lebens ist sprichwörtlich!

200

In Anbetracht der kulturhistorischen Entwicklung wird klar, daß Rauschdrogen – abgesehen von Alkohol, Tabak und Kaffee – eben nicht in unseren kulturellen Kosmos passen und diesen völlig untergraben würden. In Indien dagegen sind sie kulturell integriert und den Entsagenden (Sannyasins) und heiligen Landstreichern (Sadhus) frei zugänglich. Das gilt vor allem für Hanf und Stechapfel.

Shivas Garten des Wahnsinns

Lenken wir unseren Forscherblick zunächst auf die Hanfpflanze (Cannabis indica). Als Heilmittel der ayurvedischen Medizin und als Faserpflanze spielte sie schon lange eine bedeutende Rolle in der indischen Kultur. Unter anderem bezeichnet man die daraus gewonnene Droge als *Subjee* (Gemüse), *Vijaya* (Sieg), *Unmatti* (Verrücktheit), *Siddhi* (Zauberkraft – in bezug auf paranormale Fähigkeiten wie Gedankenlesen, Schweben, Unsichtbarwerden und dergleichen, die der normale, vernünftige Bürger des materialistischen Westens in den Bereich der Fabel verbannt), *Harshiniweed* (»das Kraut des Gottes der Totenfeiern«), *Shivapriya, Chapla* und so weiter. Bekannter ist wohl die Bezeichnung *Charas*. Es handelt sich dabei um das mit Blütenstaub vermischte Harz der Pflanze, das als Haschisch von den muselmanischen Händlern in Wasserpfeifen geraucht und von der berüchtigten »Bande Française« oder diversen »Befreiungsbewegungen« (wie beispielsweise den Sikh Khalistanis) in den kriminalisierten Drogenuntergrund des Westens geschmuggelt wird.

Die Hindus bevorzugen ein einfaches Hanfpräparat, das sie *Bhang* nennen. Die Blätter und weiblichen Blüten der zweihäusigen Pflanze werden frisch gepflückt, fein gewiegt, mit schwarzem Pfeffer gewürzt und zwischen den Handflächen zu murmelgroßen Kugeln gerollt. Bei Festlichkeiten, wie einer großen Shivapuja oder einer Hochzeit, werden drei oder vier solcher Bhang-Kugeln mit Wasser oder einem Glas gezuckertem Tee *(Chai)* eingenommen. Die Braut und der Bräutigam gelten während der mehrtägigen Hochzeitsfeierlichkeiten als Verkörperungen Shivas und Parvatis. Wie Shiva kommt der Bräutigam mit seinem singenden, scherzenden, tanzenden Gefolge, um die junge Frau abzuholen. Die Droge hilft allen Anwesenden, sich in die sakrale Wirklichkeit zu versetzen.

Das Bhang-Getränk[108] wird gerne mit dem Nektarstrom verglichen, der wie ein Springbrunnen aus Shivas Haarknoten hervorsprudelt, denn es läßt die Seelenbilder fluten. Erika Moser-Schmitt, eine Kölner Ethnologin, hat folgenden typischen, volkstümlichen Vers aus Bihar aufgezeichnet:

Ganga und Bhanga sind zwei Schwestern
Beide leben in Gangadhara (Shiva als Träger des Ganges)
Ganga gibt dir Wissen
Und Bhanga zeigt dir den Weg zum Himmel.[109]

Beim Einnehmen des Getränkes werden Shiva oder Shakti rituell angerufen. Die Schale wird als Opfer kurz an die Stirn gehoben und der Gottheit geweiht, dann wird sie als geweihtes Gottesgeschenk *(Prashad)* zurückempfangen.

Als *Ganja* bezeichnet man eine bessere Qualität der Hanfblüten, die oft in Kekse und Süßigkeiten eingebacken oder in gebrannten Tontrichtern (*Chilam*, englisch Chillum) geraucht werden. Die wandernden Heiligen, die in das Rot des Leichenfeuers gekleidet sind, wenn sie nicht gar splitternackt herumlaufen, haben sich von allen sozialen Banden, von Familie, Kaste und festem Wohnsitz gelöst. Sie dürfen daher unbehelligt so viel Ganja rauchen wie sie wollen, denn sie gehören nicht mehr der Welt an, sondern nur noch Shiva. Den ärmsten Bauern, alten Männern und Unberührbaren gesteht man das Rauchen ebenfalls zu. Ansonsten haben die chronischen »Ganjawallahs« in Indien ungefähr den gleichen Ruf wie die Alkoholiker bei uns. Man sieht es gar nicht gerne, wenn junge Leute es den Hippies nachmachen.

Die Sadhus leben nicht mehr in der Welt der Sterblichen. Sie wandern von einem Pilgerort zum anderen und leben in der »Traumzeit«, als Zeugen der Taten der Götter. Das Chilam begleitet ihre Wanderungen durch diese *mytho-logische* Welt. Sie rauchen meist zweimal am Tag, am Morgen, »wenn die Krähen krächzen«, nach dem obligatorischen Bad und der Bettelrunde, und am Abend. Dabei bevorzugen sie reines Ganja, ohne Beimischung von Tabak und anderen Kräutern.

Das Chilam wird oft als Shiva-Linga verehrt. Manche der Rauchtrichter, wie die aus schwarzem Ton gebrannten aus Manali, sind mit einer Kobra verziert, die als Zeichen der aufsteigenden Shaktikraft die Röhre umwindet. Andere sind mit verschiedenen shivaitischen Motiven und mit Runen versehen.

Das Rauchritual ist keine private Angelegenheit, es erfolgt in geselliger Runde. Der Gottesmann sitzt mit seinen Anhängern oder anderen Sadhus im Schatten des Pipal-Baumes oder am Flußufer und plaudert ungezwungen über die Wunder des Universums. Wenn die Stimmung richtig ist und die »Schwingungen« ausgeglichen, greift er in seinen Beutel und zieht den Trichter heraus. Manchmal streichelt er ihn, spricht mit ihm, führt ihn an die Lippen und bläst einen hohen, anhaltenden Ton heraus. Damit lockt er, wie ein typischer Schamane, seine Hilfsgeister an oder lädt die Götter und Geister ein mitzufeiern.

Nun wird das Zauberkraut hineingestopft. Beim Anrauchen werden zwei Zündhölzer gleichzeitig entfacht – eins für Shiva, eins für Parvati. Das einschlagende Feuer ist der Blitz, der aus Shivas drittem Auge fährt, die Gestalt Kalis annimmt und die geschaffene Welt in Flammen stürzt. Die Glut im Tontrichter ist das Shakti-Feuer; es ist das Leichenfeuer des Manikarnika, der Verbrennungsstätte in Benares, des Lieblingsortes des tanzenden Shiva.

Ehe das Feuer einschlägt, knurrt der Sadhu vielleicht noch wie ein wildes Tier. Vor dem ersten Zug ruft er »Bam, Bam« oder »Bam Shankar« – etwa so wie wir beim Trinkgelage »Prosit« oder »Zum Wohl« rufen, um einen guten Geist in die Sache zu bringen. »Bam, Bam« ist eigentlich das Ziegengemecker, wie es dem Inder ins Ohr klingt. Es entspricht unserem »Meck, Meck«. Warum das? Es ist der arme ziegenköpfige Daksha, der Schöpfer, der so meckert. Es ist der alltägliche Verstand, der sich der höheren, göttlichen Vernunft gegenüber wie ein blöde blökender Ziegenbock verhält. Seit Rudra-Shiva die Opferstätte Dakshas zerstörte und dem Oberpriester einen Ziegenschädel aufsetzte, betet dieser Shiva ununterbrochen mit seinem »Meck, Meck« an und erfährt dadurch Mahadevs Gnade.

Der qualmende Trichter kreist von rechts nach links in glückverheißender Richtung in der Runde der Teilnehmer. Der jeweils Nächste nimmt ihn entgegen, drückt ihn mit beiden Händen gegen die Stirn, wobei er den Blick auf sein »drittes Auge« richtet und laut »Bam Shankar« oder »OM Shiva« ausruft. Dabei darf ihn absolut nichts ablenken, er soll sich völlig konzentrieren. Es ist kein bloßer, sterblicher Mensch, sondern Shankar, der sich selbst das Chilam weiht. Nun nimmt er einen langen, tiefen Zug. Hier wird nicht der Rauch eines brennenden Krauts eingeatmet, sondern *Prana,* die himmlische Lebensluft. (Wer an »Rauch« denkt, also nicht zentriert ist, fängt unweigerlich an zu husten, was als störend und als nicht sonderlich gutes Omen angesehen wird. Wer nicht völlig gesammelt ist – vielleicht weil er ein schlechtes Gewissen mit sich herumträgt –, dessen Geistesschau ist verwirrt und verzerrt. Shiva wird ihm als unberechenbarer Rudra oder gar als schrecklicher, paranoider Bhairava in die Seele funken.)

Völlig in sich gesammelt zieht der Sadhu das Prana tief in sein Wesen hinein, bis er ganz davon erfüllt ist, hält den Atem an und läßt es gemächlich, im ruhigen Strom wieder in die Außenwelt fahren. Wer es richtig kann, dem genügt ein einziger Zug, um »anzukommen«. Nun ist er selber Shiva geworden. »Shivoham«, »Ich bin Shiva«, ist keine bloße Formel mehr. Der Atem, der aus ihm herausströmt, wird zum Lebensatem der Schöpfung. Er schaut seine Welt an und liebt sie. Sie ist seine tanzende Shakti. Er hat ihre Täuschungen durchschaut und haftet nicht mehr daran. Nichts braucht mehr gesagt zu werden, nichts gedacht und nichts getan. Alles, was er wahrnimmt, ist gesegnet und der Vergänglichkeit entrissen. Nun kommen die Menschen, die Dörfler, jung und alt, zu ihm. Voller Achtung und Vertrauen legen sie ihm ihre Sorgen und Hoffnungen zu Füßen. Da er Shiva ist und sie sich ihm in gläubigem Vertrauen genaht haben, wird er ihre Wünsche auf wunderbare, unerahnte Weise erfüllen.

Das Rauchen ist eine Ent-werdung, eine Auflösung, ein Todesvorgang. In diesem kleinen, kreisenden Scheiterhaufen verbrennen die Hüllen der Täuschung, die uns umwinden, zu Asche. Die faulenden Leichen unserer Vergehen, die Kadaver des alten Karmas schmoren darin und werden zu schneeweißer Asche verwandelt. Beim Rauchen löst sich die zu kalter Starre geronnene, illusionäre Welt Dakshas wieder auf, sie kommt in den schwebenden Zustand des noch nicht Gewordenen. Der Riegel zum Tor des »Übersinnlichen« zerschellt; die dämonische Schar Shivas, die ätherischen Bilder der Naturgewalten und Seelengestalten tanzen vor den Augen des Geweihten. Die Toten erscheinen und die Götter! In einem noch tieferen Samadhi hören dann alle Erscheinungen, jeder Schein auf, und es *ist* einfach! In absoluter Versunkenheit sitzt Shiva auf dem Heilsberg Kailash, dem Schneeberg, dem Ascheberg.

Aber wie die frischen, klaren Bäche aus dem Schneegebirge, so fängt Ganga an, aus seinen Locken zu fließen. Sie fließt auf die Erde, in die Unterwelten. Ihre belebende Berührung läßt die durch den Feuerblick des Asketen zu Asche verbrannten Söhne Sagaras geläutert auferstehen. Auch Kama, die Begierde nach Dasein, die Lust am *Lila,* wird wiedergeboren. So steigt der Sadhu wieder in die Welt hinab. Nachdem das Chilam vollständig zu Ende geraucht und die Meditation verflossen ist, nimmt er die Asche und reibt sie sich auf die Stirn, oder er nimmt es als *Prashad* auf die Zunge, denn das heilige, weiße Pulver gilt als die beste Medizin.

Manche Zauberer klopfen das fertig gerauchte Chilam in eine polierte Kokosnußschale oder ein Stückchen Schädel aus und deuten Form und Farbe der Asche. Flocken und Aschekügelchen, die wie winzige Rudraksha-Perlen aussehen, rollen in die Schale. Wie bei den Teeblättern in der Tasse des Wahrsagers wird aus der Beschaffenheit der Muster und Gebilde das Orakel gelesen. Zwerge, Trolle, Rakshaköpfe und ganze übernatürliche Landschaften erscheinen, verlebendigen sich und zerfallen wieder zu grauem Staub. Die reine weiße Asche wird als verbrauchtes Karma gedeutet, aber die schwarzen, unvollständig verbrannten Teilchen verraten die noch unerlösten Schicksalskeime, die zur Verkörperung drängen, ehe sie ebenfalls die Erlösung erlangen werden.

Den Abschluß des Rituals bildet die peinlich genaue Säuberung der Pfeife. Das ist für den Hindu genauso wichtig wie das Reinigen des menschlichen Leibes nach dem Essen, dem Ausscheiden, dem Schlafen und dem Geschlechtsakt. Der Besitzer des Chilams zieht einen langen Stoffstreifen durch das Pfeifenrohr. Sein Nachbar hält das eine Ende davon in Nabelhöhe. Durch rhythmisches Hin- und Herziehen des Streifens wird der Trichter blank gescheuert. Auch bei diesem Teil der rituellen Handlung wird kaum gesprochen. Das gleichmäßige Pumpen steigert die Trance der Teilnehmer. Schließlich werden das Chilam, der Stoffstreifen, die Kokosnußschale und der Stöpsel, der verhindert, daß beim Rauchen das Kraut am unteren Ende aus der Pfeife fällt, sorgfältig in einen Beutel gelegt. Die Heiligkeit des Chilams und des Beutels steht der der Medizinpfeife und des Medizinbeutels der amerikanischen Indianer in keiner Weise nach.

Was Asche in der shivaitischen Mythologie bedeutet, kommt in den folgenden Zitaten aus dem *Brahmanda Purana* zum Ausdruck. Nachdem die eifersüchtigen, störrischen Einsiedler im Tannenwald Shiva zusammen mit ihren vermeintlich untreuen Frauen verflucht hatten, gaben sie sich weiter erbarmungsloser Askese hin. Die Selbstquälerei aber half nichts, sie fielen immer weiter vom rechten Weg ab, wurden verwirrt und unglücklich. Ihr Vater Brahma riet ihnen, das Linga anzubeten. Sie badeten und rieben Asche auf ihre Haut, bis sie bleich wie Geister aussahen. Nun erschien Shiva und erklärte ihnen:

> »Ich bin Agni (Feuer), und Devi ist Soma (Wasser). Asche ist mein Samen, den ich auf meiner Haut trage. Ich bin Agni, der Erzeuger Somas, und ich bin Soma, der in Agni geboren ist! Wenn das All durch mein Feuer zu Asche verbrannt ist, ist die Asche mein Samen, mit dem ich alle Wesen besprenge.«[110]

Er erklärte den Rishis, die nun seine waren, weiter:

> »Die vollkommene Läuterung des Alls wird durch Asche bewirkt. Mein Same ist in der Asche, und ich bestäube die Schöpfung damit. Wer durch das Feuer gegangen ist, wird die drei Zeiten meistern. Durch meinen Samen, durch Asche, wird man von allen Sünden befreit. Wenn die duftende, hell leuchtende Asche alles bedeckt, dann bleibt von allen Übeln nur noch Asche übrig.«...
> »Deswegen, Erhabene, ...ist es meine Gewohnheit, diesen meinen Samen auf meiner Haut zu tragen. Fortan wird Asche gegen unheilvolle Menschen Schutz geben und Schutz in den Häusern, in denen Frauen gebären. Und wer seine Seele geläutert hat, indem er in Asche gebadet, seinen Groll überwunden und seine Sinne beherrscht hat, der wird in meine Gegenwart kommen und nie wieder geboren werden müssen.«[111]

Einmal, vor vielen Jahren – so eine beliebte Geschichte – geschah es, daß sich der große Rishi *Mankanaka* mit einem Kushagras in den Finger schnitt. So stark war sein *Tapas* (Bußübung) gewesen, daß nicht rotes Blut, sondern grüner Pflanzensaft aus der Schnittwunde floß. Der Weise freute sich so sehr, daß er zu tanzen anfing. Alle, die davon hörten, tanzten aus lauter Begeisterung mit, bis schließlich die ganze Schöpfung tanzte. Da kam ein fremder Brahmane des Weges und fragte: »Warum die Aufregung?« – »Siehst du nicht, werter Brahmane«, antwortete der Weise, »daß grüner Pflanzensaft aus meiner Wunde fließt? So stark ist meine Läuterung!« Da lachte der fremde Brahmane, schnitt sich ebenfalls in den Finger, und Asche, weiß wie frischer Schnee, rieselte heraus. Da erkannte Mankanaka Shiva, seinen Meister.

Auch das Abendland kennt das Aschemysterium. Die alten Griechen zauberten mit der Asche von Opfertieren. Die Alchemisten erkannten im Saturn, dem äußersten Planeten am Rande der Erscheinungswelt, den grauen Aschemann, der mit seiner Sense den Tod bringt, aber in seinem Sack die Saat der Zukunft trägt. In der alchemistischen Symbolik bedeutet die Kreuzesinschrift I.N.R.I. »Igne natura renovatur integra« (Im Feuer wird die Natur vollständig erneuert). Dabei wird der Kreuzesberg zum Ascheberg. In der reinigenden Veraschung feierten die Alchemisten die Verwandlung des schwarzen Raben in die weiße Taube. Im alten Volksmärchen muß die Menschenseele als Aschenputtel oder Aschenbrödel durch die Demütigung der grauen Asche gehen, ehe die königliche Hochzeit gefeiert werden kann.

Besonders die Weihnachtszeit birgt das Geheimnis der Asche. Wie der Phönix, der ägyptische Fabelvogel, der sich selbst verbrennt und aus der Asche zu neuem Leben aufersteht, wird das Christkind im kältesten Dunkel der Schneenächte (= Asche) jedes Jahr wieder neu geboren, und der Weihnachtsmann kommt, rotgekleidet wie der indische Sannyasin, aus dem verschneiten Wald mit Nüssen und Äpfeln, den Samen der Erneuerung. In der Lausitz kommt der »Klas« als Schimmelreiter mit Aschesack, im hohen Norden verbrannte man zu dieser Zeit den Julbock, dessen Asche als heilkräftig galt. Schließlich wollen wir die Katholiken nicht vergessen, die sich am Aschermittwoch zur Buße nach dem tollen, närrischen Treiben des Karnevals vom Priester Asche auf das Haupt streuen lassen. In ländlichen Gegenden läßt man den Samen des Feuers zum Schutz gegen Ungeziefer und zur Gewährleistung der Fruchtbarkeit auf Äcker und Flur streuen. Ein Sadhu hätte Verständnis dafür!

Die rationale Aufklärung und die Entzauberung der Welt ist für den Menschen der westlichen Industrieländer jedoch so weit fortgeschritten, daß all dieses höchstens noch einen sentimentalen Wert hat oder die intellektuelle Neugier befriedigt. Trotzdem hungert die Menschenseele nach dem lebendigen Erlebnis solcher Mysterien. Es ist kein Wunder, daß sich viele Jugendliche, die in den sechziger und siebziger Jahren nach Indien schwärmten, von den Sadhus und von der lebendigen Bilderwelt des Hinduismus angezogen fühlten. Da die Gottesmänner, die Sadhus, jenseits der Kastenvorschriften stehen, brauchten sie sich nicht um rituelle Verunreinigung im Umgang mit den *Mlechhas,* den unreinen Fremden, zu kümmern. Sie konnten mit ihnen ihr Chilam teilen, ihre verschütteten Seelenschätze freilegen und den belebenden Gangesstrom über ihre 60 000 in die Tiefen verbannten Archetypen fließen lassen. Als die Blumenkinder über den Kyberpaß nach Indien einströmten, meinten viele Inder, dies seien Flüchtlinge vor einer Dürre oder Hungersnot. Sie bewirteten die Fremden, wie es die Sitte verlangt. »Der Fremde ist Gott«, heißt das Sprichwort. In gewissem Sinn hatten die indischen Bauern recht mit ihrer Annahme. Es war aber eine seelische Hungersnot, die diese Wohlstandskinder nach Indien trieb, wo sie sich – manche machthungrig, manche liebend – zu Füßen der Gurus setzten oder sich wandernden Sadhus anschlossen, um das Chilam-Ritual mit ihnen zu teilen. Unter Anweisung der Sadhus entlockten sie dem Chilam ganz andere Dimensionen als dem Joint, der ohne jeden Bezug gepafft wird. Der Marihuana-Joint, der in Amerika über schwarze Jazzmusiker und mexikanische Landarbeiter Einzug in die »Szene« hielt, konnte lediglich dem technomanischen Alptraum seine harten Kanten und spitzen Ecken ein wenig nehmen und den coolen Jazz und Rock besser ankommen lassen. Das Chilam aber war ein Tor zu Shiva!

Im Schatten der Nacht

Neben dem Hanf spielt noch eine andere Pflanze eine große Rolle im Shiva-Kult. Es ist der Stechapfel, eine der giftigsten Pflanzen, die es überhaupt gibt. Die Inder nennen sie *Shiva Shekhara (Shivas Krone) oder Dhatura (von Sanskrit dhat* = Gabe, Gift, wonach Linnaeus sie *Datura metel* nannte). Winzige Mengen ihres Krauts oder Samens genügen, um den Mann in einen geilen Bock oder die Frau in eine Nymphomanin zu verwandeln. Vor allem aber verwirrt der Stechapfel die Sinne und bringt das autonome Nervensystem durcheinander. Für den Herrn der Gifte, den Trinker des *Halahala,* den *Mrityunjaya* (Besieger des Todes) ist das jedoch alles kein Problem, ebensowenig wie für seinen thrakischen Gegenpart, den Rauschgott Dionysos, der seine Locken ebenfalls mit den betörend duftenden Trichterblüten schmückt.

An Festen verzehren Shivas Anbeter einige Stechapfelsamen zusammen mit Bhang, um mit der Schar entfesselter Elementargeister und Naturteufel in saturnalischer Ausgelassenheit ihren Herren zu feiern. Wer einmal ein Fest wie *Shivaratri,* »Shivas Nacht«, in Shivas Stadt am Ganges miterlebt hat, muß unweigerlich an den berauschten Schwarm der Satyren, Nymphen, verzückten Mänaden, an den haarigen, bockshörnigen Pan und anderes bizarres Gefolge des Dionysos denken, bei dessen Festen ebenfalls der Stechapfel zur Verstärkung des Weins benutzt worden war. Nach einer Legende soll Dionysos mit seiner Mutter von Kleinasien aus auf einem weißen Stier nach Indien gewandert sein. Einige Kulturhistoriker vermuten darin eine kulturgeschichtliche Beziehung zu Shiva und Kali.[112] Andere vermuten wiederum, daß das Zauberkraut mit den Zigeunern, diesen heimlichen Verehrern Mahadevs, nach Europa gekommen ist. »Alle Künste der Zigeuner sollen vorzüglich in der genauen Kenntnis der Säfte des Stechapfels bestehen.«[113] Die Thugs haben angeblich ihre Raubmorde unter dem Einfluß dieser Nachtschattenpflanze im Namen der blutrünstigen Kali verübt.

Mit dem Stechapfel ist nicht zu spaßen. Er enthemmt und läßt alles, was in den tiefsten Winkeln der Seele verborgen ist, nach oben steigen. Etliche experimentierfreudige Hippies haben nach seinem Genuß ein tragisches Ende genommen.[114] Die einheimischen Zauberer gehen mit dieser Pflanze äußerst respektvoll um. Der nepalesische Schamane (*Jhankrie*) wagt nur im Rahmen eines ausgiebigen Rituals, sich ihr zu nähern. Nachdem er Enthaltsamkeit geübt und gefastet hat, macht er sich am Abend auf, um die Pflanze zu suchen. Er darf nur ungenähte Gewänder tragen oder überhaupt keine. Er opfert ihr Reis und zündet ein Butterlämpchen an. Die ganze Nacht singt und betet er zu Shiva, der sich in der Pflanze manifestiert. Erst in der Morgendämmerung werden die Blätter gepflückt und dann dem Patienten gegeben.

Im Tantra erscheint im Stechapfel und im Hanf das Götterpaar in pflanzlicher Gestalt. Der Stechapfel ist der wilde Rudra, und Ganja ist die milde Devi.

XIII. Shivas Feste und Feiertage

In sakralen bäuerlichen Gesellschaften, wie Indien eine ist (80 Prozent der Bevölkerung sind Bauern) und wir selber bis übers Mittelalter hinaus waren, läuft der Jahreskreis im Einklang mit den natürlichen Rhythmen der Pflanzen- und Tierwelt. Diese Rhythmen sind wiederum mit dem Gang der Gestirne verbunden.[115] Das Mitempfinden und die existentielle Verbundenheit mit dem Leben der Natur kommt in der Volkskultur in einer Reihe von bunten, phantasievollen Jahreszeitfesten zum Ausdruck, die jeder mit großer Begeisterung mitfeiert. Man bedient sich bei der Festlegung der Feste keines abstrakt errechneten Kalenders, sondern dem, der von kosmischen Ereignissen, von Sonne, Mond und Planetenstellungen vorgegeben ist. Die alte indogermanische »Doppelwoche«, die den Monat in die abnehmende und die zunehmende Hälfte teilt – das sind die Tage und Nächte der *Pitri*, der »Väter« oder Ahnen – spielt dabei eine Hauptrolle.

Wir wollen uns hier hauptsächlich auf die shivaitischen Feste beschränken. Das schöne Fest der schwanenreitenden Göttin der Gelehrsamkeit, Sarasvati, einer uralten indogermanischen Lichtgöttin, müssen wir beiseite lassen, ebenso wie die vielen *Jayanthis* (Geburtstage der Götter), die vielen regionalen und kastenspezifischen Feierlichkeiten und auch solche großen wie das *Ramlila*, das den Sieg König Ramas über den zehnköpfigen Dämonen Ravanna feiert, oder das Lichterfest *Divali*, das in seiner Festlichkeit unserem Weihnachten nahekommt.

Die Herabkunft der Göttin

Das traditionelle indische Jahr beginnt im Frühling mit dem zunehmenden Mond, in der zweiten Hälfte des Monats *Chaitra* (März/April). Es fängt sogleich mit einer neuntägigen Huldigung der Göttin an. Neun Tage und Nächte lang wird Durga, die Mutter aller

210

Wesen, in ihrer Erscheinung als »neun Shaktis« besungen, angebetet und im *Darshan* erlebt, wobei das Göttliche die dunklen Hüllen des Alltäglichen durchbricht. Wie eine auf Besuch weilende Königin wird sie bewirtet, ihre Bilder und Statuen werden geschmückt und ihr Name wird ständig wiederholt *(Japa)*.

Die neun Tage stellen unter anderem das neuntägige Ringen Durgas mit dem Dämonen Bhandasura dar. Aus dem Staub, der vom Liebesgott Kama übrigblieb, nachdem ihn Shiva mit dem Feuer aus seinem dritten Auge verbrannt hatte, knetete sich der kleine Lausbub Ganesha ein Spielzeug. Er belebte die kleine Dämonenfigur mit seinem Lebensatem. Die Figur wurde selbstbesessen und machte die härteste Selbstkasteiung durch. Dadurch wuchs sie an Kraft, bis sie schließlich die drei Welten bedrohte und am zehnten Tag von Durga zerstört werden mußte. Der Kampf stellt auch die neun Stufen der Einzelseele *(Jiva)* auf dem Weg zum Selbst *(Shiva)* dar.

Während der Festtage kann der Gläubige an den ersten drei Tagen die Göttin als die wilde, dämonentötende Durga verehren, an den nächsten drei Tagen als Lakshmi, die Bescherin des Reichtums, und an den letzten drei Tagen als die milde, helle, reine Sarasvati, die mit göttlicher Erkenntnis inspiriert. Am zehnten Tag, dem Tag ihres Sieges, verläßt die Göttin die Erscheinungswelt wieder und kehrt heim zu ihrem Gatten auf den Berg Kailash. Damit werden drei Stufen rituell dargestellt – von der Bekämpfung des Egodämons hin zur geistigen Weisheit und schließlich die Rückkehr zum wahren Selbst des Gottsuchers. Auch die Wandlung der Dunkelheit *(Tamas)* ins Licht *(Sattva)* wird stufenweise nachvollzogen.

Feste der heißen Jahreszeit und der Regenzeit

Im Monat *Vaishakha* (April/Mai) fängt es schon an, heiß zu werden. Immer häufiger blasen heiße, trockene Winde Staubwolken über das schmachtende Land, bis es schließlich so heiß wird, daß die Affen sich verkriechen und sich um die Mittagszeit gar nichts mehr rührt. Sogar die Fliegen und Mücken sterben vor Hitze. Selbstverständlich werden in diesen heißen Monaten die kühlen Göttinnen, wie Ganga und die Pockengöttin *Shitala*, »die Kühlende«, verehrt. Am siebenten Tag der zunehmenden Monatshälfte feiert man mit erfrischenden Bädern

Ganga Saptami (Gangas Siebenten), den Tag, an dem sich die Fluß-göttin vom Himmel in Shivas Haargewirr fallen ließ.

Im Monat *Jyeshtha* (Mai/Juni), während der ersten zehn Tage des zunehmenden Mondes, findet das große Badefest *Ganga Dussehra* statt. Abermillionen Pilger baden im heiligen Fluß, der nun das klare Schmelzwasser aus dem hohen Himalaja in die trockenen Ebenen trägt. Wer nicht in der Nähe des Flusses lebt, besprengt sich und die heiligen Gegenstände mit Gangeswasser *(Ganga Jal)*, das das ganze Jahr über in kleinen versiegelten Kupfertöpfchen aufbewahrt und ver-ehrt wurde. Dieses Wasser spielt bei den Indern ungefähr dieselbe Rolle wie das ebenfalls heilende Osterwasser und das Weihwasser bei unseren Bauern früher. Dussehra bezieht sich auf die »zehn Sünden«, die beim Baden ebenso weggewaschen werden wie die Vergehen der Söhne des König Sagara. Es sind entweder die Sünden von zehn Leb-zeiten oder die zehn Arten der Sünde: 1. Wucher; 2. Diebstahl; 3. au-ßerehelicher Geschlechtsverkehr; 4. böse Worte; 5. Verleumdung; 6. unsinniges Geschwätz; 7. Habgier und Neid; 8. schlechtes Denken über andere; 9. unnützes Wünschen; 10. Totschlag.

Das Fest bejubelt die Göttin auf ihrem Durchzug durch die Erden-welt. Triumphal reitet sie auf ihrem *Makara*, einem Fabelwesen mit Fischschwanz und Ziegenvorderbeinen, das die Züge des Delphins, des Hais und vor allem des Flußkrokodils in sich verbindet. Vor ihr rollt der Wagen des weisen Bhagiratha, dessen lange Bußübungen sie vom Himmel brachten, und zeigt ihr den Weg zur Unterwelt, wo die Asche seiner sechzigtausend Vorfahren auf die belebende Benetzung wartet. Am letzten Tag des Festes schmückt man die Flußgöttin mit unendlich langen Girlanden, die aus aufgefädelten, roten und goldgel-ben Samtblumen gemacht sind und von einem Ufer zum anderen rei-chen. Verdienste erwerben sich auch die sportlichen Typen, die laut jauchzend den breiten Strom überschwimmen.

Graue Wolkengebirge und sintflutähnliche Schauer beenden ab-rupt die trockene, heiße Jahreszeit. Im Nu verwandelt sich das braune Land: alles wird grün, in jeder Pfütze wimmelt das aufkeimende Le-ben, und die wandernden Sannyasins fliehen vor dem Regen in die Klöster *(Ashrams)*. Im Monat *Ashadha* (Juni/Juli) feiern die Frauen vielerorts ein fröhliches Fest zu Ehren Parvatis. Sie tragen Parvati in bunten Umzügen herum, kleiden sich in schöne Saris und schaukeln, wie es auch die Göttin gerne macht, auf Baumschaukeln.

Am fünften Tag der zunehmenden Mondhälfte des nächsten Monats *Shravana* (Juli/August) werden die zauberkräftigen Bewohner der Unterwelten, die *Nagas*, das Schlangenvolk, verehrt. Es ist das *Naga Panchami*-Fest. Die Bauern fasten und bringen an dem Tag manchmal Hunderte von frischgefangenen Brillenschlangen zum Shivatempel. Man läßt sie in Shivas Gegenwart frei, begießt sie mit Milch und beschüttet sie mit Blumen. Mahadev freut sich darüber, denn Kobras sind sein Lieblingsschmuck, und er wird es den Gläubigen vergelten, indem er sie im kommenden Jahr vor den giftigen Bissen dieser Tiere schützt. An dem Tag tanzt man Schlangentänze im Freien und wirft den flötenspielenden Schlangenbeschwörern gerne einige Münzen zu. Wer keine lebenden Nagas fangen kann, kann auch riesigen bunten Stoffschlangen und Schlangenbildnissen aus Stein, Metall oder Gips gebührende Ehre erweisen.

Ganesh Chaturthi, ein großes Fest für Shivas Sohn, folgt im nächsten Monat *Bhadrapada* (August/September), am vierten Tag des abnehmenden Mondes. Es gilt als der Geburtstag des Dickschädels, und da er nicht nur der Gott der Intelligenz und des Erfolgs ist, sondern auch der Überwinder aller Widerstände *(Vighna)*, wird der *Vighneshvara*, wie er auch genannt wird, gehörig mit Musik, Süßigkeiten und Schleckereien gefeiert. Bunte Gipsbildnisse des populären Gottes werden umhergetragen und am Ende der Festlichkeit im Wasser versenkt.

Im selben Monat, am dritten Tag des zunehmenden Mondes ist *Haritalika Tij*. Da fasten alle Hindufrauen für ihre Männer, damit sie lange leben und gesund bleiben. Nicht einmal Wasser dürfen sie zu sich nehmen. Brahmanen, die meist einen ebenso guten Appetit haben wie bei uns die Pfaffen, werden mit gutem Essen bewirtet. Das Fest soll an die Bußübungen Parvatis erinnern, die sie machte, um Shiva als Mann zu gewinnen.

Herbstfeste

Mit dem Monat *Ashvina* (September/Oktober) fängt der Herbst an. In der abnehmenden Mondhälfte verehren die Hindus die Toten mit besonderen Ritualen *(Shraddha)*, damit die Verstorbenen sich nicht in böse *Pisachas* (Gespenster), sondern in gute *Pitri* (Ahnengeister) verwandeln. Wenn der Mond wechselt, also wieder zunimmt, beginnen die »Neun Nächte der Göttin« *(Navaratra)* – das Gegenstück zum großen Frühlingsfest. Wieder einmal steigt die Mutter der Welt vom hohen Götterberg zu ihren Geschöpfen in der Erscheinungswelt herab und verweilt neun Nächte bei ihren Verehrern. Wie jede junge Braut, die fern der Heimat ihrer Jugend weilt, hatte Parvati das Verlangen, ihre alten Freunde und ihre Familie einmal wiederzusehen. Shiva sagte ihr dreimal drei Tage zu. Länger konnte er es ohne sie nicht aushalten. In jedem indischen Haushalt wird sie daher auch wie eine auswärts verheiratete Tochter empfangen, an die Brust gedrückt und mit guten Speisen verwöhnt.

Für die Feiertage haben Künstler eigens Statuen von Durga und ihrem Löwen angefertigt und bunt bemalt. Nun wird sie in kostbare Seide gekleidet, mit Blumen geschmückt, besungen und verehrt. Der zehnte Tag des Festes ist sein Höhepunkt, denn an dem Tag hat sie den Büffeldämon besiegt. In langen, farbenfrohen Prozessionen tragen die Zünfte, Sippen und Dorfgenossen die Göttin durch die Straßen, um sie dann im Fluß zu versenken, denn nun verläßt sie die Welt wieder und geht zu Shiva zurück. Mit ihr gehen die Wünsche und Gebete der Menschen. Die Gipsstatuen, die sich da im Wasser auflösen, sind oft regelrechte Meisterwerke, die bei uns – da wir uns nicht gerne von Gegenständen trennen – sicherlich Ehrenplätze in den Museen bekämen.

Die im Herbst zur Erntezeit in die übersinnliche Welt zurückkehrende Muttergottheit ist ein archetypisches Motiv, dem wir in fast allen bäuerlichen Kulturen begegnen. Auch wir kennen das Fest Mariä Himmelfahrt im August. Ebenso wie die Bäuerinnen zur Mariä Würzweihe an diesem Tag ihre Bündel mit sieben oder neun Heilkräutern segnen lassen, weiht man der Durga ein Bündel von neun Kräutern *(Navapatrika).*[116] Auch im antiken Mittelmeerraum kannte man das Fest der Vegetationsgöttin Persephone, die im Herbst, reichlich beladen mit den Gebeten ihrer Verehrer, zu ihrem Gatten Pluto zurückkehren mußte, um im Frühling wieder neu zu erscheinen.

Zwanzig Tage nach diesem Herbstfest, am Neumond des Monats *Karttika* (Oktober/November), wird *Divali,* das Lichtfest der Göttin Lakshmi gefeiert, an dem Millionen kleiner, schwimmender Butterlämpchen auf den Flüssen dahintreiben und wie ein Sternenmeer aussehen. Am nächsten Tag, dem ersten des zunehmenden Mondes, wird die Göttin noch einmal in ihrer Erscheinung als nahrungspendende Annapurna gefeiert. Es ist das Fest *Annakuta* – »Berg der Speise«.

214

Vor langer Zeit drehte der weise Rishi Vyasa seine Bettelrunden in den Gassen von Benares. Damals scheinen die Bürger nicht so freigebig gewesen zu sein, denn ihm knurrte dauernd der Magen vor Hunger. Er verfluchte die Einwohner der Stadt, drei Generationen lang ohne Weisheit, ohne Wohlstand und ohne Erlösung verharren zu müssen. Shiva allerdings gefiel das gar nicht, besonders nicht in seiner Lieblingsstadt. Geschwind nahm er die Gestalt eines Hausvaters an und Parvati die einer Hausfrau. Als der übelgelaunte Weise mit seiner Jüngerschar vorbeikam und, wie es Bettler zu tun pflegen, »Ma, anna do!« (Mutter, gib mir zu essen!) rief, da lud Parvati sie freundlich ins Haus ein und tischte auf. So verzüglich schmeckte ihnen das Essen, daß Vyasa seinen Fluch auf ewig vergaß, und nur noch in seinen Bart murmelte: »Was für eine wunderbare Stadt, wo man die Erlösung findet und dazu noch so gut ißt!«[117] Seither erscheint Annapurna in jeder Hausfrau, die täglich den Sannyasins, Sadhus und armen Witwen ihre Bettelschalen füllt. Das Fest der Annapurna gehört mit zur Reihe der Erntefeste und wird begangen, indem man große Haufen von Reis, Linsen und anderen Hülsenfrüchten in den Tempeln aufschüttet.

Am nächsten Vollmond, der auf den letzten Tag des Monats Karttika fällt, ist das Karttikai Fest, an dem Shivas Erscheinung als Feuersäule *(Tejolinga)* zelebriert wird. Die Feuersäule, das ewige Licht der Wahrheit, erschien das erste Mal, um den egoistischen Streit zwischen Brahma und Vishnu zu beenden. Gedemütigt mußten die beiden Mitgötter das Urlicht anerkennen, das bis heute noch in den Seelen aller Geschöpfe sowie in Sonne, Mond, Sternen, Blitz und Feuer lebt. Die Südinder vertreten eifrig die Überzeugung, daß der Ort, an dem sich das Lichtlinga offenbarte, der rote Hügel *Arunachala* bei Tiruvannamalai in Tamil Nadu sei. Hier weilte einst auch die jungfräuliche Parvati und meditierte bei einem heiligen Einsiedler, ehe Shiva sie entdeckte und heiratete. Auf diesem Hügel lebte bis vor einigen Jahren auch der heilige Maharishi Ramana, den die einfachen Bauern als Verkörperung Shivas betrachten.[118] Auf dem Gipfel des roten Berges wird aus Anlaß des Festes jedes Jahr ein riesiges Höhenfeuer angefacht. Fässerweise werden Butter, Öl, Kampher und andere Opfer in eine Aushöhlung gegossen und angezündet. Der »spirituelle Leuchtturm« brennt bis zu drei Monate lang und ist in einem Umkreis von bis zu sechzehn Meilen sichtbar. Wer ihn sieht, hat keine weiteren Geburten zu befürchten, denn das Feuer vertreibt die Dunkelheit des Unwissens *(Avidya)*.[119]

Nach Karttika beginnt die kalte Jahreszeit. Das erste wichtige Winterfest, wenigstens in Benares, ist das Fest der acht Tage Bhairavas *(Bhairavashtami)*, das auf die ersten acht Tage des abnehmenden Mondes im Monat *Margashirsha* (November/Dezember) fällt. Während dieser Zeit wird der schreckliche Bhairava, den Shiva als Richter und Statthalter einsetzte, mit Wallfahrten geehrt. Der achte Tag ist der einzige im Jahr, an dem sein Gesicht enthüllt wird und er eine silberne Kette aus Totenschädeln umgehängt bekommt.

Die Wintersonnenwende fällt in den Monat *Pausha* (Dezember/Januar). Die Sonne, deren man besonders gedenkt, erreicht ihren Tiefstand im Tierkreiszeichen des Steinbocks, der in Indien durch das krokodilähnliche Mischwesen Makara repräsentiert ist, auf dem die Göttin Ganga reitet. Kein Wunder, daß zu diesem Zeitpunkt, der Kälte zum Trotz, fromme Pilger im Ganges baden. In Südindien wird um diese Jahreszeit Shiva Nataraja, der Herr der Tänzer, im *Arudra*-Fest gefeiert.

Frühlingsfeste

Das erste Frühlingsfest, am fünften Tag des zunehmenden Mondes *Magha* (Januar/Februar), wird mit Umzügen der Schulkinder zu Ehren der Lichtgöttin Sarasvati gefeiert. Darauf folgt eines der größten Volksfeste überhaupt, nämlich *Shivaratri*, »Shivas große Nacht«. In dieser herrlichen Nacht feierten Shiva und Parvati ihre Hochzeit. Deswegen gibt es keinen anderen Tag im Jahr, an dem man Mahadev in besserer Stimmung antrifft, als zum Neumond am 14. Tag im Monat *Phalguna* (Februar/März). Unweigerlich erfährt man Shankars Gunst und die Erfüllung seiner Wünsche, wenn man diesen Tag und die Nacht durchfastet und durchwacht und dabei auch nichts trinkt. Alle drei Stunden wäscht man das Shiva-Linga, zuerst mit Milch, dann mit Joghurt, dann mit geronnener Butter und zuletzt mit Honigwasser. In den Morgenstunden speist man dann die Brahmanen und Bettler – auch deren dringendste Wünsche werden an diesem glücklichen Tag erfüllt. Immer wieder läßt man das »OM NAMAH SHIVAYA« ertönen und belegt Shivas Linga mit Stechapfelblüten oder den Blättern vom Bel-Baum, denn diese erfreuen den Herrn mehr als Gold oder Edelsteine.

In Benares baden an diesem Tag mehrere hunderttausend Pilger in den heiligen Gewässern und begeben sich anschließend in den Goldenen Tempel, um Gott zu schauen. Nie ist er ihnen so nahe wie an diesem Tag. Um sich weitere Verdienste zu verschaffen, rennen die jüngeren Männer im Dauerlauf in Uhrzeigerrichtung um die Stadt. Kurz nach Mitternacht hört man sie. Shivas Name laut preisend, huschen die Schatten durch die Nacht, entlang der 25 Kilometer langen Panch Kroshi Road, die die fünf feinstofflichen Leibeshüllen der Stadt – in Analogie zu den fünf Leibeshüllen des menschlichen Leibes – umrandet.

Gegen halb vier Uhr morgens läuten alle Tempelglocken, und die Massen geraten in Fahrt. Moslems verstecken sich ängstlich hinter den Mauern ihres Ghettos. Riesige Mengen Bhang und Dhatura haben die Menschen in Fabeltiere, Geister und Götter verwandelt. Die Zauberwelt Shivas erhebt sich und läßt den Alltag schwinden. Shiv Sena-Krieger mit eisernen Dreizacken in der Hand mischen sich zu Hunderten unter den jubelnden Hochzeitszug des großen Gottes, der seine Braut abholt. Wunder aller Art sollen an diesem Tag geschehen: Heilungen, Flüge über den Ganges, göttliche Offenbarungen.

In dieser Nacht treffen sich die bedeutendsten Vertreter der klassischen indischen Musik zu einem *Dhrupad Mela*. Drei Nächte lang wird so gesungen und gespielt, daß hohe geistige Wesenheiten in die Tongebilde hineinsteigen und sich mitteilen können. Beim Geprassel der Handtrommeln meint man, die Tanzschritte Natarajas unmittelbar zu hören. Die Meister haben sich selber zu Instrumenten Shivas gemacht. Durch härteste, langjährige yogische Disziplin haben sie ihr Ego soweit überwunden, daß nicht mehr sie spielen, sondern Gott durch sie. Shiva improvisiert zu seiner eigenen Wonne und Ergötzung.

Im Mahabharata wird über Shivas Nacht folgende Geschichte erzählt:[120] Ein Weiser kam eines Tages zum Hof des Königs Chitrabhanu. Da er den König beim Fasten antraf, wurde er neugierig und wollte den Grund dafür wissen. Der König, dessen Geist so klar war, daß er sich an alle seine früheren Geburten erinnern konnte, erzählte ihm folgende Geschichte: »Ich war einst ein Jäger, ein Unberührbarer, und lebte nicht weit von Varanasi. Um meine Frau und Kinder zu ernähren, tötete ich Vögel und Tiere und verkaufte sie auf dem Markt.

Eines Tages überraschte mich die Nacht, als ich noch weit von meinem Dorf entfernt war. Ich suchte Schutz vor der Nacht und ihren Gefahren in den Ästen eines großen Baumes. Es war ein Bel-Baum. Das Reh, das ich geschossen hatte, band ich in die Zweige. An Schlaf war nicht zu denken. Ich litt Hunger und Durst, und wenn ich an meine arme, hungernde Familie dachte, vergoß ich Tränen, denn sie wußten ja nicht, was mit mir geschehen war. Um die Zeit zu vertreiben, pflückte ich ab und zu Bel-Blätter und ließ sie zu Boden fallen. Als das Morgenlicht schließlich dämmerte, machte ich mich auf den Heimweg, verkaufte das Reh und kaufte für meine Familie etwas zu essen. Da begegnete mir ein Bettler, dem ich etwas zu essen gab, noch ehe ich selber etwas zu mir genommen hatte.

Viele Jahre vergingen, und der Vorfall war schon längst vergessen, als eines Tages zwei Engel zu mir kamen. Sie trugen mich, den Unberührbaren, hinauf in Shivas Himmel. Da wurde mir klar, was in jener Nacht geschehen war. Ohne zu wissen, daß es Shivas Hochzeitsnacht war, hatte ich den Herrn mit meinem Fasten und Wachen verehrt. Unter dem Bel-Baum war ein Linga, das ich unabsichtlich mit meinen Tränen benetzt und mit Bel-Blättern geschmückt hatte. So viele Verdienste hatte ich dadurch erworben, daß ich lange in der Wonne von Shivas Himmel weilen konnte und nun meine letzte Inkarnation als König erlebe.«

Der Weise, der das hörte, war von dem Wunder berührt und erzählte die Geschichte weiter. So kam das Fest Shivaratri zustande. Inzwischen haben die Gelehrten die Geschichte als Gleichnis ausgelegt: Der dichte Dschungel, in dem sich der Jäger verirrt, ist der »Mind«, und die wilden Tiere, die ihn in der finsteren Nacht bedrohen, sind die Begierden und Leidenschaften. Daß er in der Nähe von Varanasi (Benares) lebte, bedeutet, daß er ein Yogi war, wobei Benares für das *Ajnachakra* steht. Das ist das »dritte Auge«, wo die Gegensätze (Pingala, Ida und Sushumna) zur Einheit zusammenfließen. Das Hinaufklettern auf den Baum steht für das Steigen der Kundalinikraft, der Shakti. Das erlegte, in den Ästen festgebundene Reh ist Sinnbild für den unruhigen Geist, der durch Yoga zur Strecke gebracht wird. Die Tränen, die der Jäger für seine Frau und Kinder vergoß, sind Ausdruck des Mitleids, das der Yogi für alle Geschöpfe hegt, die noch im Kreislauf des Leidens, des Lebens und des Todes, verstrickt sind *(Samsara)*. Die dreifaltigen Bel-Blätter, die er die ganze Nacht hindurch pflückte, stellen die drei Ströme *(Nadis)* dar, die Sonnen-, Mond- und Feuerkraft, die im Stirnchakra ihren Brennpunkt haben. Die aufgehende Sonne des neuen Tages ist die vollständige Erleuchtung, das Aufleuchten des Kronenchakras *(Sahasrara),* die Morgendämmerung des »vierten Zustandes« des Überbewußtseins *(Turiya).* Dieses Überbewußtsein erlaubte es dem Jäger, das Shiva-Linga am Fuß des Baumes zu erkennen. Er hatte Darshan mit dem Herrn, dann stieg er wieder in die Welt herunter. Der Bettler, der ihm begegnete, war kein anderer als sein irdisches Selbst, der alltägliche, sterbliche Mensch dieser Verkörperung. Die Nahrung, die er dem Bettler und seiner Familie zu essen gab, war die geistige Kost, die aus der Überwindung seiner Sympathien und Antipathien entstanden war. Es war altes, überwundenes Karma. Da aber nicht alles gegessen wurde, blieb noch ein kleiner Rest Karma übrig. Um das zu erledigen, wurde er noch einmal, als der tadellose König Chitrabhanu, wiedergeboren, ehe er vollends in Shiva einging.

Kaum ist Shivas Nacht vorbei, kommt schon das nächste tolle Fest. Es ist *Holi,* das auf den nächsten Vollmond fällt und den Übergang vom Monat Phalguna (Februar/März) zum Monat Chaitra (März/April) markiert. Es handelt sich um ein uraltes indogermanisches Frühlingsfest, das, wie unser Winteraustreiben (Lätare), mit dem Verbrennen eines Unholds in Form einer Puppe aus Stroh, Bambus und Lappen auf dem Scheiterhaufen gefeiert wird. Für die Anhänger Vishnus stellt diese Verbrennung die Tötung der kinderfressenden Hexe *Holika* durch Krishna dar.[121] Eine Geschichte, die ein bißchen an das Märchen von Hänsel und Gretel erinnert, erzählt von einem hochmütigen König, der von seinen Untertanen verlangte, sie sollen ihn als Gott anbeten. Sein einziger Sohn, der sich nicht dazu bewegen ließ, sondern weiterhin Vishnu anbetete, wurde der alten Hexe Holika übergeben. Die Alte, die durch ihre Zauberei feuerfest geworden war, sprang mit dem Jungen in ein großes Feuer, um ihn zu verbrennen. Er rief zu Gott, und das Wunder geschah – die Hexe verbrannte, er aber blieb unversehrt. Jedes Jahr wird die Hexe nun von neuem verbrannt.

Die Anhänger Shivas deuten das Frühlingsfeuer auf ihre Weise. Für sie ist das Feuer aus Shivas drittem Auge, das den Lüstling Kama, der sich im Frühling regt, zu Asche verbrennt. Für die Swamis, die das Vergeistigen der Sinne anstreben, ist es das Bild der Begierden und der Eigensinnigkeit, die im Feuer yogischer Übungen verglühen. Für das einfache Volk ist das Holifest einfach ein großer, lustiger Karneval. Die Buben sind schon die ganze vorhergehende Woche aufgeregt. Sie stehlen Holz für den Scheiterhaufen und bespritzen einander mit roter Farbe. In der Vollmondnacht zündet ein Brahmane den Holzstoß an, nachdem er ihn siebenmal umwandelt und einige Sanskritverse aufgesagt hat.

Am nächsten Morgen bricht ein Tohuwabohu aus. Mit einem übermütigen »Holi Ho« bewerfen sich die Feiernden mit Farbbeuteln. Keiner wird ausgenommen, weder Brahmane noch Polizist. Alles tropft und trieft in den verschiedensten Nuancen von Rot und Gelb. Es herrscht völlige Narrenfreiheit. Unflätigkeiten werden aus voller Kehle gebrüllt, über die verrücktesten Witze und Streiche wird gelacht, manche umarmen einander und küssen sich, andere wiederum prügeln sich. Dabei geht es zuweilen so wild zu, daß sich die Frauen ängstlich in den Häusern verstecken und den Touristen geraten wird, unter keinen Umständen ihr Hotelzimmer zu verlassen. Es kann vorkommen, daß man Touristen mit Dreck beschmeißt, ihnen die Haare vom Kopf rupft, sie in den Ganges schmeißt oder splitternackt auszieht und auslacht. Es kann aber ebensogut vorkommen, daß man sie in die Arme schließt, »Bhai« (Bruder) nennt und ihnen von Bhang und Stechapfel zu kosten gibt, wonach sich die Welt in reine Fantasie verwandelt. Es kommt eben ganz darauf an, wie ihre Köpfe angeschraubt sind. Groteske hölzerne Penisse, mit hellroten Eicheln werden auf den Straßen aufgestellt, unflätige, grobe Reden werden gehalten und suggestive Gesten gemacht. Die Männer brüsten sich mit dem Feuer ihrer Lenden. Die Frauen werden vor Lust schreien und um Gnade bitten! Zweifellos handelt es sich um ein uraltes, noch unverdorbenes Fruchtbarkeitsfest.

Gegen Mittag hört das tolle Treiben auf. Geister und sexgeile Satyre sind verschwunden. Die rote Farbe ist vom Leib gewaschen. Frische weiße Kleidung wird angezogen. Die Frauen wagen sich in ihren feinsten Saris auf die Straße. Man besucht Freunde, umarmt sie dreimal, tupft rotes Pulver (Sindur) auf ihre Stirn und schenkt ihnen süße Milchkugeln. Man besucht seinen Guru und berührt ehrfürchtig seine Füße. Die im Jahreslauf angesammelten Spannungen sind nach diesem Fest spürbar verflogen.

Kumbha Mela

Alle zwölf Jahre, wenn Jupiter im Wassermann steht, finden sich an einem von vier heiligen Orten mehrere Millionen Menschen ein. Gefeiert wird die »Krug Messe«, die *Kumbha Mela*, das größte Fest des Hinduismus. Dazwischen gibt es alle sechs Jahre die *Ardha Kumbha*, den »Halbkrug«. Der Krug, um den es hier geht, enthält den Trank der Unsterblichkeit, den Götter und Dämonen in schwerster, gemeinsamer Anstrengung aus dem Urmeer gequirlt haben. Als sich die mächtigen Widersacher um den Nektar stritten und dabei den Krug hin- und herrissen, fielen vier Tropfen seines Inhalts auf die Erde. Einer fiel zu Füßen des Himalaja, wo heute Hardwar (»Tor zu Gott«) liegt. Das ist auch der Ort, an dem der Weise Bhagiratha durch seine Bußübung den Abstieg des Ganges aus dem Himmel bewirkte. Ein weiterer Tropfen fiel in Prayag (heute Allahabad) zu Boden, wo sich die drei Ströme Jamuna, Ganges und der mystische, unsichtbare Fluß Sarasvati vereinen. Ein weiterer Tropfen fiel in der Stadt Ujjain nieder, wo sich ebenfalls ein Lichtlinga offenbarte, der letzte in Nasik. An jeweils einem dieser Orte treffen sich also alle zwölf Jahre unzählige Scharen von Gläubigen. Die Mela wird mit einem großen Umzug eröffnet. Allen voran gehen, ihrer Würde entsprechend, die nackten Babas, die wie wilde Urmenschen aussehen. Wie Shiva haben sie ihre verfilzten Haare auf dem Kopf aufgetürmt und tragen Dreizacke in den Händen. Einige von ihnen tragen, zum Zeichen ihrer Abstinenz (Brahmacharya), Nadeln durch den Penis. Ihnen folgen Sadhus, Heilige, Yogis, Fakire, Büßer und Gläubige aller Schattierungen, Gurus in Sänften, auf Elefanten, Kamelen oder Pferden. Alle drängen an den astrologisch günstigen Tagen herbei, um ein heiliges Bad zu nehmen oder für die Toten zu opfern *(Shraddha)*.

Der Andrang ist so groß, daß immer wieder die Gefahr einer Panik besteht, wie 1954, wo rund fünfhundert Menschen zertrampelt wurden. Während der Halbmela 1986 fanden rund fünfzig Menschen auf diese Weise den Tod. Auch die hygienischen Verhältnisse machen den Behörden heutzutage Kopfzerbrechen, denn allzuleicht grassieren Cholera, Ruhr und Massendurchfall.

Am schlimmsten muß wohl der »Krieg der Nagas« im vorigen Jahrhundert in Hardwar gewesen sein, als die nackten Babas (Nagas) mit ihren eisernen Dreizacken auf die Sannyasins losgingen und angeblich um die achtzehntausend davon entleibten. Seitdem macht kein Mönch, sei er noch so gelehrt oder fromm, diesen wilden Rudras den ersten Platz im Umzug mehr streitig.

Trotz alledem ist die Stimmung während dieses Festes einmalig auf der Welt, und viele, die die Kumbha Mela einmal miterlebt haben, läßt sie zeitlebens nicht mehr los. In dem bunten Chaos zerknittern die Vorstellungen von dem, was sein darf und was nicht. Da sieht man Heilige, die ihren Arm vor Jahren Shiva geweiht haben und ihn so lange in die Höhe hielten, daß die Hand nun wie eine dürre Vogelklaue aussieht. Andere haben geschworen, bis zum Ende ihres Lebens nur noch auf einem Bein zu stehen. Wiederum andere sitzen auf Nagelbetten, Dornen oder glühenden Kohlen, oder sie hängen sich schwere Steine an die Hoden. Neben Hungerkünstlern sieht man unglaublich dicke Gurus, die von schwitzenden Jüngern in Sänften herumgetragen und als Götterverkörperung verehrt werden. Hanfqualm, Weihrauch und Düfte aller Art, der blaue Dunst brennender Kuhfladen, die zum Kochen benutzt werden, Gesänge, Glockengebimmel und Gebetsgemurmel schwängern die geladene Atmosphäre, deren Sog sich keiner zu entziehen vermag. Überwältigt kann man nur noch »Bom Shiva« sagen.

XIV. Nachwort

Shiva macht Urlaub in Kalifornien

Der Stern der Gurus scheint im Sinken. Die große Wende hat stattgefunden – nicht nur in der Politik. »Genug Experimente«, entrüsten sich bitterernste Pastoren, Pauker und Politiker, indem sie die dicken Gurus als raffinierte Geldmacher, machthungrige Manipulatoren und Rattenfänger der Jugend entlarven. Mit erhobenem Zeigefinger schottet man sich gegen artfremde Einflüsse aus dem »luziferischen« Osten ab. Die Verhaftung Bhagwans in der Schrittmachernation der »freien« Welt hat wohl den gleichen Stellenwert wie die Manson-Affäre am Ende der sechziger Jahre. Die Meinungsmacher haben damit Mitte der Achtziger die Weichen gestellt.

Was helfen da Einwände wie: Zweifelsohne gibt es Gauner unter den Gurus – Maharishi Mahesh Yogi soll ein gerissener Shudra sein, ohne Zugang zu den Weihen; andere sollen schlicht der Kaste der Gaukler und Jongleure angehören –, aber deswegen überantwortet man doch nicht eine fünftausendjährige Kultur- und Geistesgeschichte, fünftausend Jahre des Suchens dem Mistkübel. Ohne Zweifel sprengen indische Imaginationen unsere Vorstellungs- und Begriffsraster, aber haben wir das nicht irgendwie nötig in diesen Zeiten, in denen der Wahlspruch der Jugend »No Future« heißt, Frauen sich keine Kinder mehr leisten können, Fische im Rhein mit dem Bauch nach oben schwimmen. Smog, Kernkraftwerke, chemische Waffen, Genmanipulation – sind das nicht alles Folgen unseres Denkens und Handelns auf der Grundlage bestimmter Vorstellungen und Denk- und Wahrnehmungsmethoden? Die Inder haben uns ihre Geistesblüten ebenso zu Füßen gelegt wie wir unsere ihnen zugetragen haben. Auch sie haben schwer an diesen Gaben aus dem rationalen, christlichen Westen zu kauen, an dem lebensfeindlichen materialistischen Weltbild, am Kolonialismus, den Missionaren, der strukturverzerrenden »Entwicklungshilfe«, die sich als verkappte Markterschließung herausstellt.

Erteilen wir auch noch dem Ethnologen das Wort, der die Gurus in ihrem Milieu kennt: Er weiß, daß man in Indien verständnisvoll über die menschlichen Schwächen der Heiligen lächelt. Die Gottesgegenwart leuchtet nicht unbedingt vierundzwanzig Stunden lang ununterbrochen durch sie hindurch. Schließlich sind sie immer noch Menschen. Auch Geld und Genuß (*Artha* und *Kama*) stehen nicht unbedingt im Gegensatz zur Erlösung und zum rechten Weg (*Moksha* und *Dharma*). Heiligsein bedeutet nicht, daß man bettelarm sein muß. Wer Gott realisiert hat, dem sollte es völlig gleich sein, ob er reich oder arm ist. Er haftet nicht am Besitz. Wenn ihm seine Verehrer sechsundneunzig Rolls-Royces und eine Armbanduhr für zweieinhalb Millionen Dollar schenken, kann er das annehmen. Indem ein Sadhu oder Heiliger eine Gabe annimmt, nimmt er gleichzeitig altes Karma an. Er befreit die Verehrer nicht so sehr vom materiellen Reichtum als vielmehr von alten karmischen Lasten, die noch an ihnen haften.[122]

Wenn sich ein Guru »Gott« nennt, ist das nur für die Hirne empörter Christen (oder auch Moslems und Materialisten) eine vermeintliche Anmaßung und Gotteslästerung, da sie ihre eigene kulturgebundene Vorstellung von Gott haben. Jeder ist letzten Endes Gott – der hinduistische Monismus verlangt das –, der Guru hat lediglich seine Göttlichkeit »verstanden« oder erfahren und zeigt den anderen den Weg dazu. Der Guru ist Gott, aber nicht in seiner beschränkten Persönlichkeit. Nicht dieser gilt die absolute Verehrung seiner Anhänger, sondern dem Shiva, der durch ihn hindurch wirkt. Von außen gesehen erscheint die Verehrung eines Gurus wie die totale Hörigkeit, die dem auf Egoismus und Persönlichkeit bedachten Abendländer ein Greuel, eine Vergewaltigung der individuellen Freiheit ist. Nach indischem Verständnis aber ist der Guru als Persönlichkeit gar nicht da. Er ist leer; er ist ein glatter Spiegel, in dem der Gottsucher sein eigenes Selbst entdecken kann.

Die Zeiten des gegenseitigen Bestaunens haben der Ernüchterung, wenn nicht gar der Enttäuschung Platz gemacht. Man zieht sich auf seine Ethnozentrismen zurück. Die Zeiten der Hippies und »Euro-Sadhus« an den jungfräulichen Stränden von Goa, den Leichenverbrennungsstätten von Benares oder auf dem Durbar Square in Kathmandu, wo Shiva und Parvati von ihrer Fensternische am Tempel freundlich auf das Treiben blicken, sind fast in Vergessenheit geraten. Keine Hippies (amerikanisch *hip* = um ein Geheimnis wissend) mit fließenden Haaren und Rauschebärten, in buntem Samt oder weißer

Baumwolle, den Duft der Freiheit ausströmend, kommen mehr mit dem »Shivoham« auf den Lippen aus dem Märchenland zurück. Selbst in Indien ist das Wort »Hippie« anrüchig geworden: es sind Mlechhas, die noch unterhalb der Unberührbaren rangieren. Der aufgeklärte Inder erkennt sie an Rucksäcken, langen Haaren und am Drogenkonsum. »Sie verführen unsere Jugend, bringen Heroin und nun auch Aids«, heißt es. An ihnen ist nichts zu verdienen. Sie passen nicht in das Bild der angestrebten Modernisierung.

Was aber ist aus den Abermillionen Blumenkindern geworden, deren vorübergehende Flucht aus dem Wohlstandsparadies durch Indien führte? Die meisten haben sich besonnen und sind auf Gedeih und Verderb wieder voll eingestiegen. Andere drifteten in die »Szene« ab und versuchten es in den siebziger Jahren mit Kommunen, religiösen Bewegungen, Therapien und neuen Modellen.

Besonders in Kalifornien, wo Amerika am amerikanischsten ist, wurde experimentiert. *Kali*-fornia könnte gut nach Kali benannt worden sein, denn nirgendwo geht es kulturell chaotischer zu, nirgendwo (außer vielleicht in Hawaii oder Australien) sind die abendländischen Traditionen so fadenscheinig geworden wie dort. In Europa dagegen wirken die Traditionen (Familienbindungen, Konfession, Mundart, Heimatgefühl) noch stark aus dem Hintergrund – trotz technologischer und sozio-ökonomischer Umwälzungen und verheerender Kriege. In den Vereinigten Staaten, dem Schmelztiegel verschiedenster Kulturen, Konfessionen und Sprachen hat sich der »American Way of Life« als Traditionssurrogat herausgebildet. Wer damit nicht zurechtkam, floh noch weiter nach Westen, jenseits der Rocky Mountains, wo jede Verwurzelung in irgendeiner Tradition der freien Experimentierfreudigkeit völlig das Feld räumte. Die ersten Kalifornier ließen im Eifer des Goldrausches alles hinter sich und berauschen sich noch immer an allem, was glitzert. Jede neue Idee wird begeistert ausprobiert, groß aufgebauscht und ebenso schnell wieder fallengelassen.

In seiner Traditionslosigkeit entwickelte sich Kalifornien zu einem Hexenkessel der Illusion, der am laufenden Band neue Fantasiewelten hervorbringt: Hollywood und Walt Disney, Sekten wie Jonestown und die Church of Satan, die Hippie- und Drogenwelle, Charlie Manson und Ronald Reagan mit seinen Sternkriegerfantasien, die Grauen Panther und die Gay Liberation (Schwulenbefreiungsbewegung), Silicon Valley und Computerchips, das explodierende Space Shuttle, die sanfte Verschwörung des Wassermannzeitalters und nun die New Age Spirituality von Esalen bis Lindisfarne. Wahnwitzig, diese Wasserscheide zwischen rational-materialistischem Westen und mystisch-pragmatischem Osten, wo altindisches, zenbuddhistisches, taoistisches, rechts- und linksradikales, satanistisches und fundamentalistisches christliches Gedankengut in einer abenteuerlichen Geistesalchemie zusammengebraut werden.

Die indischen Gurus kamen zu Wort, nachdem nicht nur einige Studenten und Künstler, sondern gewöhnliche Bürger und Schulkinder mit LSD, Meskalin und anderen Psychedelika die Pforten ihrer Seelen aufsprengten und sich in den Weiten des inneren Weltraums verloren. Da konnten nur die Gurus helfen, denn niemand hatte längere und gründlichere Erfahrungen mit diesen endlosen Dimensionen als die Inder. Seit Jahrtausenden haben sie in diese Räume hineingelauscht, haben die Himmel und Höllen mit Namen belegt und ihre Bewohner, die Geister, Götter und Dämonen, kennengelernt. Niemand unter den Hindus hat diesbezüglich mehr Erfahrung als die Shivaiten.

So konnte der Diabolos Rudra, der Tandava-Tänzer im Lande Kalis an der Pazifikküste leicht Fuß fassen. Das Land, wo nicht einmal der Erdboden ruhig bleibt und Städte wie San Francisco jederzeit in den Abgrund rutschen können, war sein Tor zum Westen, aber er mutierte beim Durchgang durch diesen Hexenkessel. Ihm erging es wie dem russischen Roman bei Readers Digest. Die *haute cuisine* der indischen Metapyhsik wurde zum *fast food*: Dharma Hamburger, Moksha Cheeseburger mit Dhyana Ketchup und noch etwas Würze aus dem Zen-, Sufi- und Psychoanalyse-Beutel. Fünftausend Jahre Hinduismus wurden schnell verdaut und auf den gemeinsamen Nenner reduziert, der verdächtig nach dem schnellen Dollar roch. Nachdem er in dieser Garküche des Absurden so gefiltert und vorgekaut worden war, wurde er nach New York, London, Amsterdam und Berlin verfrachtet, ehe er im dritten Stadium nach Ostberlin, Prag, Warschau und schließlich Moskau gelangte – dort gilt Yoga als nahezu staatsgefährdend; gleichzeitig kiffen immer mehr junge Sovjets.

Yoga, Tantra, Ayurveda, Shiva-Shakti-Klang, Meditationen – Shiva fand in Kalifornien Eingang durch viele Tore. Schon in den zwanziger und dreißiger Jahren schwebte Swami Paramahamsa Yogananda durch den Sonnenstaat und rüttelte an der Kundalini der

Kalifornier. Der Indienfreak Aldous Huxley (dessen Guru Swami Prabhanvananda war) lebte bevorzugt in Kalifornien, verbreitete shivaitische Ideen und beeinflußte Michael Murphy. Zusammen mit Richard Price gründete Michael Murphy (der übrigens auch einige Zeit im Ashram Sri Aurobindos in Pondicherry verbracht hat) 1962 das richtungweisende New Age Zentrum *Esalin* am Big Sur. Swami Muktananda (Siddha Yoga Program) hat ebenfalls den Brei gewürzt. Der Swami, der von seinen Verehrern als Verkörperung Shivas gefeiert wird, hat den früheren LSD-Professor und Szenen-Ideologen Richard Alpert, genannt »Baba Ram Das«, ebenso beeinflußt wie die Lehre des Werner Erhard (EST). Shiva ist ebenso im East-West-Center in Los Angeles zu Hause wie in den vielen Growth Centers und Seminaren mit ihrem Gemisch aus östlicher Weisheit und westlicher Psychotherapie. Der Psychoanalytiker und Erfolgsautor Sheldon Kopp benutzt das Modell Shiva, um die tieferen, transpersonalen Schichten des Bewußtseins auszuloten. In seinem Buch *Here I am, wasn't I?* gebraucht er die integrative Symbolik der Mythologie Shivas und Kalis, um mit den zersetzenden, bedrohlichen Schattenseiten des Daseins fertig zu werden.[123] Einige alternative Ärzte bedienen sich ähnlicher Modelle, um die neuerdings interessant gewordene Sterbehilfe zu leisten.

Noch immer finden junge Menschen zu den sogenannten Jugendsekten. Manch einer fühlt sich als überflüssiger Störfaktor in der total regulierten Maschinerie und hat keine Hoffnung mehr. Plötzlich kapiert er den Sinn des Ganzen, hört vom göttlichen Selbst, wird vom Baba oder Guru geliebt, kommt von den Drogen runter und bekommt »shelter in the storm«. Da sind beispielsweise die Ananda Margiis, Anhänger des Baba Anandamurti, die in den Städten Naturkostläden, Wohngemeinschaften, Kindergärten und Heilpraxen aufbauen. Sie verehren Shiva-Shakti als die einzige alldurchdringende Wirklichkeit. Sie versuchen die Kundalini-Schlange zu wecken, Siddhi-Zauberkräfte zu entfalten und dadurch die Gesellschaft zu reformieren. Ihr Baba, der als Kind von Shiva im Sturm mehrmals über den Ganges getragen wurde, gilt als Erscheinung des Gottes. In den ersten Zeitaltern sei Shiva als aschebedeckter Asket erschienen; im letzten Zeitalter sei er als der flötenspielende Kuhhirte Krishna auf die Welt gekommen; nun, in diesem dunklen Kali Yuga sei seine Erscheinungsform keine andere als eben die des Baba Anandamurti, eines ehemaligen bengalischen Eisenbahnarbeiters, der wegen seiner politischen Umtriebe jahrelang in Gefängnissen schmachtete.

Andere Gruppen und Sekten, wie die Divine Life Society Sivanandas, die Ramakrishna Mission, die Divine Light Mission des Guru Maharaji oder die Transzendentale Meditation, vertreten, offen oder verdeckt, mehr oder weniger shivaitisches und tantristisches Gedankengut. Als »einziger lebender tantrischer Meister« verkündet der Sikh Yogi Bhajan die Lehre der drei HO (Happy-Healthy-Holy-Organization), die besonders in Kalifornien erfolgreich ist.

Auch in Indien ist der Funke noch nicht erloschen. Noch immer wallfahren abendländische Freaks nach Manali, Hardwar, Rishikesh und anderen, dem Shiva heiligen Orten im Himalaja. Oder sie machen die Magical-Mystery-Bom-Shankar Pilgertour. Die Route geht durch das goldene Tor von Bombay, wo die erste Tola gekauft wird, und dann zu den Stränden von Goa, Calicut oder Kovalam, wo die alten Klamotten abgelegt werden und der Zivilisationsschmutz im Reinigungsbad weggeschwemmt wird. Mit dem Chilam im Beutel und immer im freundlichen Kontakt mit den Sadhus, geht die Route hinunter nach Kanya Kumari, dem Muladharachakra Indiens, dann hinauf nach Benares, dem Ajnachakra, schließlich nach Kathmandu und neuerdings nach Lhasa in Tibet, dem Sahasrarachakra. Leberentzündung, Schwären, Ruhr und Durchfall läutern dem Pilger die Unreinheiten aus Leib und Seele und geben ihm einen verklärten Blick, der die Kameratouristen, die ihm zufällig über den Weg laufen, erschrekken. Da treffen sich tanzende, rotgekleidete Bhagwanis mit levitierenden Sai Baba-Anhängern und tauschen Informationen aus den höheren, ätherischen Regionen. Eine Babaji-Anhängerin, die nach Indien fuhr, um den Guru zu fragen, ob er wirklich Shiva sei, erfährt auf dieser Tour, daß sie selber Shiva ist. Da werden magische Amulette gesammelt, das dritte Auge eintätowiert, Visionen erzählt, Heilige aufgesucht und von dem neuen goldenen Zeitalter gesprochen, das Shiva einleiten wird, sobald die durch Meditation und sauberen Lebenswandel erzeugten Schwingungen stark genug sind.

Diese Dichter einer neuen Wirklichkeit heilen ihre zerklüfteten Seelen, indem sie die voneinander getrennten Hälften der Welt verbinden. Sie sprechen von einer magischen Achse, die durch die Erde geht und das Hopiland mit Tibet verbindet, und tragen Türkise von beiden Orten. Sie geben Kunde von magisch-magnetischen Strömungen zwischem dem heiligen Berg Mount Shasta in Nordkalifornien (wo, wie die Indianer sagen, die Tiergeister leben) und dem Berg Kailash im westlichen Tibet, wo der Herr der Tiere sitzt.

Die Suche nach Gemeinsamkeiten treibt seltsame Blüten. Ein »Erleuchteter« aus Australien erzählt beispielsweise, daß Jesus und Buddha shivaitische Sadhus waren. Jesus habe in den in der Bibel verschwiegenen Jahren in Kashmir gelebt und in der Höhle von Amanath das Shiva-Linga angebetet. In Jerusalem wurde er gekreuzigt. Da er aber ein Shiva-Yogi war, begab er sich in Tieftrance und galt als tot. Nach drei Tagen kehrten, dank seiner Siddhi-Kraft, seine Lebensgeister zurück, und er levitierte den Stein weg. Weil die Häscher hinter ihm her waren, mußte er Palästina verlassen und ist mit Maria und Thomas wieder nach Indien gewandert. Im Alter von 108 Jahren hat Jesus in der Stadt des »Herrn der Schlangen«, Srinagar, im damals noch buddhistisch-hinduistischen Kashmirtal seinen physischen Leib abgelegt. Die Buddhisten in Ladakh können sich noch an ihn als leibhaftigen Bodhisattva erinnern. Das Grabmal des *Isai* (Jesus) kann man, ebenso wie das der Maria, tatsächlich noch in Srinagar besuchen, wo es von den Moslems als das Grab eines islamischen Heiligen verehrt wird.

Shiva ist den Freaks sympathisch, denn er ist der größte aller Freaks – verkannt und ausgestoßen – und wird für den Teufel gehalten, wo er doch Mahadev selber ist. Aber Shiva gehört nicht nur denen, die sich vom harten Boden des realitätsbezogenen Denkens entfernt haben. Vieles ist in den Gedanken und Vorstellungen der Indienbesucher aus den sechziger und siebziger Jahren haften geblieben und wirkt nun gestaltend in den gesellschaftlichen Prozessen. Die *New Age Bewegung,* die sich bemüht, wissenschaftliche Methoden wieder mit spirituellen Traditionen zu verbinden und nach Ganzheit und Holismus sucht, trägt den Stempel einer Generation, die Erfahrungen mit indischem Gedankengut gemacht hat.

Für das jüdisch-christlich-islamische Wirklichkeitsverständnis ist Gott das »ganz Andere«, das Heilige. Die Schöpfung dagegen ist Subjekt, ist profan. Nicht so in Indien: Shiva ist die Ganzheit, die Subjekt und Objekt beinhaltet, die man nicht teilen kann.

Rupert Sheldrake, einer der Stars unter den New Age Denkern, hat die revolutionäre Theorie der ganzheitlichen, morphologischen Lebensfelder entwickelt, die sich in Raum und Zeit in Lebewesen manifestieren und gleichzeitig als nichtmaterielle Konfigurationen über Raum und Zeit hinaus wirken. Man muß wissen, daß dieser geniale Biologe seine Theorie in Indien entwickelt hat, als er 1974 bis 78 am Internationalen Getreideforschungsinstitut forschte.[124]

Es paßt zu der neuen ganzheitlichen Gesinnung, daß der Dalai Lama, die irdische Verkörperung des Avalokiteshvara, und der Erforscher der Kundalini-Kraft, Pandit Gopi Krishna, im September 1983 zusammen mit namhaften Wissenschaftlern zur New Age Tagung nach Alpbach (Tirol) eingeladen wurden.[125] Auf derselben Tagung berichtete der Musikwissenschaftler Joachim-Ernst Berendt von der Wiederbelebung der Obertonmusik im Westen nach der Berührung mit der klassischen indischen Musik in den sechziger Jahren. Man muß wissen, daß die klassische indische Musik (wie einst auch die mittelalterliche europäische) Gott (Shiva) geweiht ist und mit einem Puja beginnt. Der größte Exponent dieser Musik trägt Shivas Namen – Ravi *Shankar*. Obertonmusik ist nicht auf beabsichtigte, isolierte Töne fixiert, sondern öffnet sich den mitschwingenden Obertönen und läßt Klanggebilde entstehen, die nach Ansicht der Inder, ebenso wie die Mantras, in die geistige Welt bis hin zur Gottheit reichen.

In dem ganzen Paradigmawechsel, der die neuere Philosophie ebenso wie die Wissenschaft durchzieht, schwingt die Indienerfahrung mit. Der Bremer Mathematiker H. O. Peitgen beispielsweise verbindet den Shiva-Gedanken mit dem mysteriösen, immer präsenten »Apfelmännchen« oder »Mandelbrotmann« (nach dem Formulierer der fraktalen Geometrie, B. Mandelbaum), der sich als unerfaßbare Restsumme in der Berechnung von Turbulenzen, Wolkengebilden, Flüssigkeitsbewegungen, Küstenlinien, dem Quadrieren von Zahlen und bei konvergierenden Mengen ergibt. Der Tanz Shivas, das schöpferische Zusammenspiel von Chaos und Ordnung, kommt ihm dabei in den Sinn.

Es sind also nicht nur die Freaks am eher künstlerischen Ende des Spektrums, sondern auch aufgeschlossene Akademiker, die bei Mahadev neue Anregung finden – und so bringt der Feuergott vielleicht doch noch das Packeis Grönlands zum Schmelzen.

230

Anmerkungen

I. Wanderung zur Quelle der Zeit

1 »Gelobet seist du, Jesu Christ«, vorreformatorisches Lied, Verse von Martin Luther, 1524.
2 Chaudhuri, Nirad C.: *Hinduism, a Religion to Live by*. Oxford University Press, Oxford und New York, 1979; Seite 240.
3 Döbler, Hannsferdinand: *Die Germanen – Legende und Wirklichkeit von A bis Z*. Prisma Verlag, Barcelona, 1975; Seite 215.
4 Jettmar, Karl: »Skythen und Haschisch« in: *Rausch und Realität*. Band 2; herausgegeben von Gisela Völger und Karin von Welck; Rowohlt Taschenbuch Verlag, Hamburg, 1982; Seite 531.
5 Zimmer, Heinrich: *Philosophie und Religion Indiens*. Suhrkamp Taschenbuch Wissenschaft 26, Frankfurt, 1973; Seite 450. Ob weitere Verbindungen bestehen zwischen Shiva und dem ebenfalls auf einem weißen Stier reitenden Rauschgott Dionysos oder zwischen dem Götterpaar Shiva/Parvati und dem Bogenschützen Apollo mit seiner Zwillingsschwester, der wilden Jägerin Diana, die ebenfalls eine Mondsichel auf der Stirn trägt, ist im Rahmen dieses Buches nicht zu klären.
6 Basham, A. L.: *The Wonder that was India*. Rupa Paperback, Calcutta und New Delhi, 1967; Seite 358.
7 *Speaking of Siva*. Übersetzt und mit einer Einleitung von A. K. Ramanujan. Penguin Classics, Harmondsworth, Middlesex, England, 1979; Seite 20.
8 Mehta, Gita: *Karma Cola*. Wilhelm Heyne Verlag, München, 1984.

II. Feuer und Eis

9 Das Lesen in der »Akasha Chronik« beruht auf der Grundannahme, daß jedes physikalische Ereignis spezifische Schwingungen erzeugt, die ihre subtilen Abdrücke im Äther *(Akasha)* hinterlassen und von dem, der die geistigen Organe dazu entwickelt hat, konstatiert werden können. Dieses Lesen ist nur »Eingeweihten« vorbehalten, die eine Geistesschulung durchgemacht haben, das heißt bestimmte Meditationen, verbunden mit Regeln der Lebensführung, wie beispielsweise fleischlose Diät und Alkoholabstinenz, was zur Öffnung des »dritten Auges« führen soll.
10 *Brahman* ist die alles durchdringende heilige Kraft, die das Weltall durchströmt. Sie ist nicht zu verwechseln mit *Brahma*, dem Schöpfergott, der diese Kraft in Gang setzt, oder mit den *Brahmanen*, den Priestern, die mit dieser Kraft umzugehen wissen.
11 *Mantras* sind kraftgeladene, wirkungsvolle Zaubersprüche.

231

12 Auch der Rütli-Schwur zur Geburtsstunde der Schweizer Nation fand an einem heiligen Feuer statt, dem schon den Kelten bekannten Augustfeuer. Die biblische Pfingstgeschichte von den Feuerzungen, die sich auf die Gläubigen senken und sie in Zungen reden ließ, hebt die Verbindung von Sprache und Feuer ebenfalls hervor.

13 Storl, Wolf-Dieter: *Der Garten als Mikrokosmos*. Verlag Hermann Bauer, Freiburg im Breisgau, 1982; Seite 122.

14 Biezais, Haralds: »Baltische Religion« in: *Germanische und Baltische Religion*. Verlag W. Kohlhammer, Stuttgart, 1975; Seite 340.

15 Das Wort *Hammer* geht interessanterweise aus dem indogermanischen Begriff *akmen* hervor, der etwa »der aus dem Himmel gefallene Stein« bedeutet. Vergleiche dazu: altindisch *aśman* (Stein, Himmel), griechisch *akmon* (Amboß, Meteorstein, Himmel), germanisch und slavisch *kamen* (Stein).

16 Das Wort *Schamane* kam durch buddhistische Mönche aus der Pali-Sprache *(samana)* in den Sprachschatz der sibirischen Völker und bedeutet »Zauberer«, »Beschwörer« und »Tänzer«. Es geht auf das Sanskritwort *śramana* (Asket, Übender) zurück und entspringt der Wurzel *śram* (üben, anstrengen, sich *erhitzen*). Der Ashram *(ashrama)* ist ein Ort für solche asketischen Übungen. Siehe: Storl, Wolf-Dieter: *Vom rechten Umgang mit heilenden Pflanzen*. Verlag Hermann Bauer, Freiburg im Breisgau, 1986; Seite 108.

17 Markale, Jean: *Die Druiden*. Dianus-Trikont Buchverlag, München, 1985; Seite 159.

18 Das Alter dieser Einrichtung (des Schwitzbades), die jedem Schamanisieren vorangeht, ist schon durch seine weite Verbreitung von Skandinavien (Sauna) bis nach Amerika belegt. Die Urindianer, die vor dreißig- bis fünfzigtausend Jahren die Landbrücke der heutigen Beringstraße überschritten, hatten es aus der alten Welt mitgebracht und zum Mittelpunkt ihrer heiligen Seancen gemacht. Dabei wird eine Grube ausgehoben, mit Weidenästen – die die Rippen des »Muttertieres« darstellen – überspannt und mit Fellen bedeckt. Die Teilnehmer sitzen nackt im »Bauch« und singen magische Lieder, während Wasser über die glühend heißen Steine gegossen wird. Gereinigt und geheiligt werden sie »wiedergeboren«.

III. Der Schamanengott mit seinem schwarzen Hund

19 Aiyar, T. R. Rajagopala: *Sri Rudram And Chamakam*. Bharatiya Vidya Bhavan, Bombay, 1985.

20 Ein alter Cowboy, den die Indianer zum Essen eingeladen hatten, erzählte mir, wie sehr er erschrak, als er feststellte, daß die schmackhafte Suppe, die er löffelte, aus jungen Welpen bestand. Während man in Ostasien Hunde noch ißt, haben die Völker Australiens, Afrikas und die Indoeuropäer das Gericht mit einem Tabu belegt – den besten Freund des Menschen ißt man nicht.

21 Storl, Wolf-Dieter: *Shamanism among Americans of European Origin*. Dissertation, Universität Bern, 1974.

22 Eliade, Mircea: *Schamanismus und archaische Ekstasetechnik*. Suhrkamp Taschenbuch Wissenschaft 126, Frankfurt, 1982; Seite 432.

23 Davidson, H. R. Ellis: *Gods and Myths of Northern Europe*. Penguin Books, Harmondsworth, Middlesex, England, 1969; Seite 142.

24 Eliade: *Schamanismus*. op. cit., 1982; Seite 55.

25 Chaudhuri, Nirad C.: *Hinduism*. op. cit., 1979; Seite 185.

26 Um die unersättliche Geldgier seiner Landsleute zu illustrieren, berichtet Nirad Chaudhuri von einem jungen Bengalen, der für fünf Rupies die Wette abschloß, daß er ein Häufchen Menschenkot schlucken könne. Kaum hatte er die Wette gewonnen, wurde er schon als heiliger Siddhi anerkannt, denn nur jemand, der seine gemeinen menschlichen Beschränkungen hinter sich gelassen hatte, würde so etwas fertigbringen. Bald hatte er sogar Verehrer. Nirad C. Chaudhuri: *The Continent of Circe*. Jaico Publishing House, Bombay, 1983.

27 Karunakar, Vaidya: *Nepalese Folk Stories and Tales*. Purna Bookstall, 1978, Kathmandu, Nepal; Seite 23–30.

28 Lübbig, Hermann: *Oldenburgische Sagen*. Heinz Holzberg Verlag, Oldenburg, 1980; Seite 1.

29 Persönliche Mitteilung des Nepalforschers Eugen Jung.

30 Ström, Åke V.: *Germanische Religion*. Verlag W. Kohlhammer, Stuttgart, 1975; Seite 121.

IV. Der göttliche Phallus

31 Bei den Anbetern Vishnus spielt die schwarze Versteinerung eines prähistorischen Kopffüßlers, das *Salagrama*, die gleiche Rolle wie das Linga als Zeichen des undarstellbaren, unaussprechlichen Mysteriums.
Seit der Altsteinzeit kennt man die Verehrung schweigender Steine (den Lingas ähnlich). Menhire, Dolmen, Monolithen, Findlinge und Säulen wurden als Wohnorte der Götter, Toten und Ahnengeister und als Quelle der Fruchtbarkeit und Inspiration verehrt. Sie galten als Mitte des Universums (wie beispielsweise die Ka'aba in Mekka). Oft suchten Frauen sie auf, um fruchtbar zu werden, indem sie sie berührten. Auch unsere Denkmäler sind nichts anderes als solche (über)zeugenden Steine, nur hat man sie behauen, um dem schwindenden Vorstellungsvermögen des modernen Menschen nachzuhelfen.

32 Daß sich das feurige Urlinga gleichzeitig an mehreren Orten manifestiert haben soll, ist für die Inder ebensowenig paradox wie die Behauptung, daß jede Gottheit der allmächtige, einzige Gott ist.
»Selbstgeborene« Lichtlingas sind: 1. Der »Herr des Mondes« in Somnath im Gujarat. 2. Der Berg Shri am Krishnafluß. 3. »Der große Herr des Todes« in der heiligen Stadt Ujjain. 4. Omkara an verschiedenen Orten. 5. Amareswara, der »Gott der Götter« ebenfalls in Ujjain. 6. Der »Herr der Ärzte« in Deogarh (Bengalen). 7. Rameswara auf einer Insel zwischen Indien und Ceylon. 8. Bhima Sankara in Dakini. 9. »Der Herr des Universums«, Visvesvara in Benares. 10. »Drei Augen«, Tryambaka am Gomati Fluß. 11. »Der Herr von Gautama«. 12. Kedarnath im Himalaja.

33 Das *Mahabharata* ist die um 300 vor Christus niedergeschriebene Heldendichtung, die von den Kämpfen zwischen den arischen Sippen der Kauravas und Pandavas berichtet. Die letzteren wurden unrechtmäßig aus ihrem Königreich

verbannt. Das Epos enthält das »Lied des Erhabenen« (Bhagavadgita). Der Erhabene ist Krishna, ein Avatar Vishnus, der sich beiden Seiten anbietet. Die Kauravas wählen seine Macht und Herrlichkeit; Arjuna und die Pandavas wählen den Gott selber. So wird Krishna der Wagenlenker des Helden Arjuna. Ehe die Entscheidungsschlacht beginnt, offenbart ihm Krishna das Wesen Gottes, der Welt und der Seele. Er lehrt den Weg des wunschlosen, pflichtgemäßen Handelns und der bedingungslosen Hingabe an Gott. Nur das rettet aus dem Rad der Wiedergeburten.

34 Sri Swami Sivananda: *Lord Siva and his Worship*. The Divine Life Society, Shivanandanagar, Tehri-Garhwal, U. P., 1984; Seite 143–44.

V. Shankar, der Yogi auf dem Berg

35 Shiva ist außen weiß und innen schwarz, genau das Gegenteil von Krishna, der außen schwarz und innen weiß ist.

36 Man vergleiche die aus den indogermanischen Sprachwurzeln *men* (denken, geistig erregt sein) und *menot* (Mond) entstandenen Begriffe, wie beispielsweise Sanskrit *man* (denken), lateinisch *mens* (Sinn, Denktätigkeit), lateinisch *mentiri* (dichten, lügen), lateinisch *mensis* (Monatsfluß), lateinisch *memor* (erinnern), englisch *mind* und so weiter.

37 Zuweilen wird das OM in Shankars Mondsichel gemalt. Die Bedeutung ist: Aus der Vereinigung von Shiva und seiner Shakti entsteht der Urklang OM. Aus dem OM wird der Samen *(bindu)* der Erscheinungswelt geboren. An diesem Punkt erscheint die Welt aus dem schwangeren Nichts, wie die neue Mondsichel aus dem schwarzen Nachthimmel. Beim Menschen wird dieser Punkt *(bindu)* zwischen den Augenbrauen, gerade unterhalb des Scheitelauges angedeutet. Manchmal wird der Punkt mit einer senkrechten Linie, wie »in zwei Erbsenhälften« geteilt, wobei der Strich das »Ich« und die beiden Hälften das »Das« darstellen. Shiva und Shakti, vereint im obersten Chakra, im tausendblättrigen Sahasrara, sind wie der unmanifestierte Neumond. Der Urklang OM ist wie die gerade erschienene Mondsichel. Das Bindu-Pünktchen ist der Vollmond beziehungsweise die Welt der Erscheinungen.
Siehe: Swami Swahananda: *Hindu Symbology and other Essays*. Sri Ramakrishna Math, Madras, 1983; Seite 16.

38 Majupuria, T. R., und Majupuria, I.: *Pashupatinath*. M. Devi Lalipur Colony, Lashkar (Gwalior) India, 1982; Seite 221.

39 Aiyar Rajagopala, T. R.: *Sri Rudram and Chamakam*. Bharatiya Vidya Bhavan, Bombay, 1985; Bhagavatam Daksha Yagna.

40 Meyer, Rudolf: *Die Weisheit der deutschen Volksmärchen*. Fischer Taschenbuch Verlag, Perspektiven der Anthroposophie, Frankfurt, 1985; Seite 82.

41 Storl, Wolf-Dieter: *Vom rechten Umgang mit heilenden Pflanzen*. Verlag Hermann Bauer, Freiburg, 1986; Seite 120.

42 Eliade: *Schamanismus*, op. cit., 1982; Seite 186.

43 Zimmer, Heinrich: *Philosophie und Religion Indiens*. Suhrkamp Taschenbuch, Frankfurt, 1973; Seite 192.

44 Krishna, Gopi: *The Dawn of a New Science*. Kundalini Research and Publication Trust, New Delhi, 1978; Seite 60.

45 Basham: *The Wonder that was India.* 1982, op. cit.; Seite 23.

46 Wenn die Welt schlecht wird, nimmt Gott (Vishnu) eine physische Inkarnation (Avatara) an, um das Dharma, die heilige Ordnung, wiederherzustellen. Die Avatare sind Vishnu als Fisch (Matsya), als Schildkröte (Kurma), als Eber (Varaha), als Mannlöwe (Narasimha), als Zwerg (Vamana), als Rama mit der Axt, als Rama, als Krishna, als Buddha, und in Zukunft, am Ende dieses Zeitalters, kommt er als Kalki auf einem weißen Roß geritten, um das Recht wiederherzustellen.

47 O'Flaherty, Wendy D.: *Hindu Myths.* Penguin Books, Harmondsworth, Middlesex, England, 1976; Seite 145.

48 Harshananda, Swami: *Hindu Gods and Goddesses.* Sri Ramaskrishna Ashrama, Mysore, 1982; Seiten 182–186.

49 Ozols, Jacob T.: »Zur Altersfrage des Schamanismus« in: *Sehnsucht nach dem Ursprung.* Herausgegeben von Hans Peter Duerr, Syndikat, Frankfurt, 1983; Seite 137.

50 *Wörterbuch der Deutschen Volkskunde.* Herausgegeben von Oswald A. Erich und Richard Beitl; Alfred Kröner Verlag, Stuttgart, 1974; Seite 247.

51 Findeisen, Hans und Gehrts, Heino: *Die Schamanen.* Diederichs Gelbe Reihe, Eugen Diederichs Verlag, Köln, 1983; Seite 116.

52 Ravenscroft, Trevor: *The Spear of Destiny.* G. P. Putnam's Sons, New York, 1973.

53 König, Kardinal Franz: *Der Glaube der Menschen.* Verlag des Borromäusvereins, Bonn, 1985; Seite 14.

54 Gorsleben, Rudolf John: *Hoch-Zeit der Menschheit.* Koehler & Amelang, Leipzig, 1930; Seite 475.

55 Swahananda, Swami: *Hindu Symbology and other Essays.* Sri Ramakrishna Math, Madras, 1983; Seite 25.

VI. Der Flammentänzer des Südens

56 Sivananda: *Lord Shiva and his Worship.* 1984, op. cit.; Seite 70.

57 In Nordeurasien wird der Trommelring oft mit Rentierhaut bespannt. Der Schamane reitet ein Rentier durch die Lüfte. Die Symbolik wurde auf den nordischen Sankt Nikolaus, der mit einem Rentierschlitten vom Nordpol kommt, übertragen. In den Weihenächten der Wintersonnenwende kommt er geflogen, klettert durch den Schornstein ins Haus und hinterläßt seine Gaben.

58 Eliade: *Schamanismus.* 1982, op. cit.; Seite 169.

VII. Die glückliche Familie

59 Auch in anderen Kulturkreisen tritt der Vahana-Gedanke auf: Vishnu fliegt wie Zeus auf einem Adler; Wotan reitet auf einem Schimmel; Donars Wagen wird von Ziegenböcken gezogen, Freyas von Raubkatzen, Nerthus von Kühen, der der Frühlingsgöttin Ostera von Hasen, den Osterhasen also, und so weiter.

60 Chaudhuri: *Hinduism.* 1979, op. cit.; Seite 225.

235

61 Wilkins, W. J.: *Hindu Mythology, Vedic and Puranic*. Rupa Paperback, Calcutta, Allahabad, Bombay, Delhi, 1982; Seiten 335–337.
62 Sivananda, Sri Swami: *Hindu Fasts and Festivals*. The Divine Life Society, The Yogi Vedanta Forest Academy Press, Shivanandanagar, India, 1983; Seite 107.
63 Dabu, D. K. S.: *Message of Zarathushtra*. The New Book Co. Private Ltd. Bombay, 1959; Seite 155.
64 Eck, Diana L.: *Banaras: City of Light*. Routledge & Kegan Paul Ltd., London, 1983; Seite 140.

VIII. Die Zerstörung des Opfers

65 Dimmitt, C., und Van Buitenen, J. A. B.: *Classical Hindu Mythology*. Rupa Paperbacks, New Delhi, 1983; Seite 216.
66 Die Ashwins sind den Dioskuren verwandte indogermanische Zwillingsgötter, die in dem Sternbild der Zwillinge sowie in den christlichen Heiligen Kosmas und Damien, den Schutzpatronen der Ärzte und Apotheker, weiterleben.
67 Basham: *The Wonder that was India*. 1982, op. cit.; Seite 188.
68 In den Heiratsanzeigen, die oft ganze Seiten indischer Zeitungen füllen, wird neben akademischem Grad und Familienstatus oft die Hellhäutigkeit »wheat-colored complexion« als erwünscht angegeben.
69 Noch immer kommt es gelegentlich vor, daß eine Witwe sich freiwillig auf den Scheiterhaufen ihres Mannes legt und zur »Sati« wird. Eine derartige Entscheidung wird immer noch in Ehren gehalten.
70 Basham: *The Wonder that was India*. 1982, op. cit.; Seite 118.
71 O'Flaherty, Wendy D.: *Siva, The Erotic Ascetic*. Oxford University Press, New York, 1981; Seite 282.

IX. Shiva als Teufel

72 Bharucha, Ervad S. D.: *Zoroastrian Religion and Customs*. D. B. Taraporevala Sons & Co., Bombay, 1979; Seite 170.
73 Auch Odin nahm einmal Schlangengestalt an, um mit einer Erdriesin zu buhlen und anschließend den von den Riesen bewachten Trank der Unsterblichkeit zu stehlen.
74 Die Botschaft eines anderen persischen Propheten, Mani (3. Jahrhundert nach Christus) entwickelte sich zur Weltreligion, die dem Christentum arge Konkurrenz machte und schließlich bei Todesstrafe verboten werden mußte. Mani lehrte ebenfalls den Sturm der höllischen Mächte auf das Göttliche, die folgenschwere Vermischung der beiden und die Notwendigkeit, das Böse durch moralisches Handeln und Abstinenz (Enthaltung von Fleisch, Alkohol, Sex, Unzucht, Fluchen und so weiter) zu läutern. Heilige, die dieses einhalten, werden Lehrer und gehen nach dem Tod ins göttliche Licht ein, während die Laien, die »Hörer«, dazu länger brauchen und mehrmals wiedergeboren werden müssen. Der heilige Augustinus war in seiner Jugend manichäischer Hörer (von 376 bis 384 nach Christus). Obwohl er später diese Lehren aufs schärfste bekämpfte, fand

auch durch ihn manichäisches Gedankengut Eingang ins Christentum. Bei den mittelalterlichen, südfranzösischen Katharern tauchte das Manichäertum erneut auf, bis ein Kreuzzug der Kirche es vernichtete. Ketzer ist die Eindeutschung des Wortes Katharer (griechisch *katharoi* = die Reinen). Das Ideengut lebt in vielen Sekten und okkulten, esoterischen Strömungen fort, zum Beispiel in Rudolf Steiners Anthroposophie.

75 Neuss, Wolfgang: *Paukenschläge von Wolfgang Neuss: Der gesunde Menschenverstand ist reines Gift.* Wilhelm Heyne Verlag, München, 1985; Seite 12.

76 Die Zigeuner *(Rom)*, die ursprünglich aus Indien stammen, sind verwandt mit der unberührbaren Kaste der *Dom*, die in Benares noch immer das heilige Feuer hütet, das zum Entzünden der Leichenfeuer benutzt wird.

77 Magre, Maurice: *Die Kraft der Frühen Himmel.* Edition Tramontane, Bad Münstereifel und Trilla, 1986; Seite 156.

X. Die Göttin

78 *Maya* verhält sich zur *Shakti* wie der Ton zur Töpferscheibe. Die eine ist der Stoff der Schöpfung, die andere ist die mit ihr verbundene, formende Kraft.

79 Die drei Göttinnen als Verkörperungen der drei Grundkräfte kennen wir aus den keltisch-germanischen Sagen als die Urmütter, die Schöpfung und Geschick aus sich herausspinnen. Auch in anderen Kulturkreisen, in Afrika, Asien und Europa gelten Weiß, Rot und Schwarz als zauberkräftige Urfarben. Weiß ist die Farbe der Milch und des Samens, Rot die des Blutes und Schwarz die des Stuhls und der Verwesung. Es sind ebenfalls die Grundfarben der Alchemie, wobei der schwarze Rabe die Verwesung (Schwärzung), der rote Löwe das Lebenssubstrat und die weiße Lilie die Auferstehung symbolisieren. Das Weiß (Kreide), das Rot (Hämatit) und das Schwarz (Ruß) waren auch die bevorzugten Farben der steinzeitlichen Höhlenmaler.

80 Wilkins: *Hindu Mythology.* 1982, op. cit.; Seite 292.

81 Harshananda: *Hindus Gods and Goddesses.* 1982, op. cit.; Seite 145.

82 Nack, Emil: *Götter, Helden und Dämonen.* Verlag Carl Überreuther, Wien und Heidelberg, 1968; Seite 175.

83 Ein Swami erzählte mir mit Genugtuung vom Versuch der Briten, die Dampfschiffahrt einzuführen. Ein paarmal gelang es dem Schiff, nach Allahabad und zurück zu fahren, bis ein meditierender Yogi mit dem Finger auf das schnaubende Metallmonstrum zeigte, worauf es augenblicklich auf eine Sandbank auffuhr.

XI. Tantra: Verborgen wie Milch in der Kokosnuß

84 *Shankaracharya* (788–820), ein Shiva-Verehrer, wie sein Name verrät, gilt als Gründer des Ordens der *Sannyasi* (Entsager) und als Formulierer des hinduistischen Monismus *(Vedanta)* auf der Grundlage des *Advaita* (Nicht-Zweiheit), wobei die Seele *(Atman)* und der Allgeist *(Brahman)* als identisch gelten und die Vielheit als trügerisches Gaukelspiel *(Maya)*. Seine Lehre wird als »Krone aller

237

Lehren« gefeiert. Er selbst gilt als eine Inkarnation Shivas, der auf übernatürliche Weise von einer Brahmanenwitwe geboren wurde.

85 Mishra, Kamalakar: *Significance of the Tantric Tradition*. Arddhanarisvara Publications, Varanasi, India, 1981; Seite 45.

86 Beitl: *Wörterbuch der deutschen Volkskunde*. 1974, op. cit., »Fastnacht«; Seite 199.

87 Auch andere Gesellschaften hatten solche Sicherheitsventile. Die Irokesen, ein Stamm nordamerikanischer Waldlandindianer, glaubten, daß unerfüllte, unterdrückte Wünsche und Begierden, die heimlich im Traum zum Ausdruck kommen, gebeichtet und erfüllt werden sollten, damit die Eintracht innerhalb der Gemeinschaft und mit der Natur gewahrt bliebe. Sie entwickelten ein Gesellschaftsspiel, um die geheimen Wünsche zu erraten. Diese wurden dann wirklich oder symbolisch erfüllt – auch wenn das bedeutete, eine Sexorgie zu feiern oder das Dorf anzuzünden und wiederaufzubauen.

88 Bhagwan Shree Rajneesh: *Das Buch der Geheimnisse*. Wilhelm Heyne Verlag, München, 1983.

89 Die Parallelen zur Grallegende sind auffallend. Auch Parzival, der zukünftige Grals- und Fischerkönig, irrt als Narr, »unschuldig schuldig geworden«, durch die Wildnis und wird von Blumenmädchen in Versuchung geführt, ehe er schließlich den Born des Heils wieder zum Fließen bringt und sein Amt auf dem Gralsberg ausüben kann.

90 Eine beeindruckende Vignette läßt die Göttin als Jungfrau dem Meer entsteigen. Sie gebiert ein Kindlein am Strand, säugt und liebkost es; dann reißt sie es in Stücke, verschlingt es und verschwindet wieder im Meer.

91 Nicht weit von Kanyakumari, wo die Göttin als Jungfrau erscheint, befinden sich viele Schlangentempel. Der Tempel in Nagarcoil ist dem fünfköpfigen Nagaraja, dem König der Schlangen geweiht und enthält Plastiken von Shiva, Krishna auf der Weltschlange und den Jain Tirthankaras. Das *sanctum sanctorum*, in dem die fünfköpfige Kobra ihren Sitz hat, ist ein einfaches, mit Palmblättern gedecktes Holzgebäude inmitten eines Sumpfes, in dem es förmlich von Brillenschlangen wimmelt.

92 Storl, Wolf-Dieter: *Vom rechten Umgang mit heilenden Pflanzen*. 1986, op. cit.; Seite 147.

93 Harshananda, Swami: *All about Hindu Temples*. Sri Ramakrishna Ashrama, Mysore, 1981.

94 Majupuria, Trilok C., und Majupuria, Indra: *Erotic Themes of Nepal*. S. Devi Madhoganj, Lashkar (Gwalior), India, 1986; Seite 185.

95 Müller-Ebeling, Claudia, und Rätsch, Christian: *Isoldens Liebestrank*. Kindler Verlag, München, 1986; Seite 32.

96 Die Unterscheidung nach Rasse, Kaste und Geschlecht wurde dadurch nicht aufgehoben. Gesellschaftlich spielen diese Faktoren weiterhin die gleiche Rolle, lediglich in bezug auf das ewige, göttliche Selbst wurden im Tantrismus alle Unterschiede unbedeutend.

97 Kolisko, L.: *Agriculture of Tomorrow.* Kolisko Archives, London, 1939. Siehe ebenfalls: Storl, Wolf-Dieter: *Der Garten als Mikrokosmos.* op. cit., 1982; Seite 208.

98 Sills-Fuchs, Martha: *Wiederkehr der Kelten.* Knaur Taschenbuch, München, 1983; Seite 105.

99 Sivananda, S.: *Hindu Fasts and Festivals.* op. cit., 1983; Seite 129.

100 Majupuria, Majupuria: *Pashupatinath.* op. cit., 1982; Seiten 206–207.

101 Wilkins: *Hindu Mythology.* op. cit., 1982; Seite 279.

102 Bhagwan Shree Rajneesh: *Das Buch der Geheimnisse.* op. cit., 1983; Seite 84.

103 Yokum, Glenn E.: »›Madness‹ and Devotion in Manikkavacakar's Tiruvacakam« in: *Experiencing Shiva.* (herausgegeben von Fred W. Clothey und Bruce Long) Manohar Publications, New Delhi, 1983; Seite 20.

104 Neuss, Wolfgang: *Paukenschläge.* op. cit., 1985: »Es genügt nicht, nur keine Gedanken zu haben, man muß auch unfähig sein, sie auszudrücken!« Seite 55.

105 Yokum, G.: *Experiencing Shiva.* op. cit., 1983; Seite 28.

106 ebenda, Seite 21.

107 Legnaro, Aldo: »Ansätze zu einer Soziologie des Rausches – Zur Sozialgeschichte von Rausch und Ekstase in Europa.« in: *Rausch und Realität.* Band 1, herausgegeben von Gisela Völger und Karin von Welck, Rowohlt Taschenbuch Verlag, Hamburg, 1982; Seite 104.

108 *Bhang* wird weiterhin gerne als Getränk mit Buttermilch oder Fruchtsaft *(Sherbet)*, als Süßspeise *(Mithai)* oder als erfrischendes Sommergetränk *(Thandai)* genossen. Thandai wird aus Milch, Rosenwasser, gemahlenen Nüssen, Wegwartesamen *(Kasni)* und Gewürzen gebraut, wobei die Zutaten im Mörser immer im glückbringenden Uhrzeigersinn verkleinert werden müssen.

109 Moser-Schmitt, Erika: »Sozioritueller Gebrauch von Cannabis in Indien« in: *Rausch und Realität,* Band 2, herausgegeben von Gisela Völger und Karin von Welck, Rowohlt Taschenbuch Verlag, Hamburg, 1982; Seite 938.

110 O'Flaherty: *Shiva, the Erotic Ascetic.* op. cit., 1981; Seite 161.

111 O'Flaherty: *Hindu Myths.* op. cit., 1976; Seiten 147–149.

112 Hansen, Harold A.: *Der Hexengarten.* Dianus-Trikont Verlag, München, 1983; Seite 66.

113 ebenda, Seite 63.

114 Ohne genaue Kenntnis der Dosierung und ohne eine vorhergehende seelische Läuterung erweist sich Datura als extrem gefährlich. Zwei mir bekannte Fälle mögen das illustrieren: Am Strand von Kovalam (Kerala) kaute eine junge Italienerin einige Samen. Sie erhitzte sich so sehr, daß sie sich die Kleider vom Leib zog und splitternackt durch das moslemische Fischerdorf rannte. Die aufgebrachten Moslems steinigten sie, worauf sie sich in ihrem Wahn über die Klippen ins Meer stürzte. In einem weiteren Fall versuchte ein junger Schweizer in Ladakh einige Daturasamen. Erst nach einigen Tagen fand ihn seine Freundin im Irrenhaus wieder. Seine Persönlichkeit hatte sich grundlegend verändert.

XIII. Shivas Feste und Feiertage

115 Storl, Wolf-Dieter: *Der Garten als Mikrokosmos.* op. cit., 1982, »Kosmische Einflüsse«; Seite 182 f.

116 Swahananda, Swami: *Hindu Symbology.* op. cit., 1983; Seite 51.

117 Eck, D. L.: *Banaras-City of Light.* op. cit., 1983; Seite 161.

118 Osborne, Arthur: *Ramana Maharshi and the Path of Self-Knowledge.* Jaico Publishing House, Bombay, 1982.

119 Brunton, Paul: *Von Yogis, Magiern und Fakiren.* Knaur Taschenbuch, München, 1983; Seite 153.

120 Sivananda, Swami: *Hindu Fasts and Festivals.* op. cit., 1983; Seite 141.

121 Eine weitere Geschichte erzählt, wie die Dämonin Putana dem Säugling Krishna ihre giftigen Brustwarzen reichte. So kräftig sog der Kleine daran, daß er ihr das Leben aussaugte. Die Hirten verbrannten ihre leblosen Überreste am Holifest.

XIV. Nachwort: Shiva macht Urlaub in Kalifornien

122 Das gilt natürlich auch für Bhagwan Rajneesh, der die Ansicht vertritt, daß der Guru, der die Gaben seiner Anhänger nicht annimmt und damit seine Armut und Bescheidenheit zur Schau stellt, ebenso ein Heuchler ist wie der »Heilige«, der seine eigenen Triebe unterdrückt und sie womöglich noch auf andere projiziert, um sich als Moralhüter aufzuspielen.

123 Kopp, Sheldon: *Here I Am, Wasn't I?: The Inevitable Disruption of Easy Times.* Bantam Books, New York, 1986.

124 Sheldrake, Rupert: *Das Schöpferische Universum.* Meyster Verlag, München, 1983.

125 Kakuska, Rainer (Herausgeber): *Andere Wirklichkeiten.* Goldmann Verlag, München, 1986.